"十四五"职业教育国家规划教材

新编21世纪职业教育精品教材 · 民航服务类

民航服务心理学：
理论、案例与实训
（第三版）

主　编◎杨丽明　　廉　洁

中国人民大学出版社
·北京·

图书在版编目（CIP）数据

民航服务心理学：理论、案例与实训/杨丽明，廉洁主编．--3版．--北京：中国人民大学出版社，2024.6

新编21世纪职业教育精品教材．民航服务类
ISBN 978-7-300-32802-7

Ⅰ.①民… Ⅱ.①杨… ②廉… Ⅲ.①民用航空-旅客运输-商业心理学-职业教育-教材 Ⅳ.①F560.9

中国国家版本馆 CIP 数据核字（2024）第 095334 号

"十四五"职业教育国家规划教材
新编21世纪职业教育精品教材·民航服务类
民航服务心理学：理论、案例与实训（第三版）
主　编　杨丽明　廉　洁
Minhang Fuwu Xinlixue：Lilun Anli yu Shixun

出版发行	中国人民大学出版社		
社　　址	北京中关村大街31号	**邮政编码**	100080
电　　话	010 - 62511242（总编室）		010 - 62511770（质管部）
	010 - 82501766（邮购部）		010 - 62514148（门市部）
	010 - 62515195（发行公司）		010 - 62515275（盗版举报）
网　　址	http：//www.crup.com.cn		
经　　销	新华书店		
印　　刷	北京宏伟双华印刷有限公司		
开　　本	787 mm×1092 mm　1/16	**版　　次**	2019 年 3 月第 1 版
			2024 年 6 月第 3 版
印　　张	15	**印　　次**	2025 年 5 月第 3 次印刷
字　　数	305 000	**定　　价**	48.00 元

前言

PREFACE

党的二十大报告明确指出必须坚持科技是第一生产力、人才是第一资源、创新是第一动力，深入实施科教兴国战略、人才强国战略、创新驱动发展战略，开辟发展新领域新赛道，不断塑造发展新动能新优势。

随着中国成为亚太地区乃至全球范围内最重要的航空市场之一，民航业对具有全球视野的复合型人才的需求日益迫切，民航业将不断加强国际化人才、技能型人才的培养，抓好高素质专业化人才队伍的建设。

行业的发展也对处于一线岗位的服务人员的职业素质提出了新要求，服务人员亟须从传统的"单一服务型"向"安全管理、旅客服务、国际交往"复合型转变。服务人员只有具备坚定的意志、良好的心理素质、浓厚的服务意识和安全意识、优秀的服务技巧和一流的专业水准，才能满足岗位工作的要求。民航服务心理学正是培养服务意识、训练服务技巧、提升服务素养、维护职业心理健康的重要支撑课程，在院校学生专业学习和企业员工培训的课程体系中必不可少。

本书主要介绍民航服务过程中旅客和服务人员的心理规律及行为，其中包括旅客的需要、知觉、个性、情绪、态度等，并在此基础上介绍服务人员如何与旅客进行人际交往，对服务人员如何进行自身心理健康管理如应对挫折、缓解工作压力等也进行了引导。每个项目均由"案例导入""理论探究""案例分析应用""实训练习"四部分组成，首先以"案例导入"引发学习者思考，其次以"理论探究"解惑，然后通过"案例分析应用"让学习者重温对理论知识的认知，最后以"实训练习"引导学习者对知识进行实践、应用、巩固和拓展。该编排不仅能够为授课教师提供教学思路的启发和参考，而且能够帮助学习者将抽象的理论知识具体化到实际工作中，实现了知识与技能的融合。本书充分注重实用性和实训性，在介绍理论知识的基础上提供了大量的民航服务的实际案例供学习者借鉴和探讨。

在第三版修订中，编者以习近平新时代中国特色社会主义思想为引导，贯彻落实党的二十大精神，完善了课程思政的内容，弘扬以"安全第一、预防为主、以人为本、服务社会"等为重要内容的民航业文化精髓，以期为培养民航工匠精神提供支持。本书既可以作为职业院校民航服务相关专业的教材，也可以作为民航服务企业培训新员工或在职员工自学的教材，同时希望能对民航从业人员的心理健康维护带来一定的帮助。

在编写的过程中，编者参阅了相关书籍、文献资料和案例，并借鉴了多位学者、行业专家以及同行的著作和研究成果，在此表示深深的感谢！对本书不足之处，恳请各位专家和读者不吝指教，以便完善。

编者

目录

CONTENTS

项目一　民航服务心理学概述　　　　　　　　　　　　　　1
　　任务一　明确民航服务心理学的研究对象和研究原则　　2
　　任务二　了解民航服务心理学的研究意义　　　　　　　5

项目二　民航旅客的需要　　　　　　　　　　　　　　　　15
　　任务一　认识需要　　　　　　　　　　　　　　　　　17
　　任务二　掌握民航旅客的需要　　　　　　　　　　　　20

项目三　民航旅客的知觉　　　　　　　　　　　　　　　　37
　　任务一　了解知觉的基本原理　　　　　　　　　　　　40
　　任务二　掌握影响旅客知觉的因素　　　　　　　　　　46
　　任务三　掌握社会知觉，合理运用知觉规律解决
　　　　　　实际问题　　　　　　　　　　　　　　　　　49

项目四　民航服务中的个性心理　　　　　　　　　　　　　65
　　任务一　了解个性　　　　　　　　　　　　　　　　　67
　　任务二　掌握气质的类型与特征　　　　　　　　　　　69

　　任务三　了解旅客的性格特点　　73

项目五　民航旅客的情绪　　87
　　任务一　了解情绪　　89
　　任务二　掌握影响旅客情绪变化的因素　　92

项目六　民航旅客的态度　　105
　　任务一　了解态度　　107
　　任务二　掌握态度与行为的关系　　111
　　任务三　理解服务交往中的态度转变　　114

项目七　民航服务中的人际交往　　133
　　任务一　认识民航服务人际沟通　　135
　　任务二　如何进行与民航旅客的客我交往　　141

项目八　民航服务过程中的旅客群体心理　　161
　　任务一　认识群体　　162
　　任务二　认识民航服务过程中的旅客群体　　165

项目九　民航旅客投诉心理　　175
　　任务一　认识旅客投诉心理　　177
　　任务二　学会正确对待旅客投诉　　180
　　任务三　如何处理旅客投诉　　183

项目十　企业员工心理健康管理　　195
　　任务一　认识心理健康　　198
　　任务二　认识挫折与心理防卫　　202
　　任务三　认识情绪管理　　206
　　任务四　认识工作压力管理　　213
　　任务五　员工心理健康维护　　220

参考文献　　233

项目一

民航服务心理学概述

【课前导读】

本项目主要介绍了民航服务心理学的研究对象、研究原则、研究意义。通过学习这部分内容，学习者能对民航服务心理学有一个概括的了解，为后续项目的学习打下良好的基础。

【学习目标】

1. 明确民航服务心理学的研究对象。

2. 了解民航服务心理学的研究原则。

3. 了解学习和研究民航服务心理学的意义。

深航开展"假如我是一名旅客"航班体验活动

良好的职业心态要求乘务员关注服务细节，具备主动与旅客沟通、主动感知旅客心理、主动满足旅客需求的服务意识。培养乘务员良好的职业心态是打造一支职业化乘务队伍的内在要求。

为进一步促进深圳航空有限责任公司（以下简称深航）乘务员提升主动服务意识，树立良好的职业心态，深航客舱服务部于2012年3月开展了"假如我是一名旅客"航班体验活动。该活动安排乘务员以旅客的身份搭乘深航航班，总部与分部的乘务员互相体验彼此的客舱服务。同时，参与体验活动的乘务员需向所在乘务分部递交航班体验报告。分部组织乘务员开展职业心态讨论，分享乘机体验，探讨如何将服务主动做在旅客开口之前，随后形成完善的服务建议。客舱服务部质量控制室将汇总服务建议，递交服务专家委员会讨论可行性，最终在部门推广实施。

"假如我是一名旅客"航班体验活动是深航客舱服务部为提升乘务员服务意识而开展的一项活动，使乘务员有机会以旅客的身份换位思考，感受航班上的服务，切身体会作为一名旅客希望在什么时候得到服务、希望得到什么样的服务，乘务员如何提供服务更加贴心。该航班体验活动的开展，旨在提升全员服务意识，加强人员心态培养，营造良好的服务氛围，进而打造深航职业化客舱服务。

资料来源：深航航班体验活动．民航资源网，2012-03-07.

做好民航旅客服务工作的基础之一在于了解旅客心理，这是民航服务人员做好服务工作、提高服务质量的出发点，对于民航服务人员调整和完善自己的行为、进一步提高服务水平有着非常重要的价值。

任务一　明确民航服务心理学的研究对象和研究原则

一、民航服务心理学的概念和研究对象

（一）民航服务心理学的概念

民航服务心理学是研究航空服务过程中作为主体的服务人员和作为客体的旅客的个

体、群体和组织的心理现象及其变化规律的科学，是将心理学规律应用在航空服务过程中的一门学科。

（二）民航服务心理学的研究对象

民航服务心理学既要研究民航旅客的需要、动机、情感、行为等相关的心理活动特点和规律，又要研究民航服务人员的态度、需要、动机、人际关系等心理活动特点和规律。具体来说，民航服务心理学的研究对象包括以下三个方面：

1. 民航旅客心理

党的二十大报告指出，要坚持把实现人民对美好生活的向往作为现代化建设的出发点和落脚点。民航业为旅客提供的美好出行体验是人民群众美好生活的重要组成部分，而旅客作为消费者总是按照自己的兴趣、意图和偏好选择和购买自己所需要的产品或服务，旅客的心理特点、心理需求会影响民航企业的决策和服务导向。对于民航企业、民航服务人员而言，只有了解旅客的心理规律，才能正确理解并预测旅客的行为，更好地为他们提供服务。民航服务心理学主要研究旅客的需要、知觉、个性差异、情绪、情感、态度等，了解心理因素对其消费行为的产生、选择和接受服务之后的影响。

2. 民航服务人员心理

"十四五"时期民航"一二三三四"总体工作思路确定为：践行一个理念、推动两翼齐飞、坚守三条底线、构建完善三个体系、开拓四个新局面。其中，"践行一个理念"就是践行"发展为了人民"的理念；"推动两翼齐飞"就是推动公共运输航空和通用航空两翼齐飞；"坚守三条底线"就是坚守飞行安全底线、坚守廉政安全底线、坚守真情服务底线。"一个理念、两翼齐飞、三条底线"是我国民航发展的基本原则，必须始终牢牢坚持，不能动摇。

因此，民航服务人员在为旅客提供服务的过程中不仅要尽量满足旅客的合理需要，而且要按照行业、企业及自身的原则、利益行事。民航服务人员的心理素质在其中发挥了关键作用，它对于飞行安全、旅客安全和服务质量都有非常重要的影响。除此之外，民航服务人员的服务技能和技巧也是民航服务工作中的关键部分。民航服务心理学主要研究民航服务人员与旅客沟通、为不同旅客提供服务、处理各种难题和突发事件的方法与技巧，以及民航服务人员提高心理素质、维护心理健康的途径与方法。

3. 民航旅客和民航服务人员心理发展、变化的趋势

随着社会的发展、生活水平的提高，越来越多的人在外出时会选择飞机作为交通工具。随着科学技术的发展，人们获取信息的渠道越来越多。2020年12月民航局印发《推动新型基础设施建设 促进民航高质量发展实施意见》《推进新型基础设施建设五年行动方案》，旨在结合民航"十四五"规划中以"安全为底线、智慧民航为主线"的有关要求，

积极主动推动行业数字化、智能化、智慧化转型升级。这反映在民航服务方面，便是人们的消费趋向于精神产品，要求趋向于个性化，安全、便捷、舒适、高效的服务是民航旅客对民航服务标准的最基本要求，民航服务人员为旅客提供的服务要随之变化。民航服务人员与旅客在产品或服务的提供形式、内容和要求上会表现出一致、矛盾或冲突，所有这些变化趋势都将构成民航服务心理学研究对象的重要组成部分。

民航旅客在接受服务以及民航服务人员在提供服务过程中所反映出的种种心理现象，必然要受其个性心理的影响。作为消费者的旅客和作为服务者的民航服务人员，不论其每次具体的消费行为或服务行为是如何形成的，他们总会将自身稳定的、本质的心理特点即个性反映出来，并构成其消费行为或服务行为的基础。所以，我们在对民航旅客或民航服务人员的心理活动过程的分析中，可以发现并研究其心理现象中的一致性；在对民航旅客或民航服务人员的个性心理活动的分析中，可以发现并研究其心理现象中的差异性；通过对民航旅客或民航服务人员心理现象的综合研究，则可以找出民航旅客消费过程中或民航服务人员服务过程中的一般心理规律。

二、民航服务心理学的研究原则

（一）客观性原则

客观性原则是所有学科研究的基本原则，即实事求是。一是要使用科学的手段和方法，二是要具有科学的态度。人的心理现象源于客观现实，有其自身产生与发展变化的规律，是世界上最复杂的现象之一。假如我们仅仅从某领域的技术和手段出发，或者仅仅从某个理论甚至某个人的观点出发，以猜测代替证据，那就会将心理学的研究引入歧途。因此，在民航服务心理学的研究过程中，要严格地对人的外在表现进行如实观察和系统记录，尽可能收集完整的资料；在分析资料并得出结论时，尊重资料提供的事实情况，尽可能以客观、科学的尺度来评定，避免主观偏见的影响。

（二）整体性原则

人的心理活动是一个统一的整体，心理活动与外界环境是相互联系、相互影响的。在服务工作中，人的心理和行为是在相互影响、相互作用的各种外部环境因素作用下产生、发展的，而且各种心理现象之间、心理与行为之间也是相互影响、相互作用的。因此，对于民航服务心理学应进行多方面的综合研究，既要注意心理因素各成分、各层次之间的联系，又要注意心理因素与外界环境之间的相互影响。

（三）发展性原则

从心理学的研究历史看，人类对心理活动的认识是逐步发展、逐渐深入的。个体在不同环境和条件下，其心理活动是不同的。民航服务理念、工作方法、管理方法，以及旅客的消费理念等都会随着环境、时代的变化而变化，伴随这些活动的心理现象也必然会随之变化。因此，对民航服务心理学的研究就必须运用发展的观点，不能轻易简单地套用前人提出的结论去解释变化了的新现象、新情况，而要善于总结和分析以往的研究成果，注意观察，敢于提出新的观点，科学预测其未来前景。

（四） 实践性原则

民航旅客服务心理学一方面研究民航旅客和民航服务人员的一般心理现象发生、发展和变化的规律，另一方面则研究如何运用心理学的知识更好地为民航旅客提供服务，提升服务质量。因此，我们必须从实际情况出发，理论联系实际，以期真正解决民航服务中的实际问题。

任务二　了解民航服务心理学的研究意义

2021年是我国"十四五"开局、开启全面建设社会主义现代化国家新征程的重要历史交汇点。中国民航将坚持稳中求进工作总基调，将扩大国内民航市场需求同深化供给侧结构性改革有机结合起来，优化国内航空运输网络体系，畅通国际航空运输通道体系，更好地围绕服务构建新发展格局，坚持人民航空为人民的行业宗旨，满足人民群众日益增长的美好航空出行需要。在此背景之下，民航服务心理学的研究就更具意义。

一、学习和研究民航服务心理学有利于民航事业的发展和航空服务质量的提高

民航服务心理学研究人的心理和行为规律，能够促进民航业的发展，为航空公司吸引更多旅客提供重要的心理依据。作为服务行业，民航服务质量的优劣关键取决于民航服务人员的服务态度和服务技能。良好的服务态度是提高服务质量的基础，高超的服务技能是实现高质量服务的保证，所有这些都与民航服务人员的素质有关。民航服务心理学对民航服务人员的心理和行为规律的研究，对提高和优化民航服务人员的外在素质和心理素质具有重要作用。

二、学习和研究民航服务心理学有利于建设高质量的员工队伍

学习和研究民航服务心理学基于民航旅客服务工作的性质需要。民航服务人员的选择、训练和民航服务人员心理素质的提高，都需要民航服务心理学的指导。民航服务人员只有掌握了民航服务心理学的基本理论和相关知识之后，才能更好地认识自己和了解自己，从而找出自己的缺点与不足，通过各种途径完善自我。此外，通过学习民航服务心理学，民航服务人员能够正确认识自己的服务对象，把握工作对象的心理特点和差异，从而提高服务水准。

案例 1-1

首都机场集团工会"心灵直通车"驻场咨询活动在
石家庄正定国际机场举办（节选）

2023年5月15日至19日，由首都机场集团工会主办、河北机场管理集团工会承办的EAP职工心理关爱项目巡回驻场咨询活动，在石家庄正定国际机场举行。本次活动为期一周，14个基层工会及5家专业化公司会员的1100多名员工参与了此次活动。

此次活动内容包括趣味心理学科普展、心理学仪器体验、一对一现场心理咨询、线下专家讲座、团体活动、沙盘体验等。其中，团体活动中的正念冥想和自由舞动是首次在石家庄正定国际机场开展。活动期间，各种仪器体验、心理沙盘、正念冥想、舞动治疗等多元化、趣味性、体验式心理关爱服务，有助于改善职工睡眠、缓解压力、调节情绪等。为更好地服务一线职工，首都机场集团工会积极与中科院工作人员沟通，组织驻场咨询老师前往安全检查站、飞行区管理部、地面服务部等职工集中的一线部门开展沙盘体验、一对一心理咨询，得到职工的广泛参与和充分肯定。

据统计，在活动期间参与此次巡回驻场咨询活动的职工达1100余人次，参加线下专家讲座100余人次、参加团体活动90余人次，一对一咨询职工达30余人次、沙盘体验40余人次。

此次活动是首都机场集团加强职工思想政治工作、做好职工心理关爱服务、建设高素质职工队伍、凝心聚力助推集团高质量发展的具体举措。此次驻场咨询活动，有效地帮助职工消除了对心理服务的"偏见"，增强了心理健康素养和心理健康意识，提高了自我调节能力，达到维护心理健康、提升工作生活状态、收获幸福的目标。

下一步，河北机场管理集团将进一步深入实施"凝心工程"，加强职工思想政治引领，持续提升职工心理健康服务水平，帮助职工纾压解困、减负鼓劲，营造积极向上、团结奋进的良好工作氛围。

资料来源：首都机场集团工会"心灵直通车"驻场咨询活动在石家庄机场举办．中国民航网，2023-05-22．

三、学习和研究民航服务心理学有利于民航企业更好地生存和发展

民航企业想要生存、发展，必须对市场进行科学的预测，及时调整企业的经营方针，优化企业经营措施和企业经营策略，只有这样才能吸引更多的旅客，以保持充足的客源。民航服务心理学研究民航服务人员的心理和行为规律，为企业提高服务质量和改善管理方

法提供了有力支持。同时，民航服务心理学研究旅客的心理和行为规律，有助于企业运用心理学原理分析民航旅客的心理和行为趋向，从而针对民航旅客的心理和行为特点开展有效的宣传，制定更合理的经营措施。

📖 案例 1－2

浅谈从"以产品为中心"向"以客户为中心"的
营销思路转变（节选）

近年来，国内一些航企率先改变"以产品为中心"的营销思路，转而强调"以客户为中心"，推动营销工作向高质量、精细化发展。究竟何谓"以产品为中心"？何谓"以客户为中心"？为什么要发生这种转变？怎样实现从"以产品为中心"向"以客户为中心"的转变？

两种营销思路的比较分析

"以产品为中心"和"以客户为中心"这两种营销思路主要有以下不同。

一是本质不同。"以产品为中心"是将产品职能作为营销工作的中心，其他营销职能都围绕产品的设计、开发和销售来进行。对国内航企来说，向旅客提供的产品主要是航段运输产品。因此，"以产品为中心"实质上就是以运力网络为中心，这与现实中运力网络的"龙头"定位相符合。"以客户为中心"则是把对客户需求的分析、研究放在中心位置，以满足客户多样性需求为导向开展各项营销工作，使拥有不同需求的旅客群体都感到满意。

二是目标不同。"以产品为中心"是为了实现短期航班销售收入的最大化。在此过程中，航企更加重视的是如何获得更多新旅客并从他们身上获得收入，而不太重视与旅客建立长期、稳固的价值关系。"以客户为中心"则是通过研究和满足旅客的多样化需求，与旅客建立长期、稳固的价值关系，努力提高旅客的忠诚度和复购率，以实现客户价值的长期最大化。

三是立场不同。"以产品为中心"代表着卖方立场，营销的重点放在供给侧。"以产品为中心"的航企认为，旅客需求是最基本的航空位移运输需求，只要向市场提供丰富的航段产品，即可吸引旅客前来购买。"以客户为中心"代表着买方立场，营销的重点放在需求侧。"以客户为中心"的航企认为，旅客需求是多样化的，只有深入了解和掌握旅客的需求特征，并给予旅客满意的"感知价值"体验，才能与旅客形成长期、稳固的价值联系，最终获得长期价值回报。

四是手段不同。"以产品为中心"主要是针对旅客最基本的航空位移需求，通过不断织密航线网络，向旅客提供尽可能多的航段运输产品，从而吸引旅客购买机票。这种营销手段具有高度同质化的特点。"以客户为中心"则是通过航段运输产品、增值服务产品以及其他多样化服务的组合，向旅客提供优于竞争对手的"感知价值"体验，以此吸引旅客购买机票并产生复购行为。

"以客户为中心"营销思路的必要性

随着市场形势的发展和变化，"以客户为中心"的尝试是很有必要的。

一是旅客需求在变。"以客户为中心"的营销基础是旅客需求的多样化，以及旅客对获得满意的"感知价值"体验的重视。虽然当前旅客整体需求的特征仍然高度统一和相对单一，但在个别细分旅客群体中，旅客需求已经呈现出明显的多样化特征。例如，中高频旅客在乘机过程中，对航企明显有着比低频旅客更多的差异需求、服务要求和体验评价。年乘机次数大于 4 次的中高频旅客的人数占比约为 9.1%，收入占比却高达 39.5%，是航企重要的利润来源。未来，随着越来越多的中高频旅客出现，"以客户为中心"的营销思路可以更好地满足这些旅客的多样化需求，创造满意的"感知价值"体验。

二是竞争形势在变。疫情发生后，国内民航市场形势或将迎来两个重要的改变：一是旅客增速减缓，二是航企产品竞争从同质化转向个性化。旅客选择乘坐飞机取决于自身需求，而旅客选择乘坐哪家航企的飞机则取决于航企所提供的"感知价值"比较。"以客户为中心"的航企更加注重向旅客传递价值并努力维护双方长期、稳定的关系，因此更有希望在同质化的航企竞争中胜出。此外，值得注意的是，"以客户为中心"的营销思路也是解决航企同质化竞争的重要手段。

三是技术条件在变。"以客户为中心"的关键是全面了解和掌握旅客多样化需求和评价反馈，这需要强大的信息化、数字化技术作为支撑和保障。随着互联网信息技术的大量应用和大数据、人工智能等数字化技术的普及，航企已经初步具备全面、实时掌握和分析旅客需求的能力。

资料来源：浅谈从"以产品为中心"向"以客户为中心"的营销思路转变. 民航·新型智库，2024-01-11.

案例分析应用

为高原雄鹰的内心戴上"氧气面罩"
——记国内首家"飞行员心理关怀创新工作室"（节选）

在民航业者尤其是飞行员的语境里，"释压"这个词不单是"释放压力"的简称，往往还伴随着"出现紧急情况""应急处置""备降"等一系列令人紧张的状况。万米高空中的机舱客舱释压，意味着飞机需要尽快摆脱异常情况并安全落地，这对飞行员的技术和心理都是极大的考验。

当飞行员经历过空中的紧急情况时，事后的每一次回想对他们来说，都是反复的心理煎熬。此时，他们需要专业的帮助——无论是飞行技术还是心理排解。尽快释放心理压力，能协助他们找回自信、振作精神，轻松地驾机重返蓝天。

既具备专业心理学知识，又懂得民航技术和运作方式，同时拥有这两方面知识的人，是帮助飞行员调节心理状态的最合适人选。"飞行员心理关怀创新工作室"的8位成员，就是从东航云南公司的飞行部、地服部、运控部等7个单位汇聚而来的。他们基于对心理学的兴趣，在业余时间自费学习进修；他们利用公司里一间小小的工作室，在做好自己部门本职工作的同时，兼职从事心理咨询师工作，为有需要的飞行员送上心理关怀。

浅褐色墙壁、柔和的灯光、松软的地毯，加上按摩椅、咖啡机……这间挂着"飞行员心理关怀创新工作室"金色牌子的小房间，营造出舒适的氛围。这里并非天天有人值班，若飞行员需要心理疏导，得提前预约。8位成员也并非固定"坐诊"，而是遵循一套严格的标准：飞行员必须是自愿前来，在一对一的私密环境下接受疏导；疏导者与受疏导者必须互不认识，人际关系陌生；心理疏导是"跟踪"式的，可能会持续几天甚至一周时间，直到飞行员的心理状态调整过来。

值得一提的是，工作室现有的8位成员都是"持证上岗"，其中4人是国家二级心理咨询师，4人是国家三级心理咨询师。8位成员中有的是飞行员，承担飞行任务，知道这个职业肩负的安全责任重大，会带来巨大的心理压力；有的在民航工作多年，见过很多民航双职工家庭因忙于工作、聚少离多而影响家庭生活，懂得民航从业者的生活圈子狭小，会造成倾诉和排解情绪的困难。由于既是同行，又是心理学专业人士，因此他们提供的帮助更加"对症"。心理咨询师们如同一面镜子，帮助飞行员看清问题在哪里，并协助他们获得治愈自己、改变自己的能力。"每个人都会出现心理问题。他们（飞行员）其实也是跟你我一样的普通人，也需要面对工作、生活中的种种烦恼和困扰。为他们解开'心结'，对飞行安全有极大的帮助。"东航云南"飞行员心理关怀创新工作室"的成员刘明霞和左文多次提及这一点。

由于深知员工心理对保障航班安全运转的重要性，公司党委在工作室建设之初就根据专业需求，为工作室建立提供了全方位的支持，这里除了有专业心理工作室使用的沙盘，用于心理咨询师分析受疏导者的心理状况外，还有一间放置着橡胶人和呐喊宣泄仪的"宣泄室"。大声吼叫或是戴上拳套击打橡胶人，都能促使受疏导者郁结的压力得到释放。

当然，对于长期承担着重大安全责任的飞行员来说，压力不是吼几声、打几下就能轻易消散的。若某位飞行员遭遇突发事件，工作室的心理咨询师会在第一时间进行协助。第一阶段，在事情发生的24小时之内，心理咨询师会给当事飞行员送去一封心理关怀慰问信，在劝导和安慰后，他们会提醒对方若有需要，可提供心理帮助；第二阶段，在公司部门的组织下，心理咨询师会为机组进行团体访谈和疏导；第三阶段，则是为当事人进行一对一的疏导，心理咨询师还会持续、跟踪访谈。这三个阶段的心理干预视情况而定，循序渐进。

令大家欣慰的是，有飞行员接受了心理疏导，步出工作室前说了一句："我觉得你们做的这件事情，非常好。"这句话让左文印象非常深刻。她记得，曾见过有希望接受心理疏导的飞行员在心理工作室门口徘徊，生怕被别人看到。这让她觉得自己的"兼职工作"既有意义，又任重道远。

"对心理咨询的接纳程度，能反映出一个人、一个单位甚至整个社会的文明程度。"左文说，心理工作室提供给飞行员的是放松和支持。打个比方，这些因素就像是"氧气面罩"，让心灵吸氧，让内心平静。这能确保飞行员有稳定的工作状态，使得航班飞行更加安全。没有乱流的晴空，飞机才能安全飞行；当心绪不再起伏不定，"宁静致远"才能实现。

资料来源：为高原雄鹰的内心戴上"氧气面罩". 民航资源网，2019 - 07 - 18.

■ 案例情景要点

1. 当飞行员经历过空中的紧急情况时，事后的每一次回想对他们来说，都是反复的心理煎熬。此时，他们需要专业的帮助——无论是飞行技术还是心理排解。尽快释放心理压力，能协助他们找回自信、振作精神，轻松地驾机重返蓝天。

2. 既具备专业心理学知识，又懂得民航技术和运作方式，同时拥有这两方面知识的人，是帮助飞行员调节心理状态的最合适人选。

3. 由于深知员工心理对保障航班安全运转的重要性，公司党委在工作室建设之初就根据专业需求，为工作室建立提供了全方位的支持，这里除了有专业心理工作室使用的沙盘，用于心理咨询师分析受疏导者的心理状况外，还有一间放置着橡胶人和呐喊宣泄仪的"宣泄室"。

4. 若某位飞行员遭遇突发事件，工作室的心理咨询师会在第一时间进行协助。第一阶段，在事情发生的 24 小时之内，心理咨询师会给当事飞行员送去一封心理关怀慰问信，在劝导和安慰后，他们会提醒对方若有需要，可提供心理帮助；第二阶段，在公司部门的组织下，心理咨询师会为机组进行团体访谈和疏导；第三阶段，则是为当事人进行一对一的疏导，心理咨询师还会持续、跟踪访谈。这三个阶段的心理干预视情况而定，循序渐进。

■ 理论应用

1. "一个理念、两翼齐飞、三条底线"是我国民航发展的基本原则，必须始终牢牢坚持，不能动摇。

2. 研究心理学时，一要运用科学的手段和方法，二要具有科学的态度。人的心理活动是一个统一的整体，心理活动与外界环境是相互联系、相互影响的。民航服务理念、工作方法、管理方法以及旅客的消费理念等都会随着环境的变化而变化，伴随这些活动的心理现象也必然会随之变化。我们必须从实际情况出发，理论联系实际，以期真正解决民航服务中的实际问题。

3. 民航服务心理学对民航服务人员的心理和行为规律的研究，对提高和优化服务人员的外在素质和心理素质具有重要作用。民航服务人员心理素质的提高，需要心理学的指导。民航服务人员只有掌握民航服务心理学的基本理论和相关知识之后，才能更好地认识自己和了解自己，从而找出自己的缺点与不足，通过各种途径完善自我。

4. 民航服务心理学研究民航服务人员的心理和行为规律，为企业提高服务质量和改善管理方法提供了有力支持。

■ 头脑风暴

1. 案例中的"飞行员心理关怀创新工作室"从哪几个方面营造出了舒适的氛围？
2. 如果你是民航人，你希望你的公司（单位）能够为你提供哪些心理方面的帮助？

一、学习总结

1. 用至少 10 个词总结本项目令你印象深刻的学习收获（包括但不限于学习到的理论知识、案例体会、行业信息等）。

2. 请绘制本项目学习内容的思维导图。

二、实训任务——角色扮演

全班同学分组，每个小组由 4～6 人组成，分别扮演旅客组和乘务组的角色。旅客组安排旅客角色（如老年旅客、无人陪伴儿童、外国旅客、航班延误旅客等）并设计服务场景，乘务组根据旅客组的特点及场景提供所需服务。扮演后，乘务组分点阐述服务思路，旅客组分点阐述自身需要及感受，将答案进行对比和分析，看看两者的匹配度如何。

任务思考：学习民航服务心理学为什么有利于提高旅客服务质量？

三、思考实践

1. 思考题

（1）民航旅客服务心理学是研究什么的？

（2）民航旅客服务心理学的研究原则是什么？

（3）民航服务人员为什么要学习民航服务心理学？

2. 案例题

根据案例 1-2"浅谈从'以产品为中心'向'以客户为中心'的营销思路转变（节选）"所言，你觉得民航服务人员掌握民航服务心理学知识对航企实现从"以产品为中心"向"以客户为中心"的营销思路的转变，有哪些积极的意义和作用？

3. 讨论题

结合实际讨论航空公司越来越注重员工心理健康管理的原因。

4. 实践题

（1）以本班同学为调查对象，调查和了解同学们寒暑假回家和返校的交通工具是高铁、飞机还是其他工具，并了解其选择原因、路程时间及所需费用，归纳整理后进行汇报分享，讨论乘坐飞机或高铁等其他交通工具的优缺点。

（2）了解各民航企业（如航空公司、机场等）对员工心理的管理措施。

四、拓展阅读

员工帮助计划

员工帮助计划（Employee Assistance Program，EAP）是组织为员工提供的长期、系统的援助与福利项目。其意义是通过帮助员工释放工作压力、改善工作情绪、增强员工自信心、提高工作积极性、有效处理同事关系、快速适应新的环境、克服不良嗜好等，使组织在提高生产力、减少工作事故、促进员工之间的合作、管控意外事件及潜在风险、吸引与留任高价值员工、减少员工抱怨、促进员工的自主与积极性、帮助一线管理者厘清问题员工和解决员工问题等方面获得巨大收益。

EAP 的核心内容是组织通过向员工提供关注个人心理和行为健康（精神健康，即 Mental Health）的各种服务来提升其个人生活质量和工作绩效，从而使员工个人和组织都能够受益。其在民航系统的运用应主要聚焦于以下三个方面：（1）消除诱发问题的来源；（2）培训和教育；（3）员工个体咨询。

由于民航系统的特殊性，如安全、保密与专业，因此民航企业较难直接采购通用的 EAP 服务项目，EAP 的实施与建设需要更具针对性与定制化，同时需要以研究的视角和方法将每一项服务深入执行，才能发挥真正的价值。因此，民航企业有必要考虑设立三级体系，以促进其应用价值的最大化。

第一级：设立专门的职能部位，进行研究性工作，以构建一个最佳的内部适应系统。

第二级：在各个组织内设立专门的执行项目小组。

第三级：在重要岗位设立专员。

项目二
民航旅客的需要

【课前导读】

本项目主要介绍了需要的特点、马斯洛的需要层次理论以及民航旅客的一般需要和特殊服务需要。通过学习这部分内容，学习者能掌握需要的理论知识，并了解其对民航服务工作的指导意义。

【学习目标】

1. 了解需要的特点。

2. 了解马斯洛的需要层次理论。

3. 熟悉和掌握民航旅客的一般需要和特殊服务需要。

天津航空深化差异化服务转型 提升旅客出行体验

天津航空差异化定制服务自 2018 年 10 月 28 日起开始实施，得到了社会各界的广泛关注。随着新一年的到来，天津航空将继续立足旅客需求，深化差异化服务转型，切实提升旅客出行体验。

丰富航旅增值产品，服务权益自由选择

随着中国特色社会主义进入新时代，人民日益增长的物质文化需要已经转化为美好生活需要。在这一进程中，旅客的个性化需求日益强烈，差异化服务已成为大势所趋。在这一时代背景下，天津航空以旅客需求为中心，全面优化票价体系，推出了多样化的国内航线价格档位，不单纯剥离旅客权益，而是根据前排座位、行李额度、精品餐点、会员积分、贵宾服务等不同权益需求，为旅客提供更具个性化的出行选择。同时通过定制套票、升舱、行李等特色产品，天津航空为旅客出行多样性做加法。广大旅客可通过天津航空国内官方网站、天津航空微信公众号等平台了解详情并自主选购。

行李托运方便快捷，空中支付成为现实

以往旅客在办理值机时如遇逾重行李缴费情况，流程相对烦琐、等候时间较长。如今，天津航空在大连、天津先后投产逾重行李智能收费系统，有效避免了旅客二次排队和长时间等待，缩短了值机办理时长，让旅客出行更为高效、便捷。后续，该系统也将在乌鲁木齐、贵阳等地机场同步推广。此外，天津航空借助机上销售系统，在万米高空实现了离线支付功能，有效解决了飞行途中客舱内无网络、无现金导致的"购物难"问题。旅客仅需在飞行模式下打开手机、iPad 等移动设备端的支付宝 App，扫描乘务人员提供的二维码，即可轻松下单。

超重行李尽享优惠，旅途购物更多选择

计划携带较多行李出行的旅客，可提前在天津航空国内官方网站及微信公众号上购买行李额，最低仅为 8 元/千克，相当于在值机柜台购买价格的四折，更为经济实惠。未来一段时间，天津航空还将在天津及海口地区开展免费赠送 20 千克托运行李额活动，感恩回馈大众，切实为旅客谋福利，提升旅客幸福感和获得感，同时更为天津本土经济发展以及海南省自由贸易港建设添砖加瓦。

针对旅客飞行途中的休息需要，天津航空积极调整机上销售方式，由原来的通过机上广播进行产品介绍，转变为在每位旅客座椅前方配备《天津航空机上购物指南》，旅客可自行翻阅杂志并通过头顶上方的呼唤铃呼叫乘务人员进行咨询与购买，由被动式打扰变为主动式提出，减少对无购物需求旅客不必要的打扰，同时为有休息需要的旅客提供更加安静、舒适的乘机空间。同时，天津航空拓宽了机上销售品类，增加了如旅行背包、蒸汽眼罩等实用性强、物美价廉的产品，并提供天津航空机模等专属定制化纪念品，真正做到便民、惠民、利民。

2021年，天津航空将在做好常态化疫情防控工作的基础上，深化差异化服务转型。在海航集团引领下，践行真情服务，传承"店小二"精神，为旅客提供更为优质的产品，满足人民对美好生活的追求。同时天津航空将以习近平新时代中国特色社会主义思想为指导，落实党和国家各项政策要求，深化发展改革，推进智慧民航工作建设，积极助力中国经济内循环。

资料来源：天津航空深化差异化服务转型．民航资源网，2021-01-21.

只有了解旅客的不同服务需要，民航服务人员才能在服务过程中提供给旅客满意的服务。需要理论不仅为民航旅客服务工作指明了方向，而且为提高服务质量提供了理论支持。

任务一 认识需要

人的行为和活动都是由心理需要而引起的。人的心理需要是一切行为和活动的直接动因。人的一生就是不断地产生需要—满足需要—产生新的需要的一个过程。人对客观事物的认识和态度，总是以某种事物是否能够满足其需要为标准。民航服务的本质就是要满足旅客的服务需要。这是服务的起点，也是服务的最高境界。

一、需要的特点

需要是指人脑对生理需求和社会需求的反映。需要是人体和社会生活中所必需的事物在人们头脑中的反映，是人们产生行为的直接原因，是人与人之间共同一致的，带来普遍意义的激起心理活动的动力。需要主要具有以下特点：

（一）对象性

需要总是指向某种具体的事物，是对一定对象的需要。换句话说，需要总是和满足需要的目标联系在一起。例如：人饿了就要寻找食物、渴了就要寻找水、冷了就要寻找衣服等。需要的对象既可能是物质性的，也可能是精神性的。需要一旦实现，总能给人们带来生理或心理上的满足。离开了目标和对象，我们就无从观察和研究个体是否具有某种需要。

（二）选择性

不同的对象，需要的选择也不同。个体已经形成的需要，在很大程度上决定了个体的行为及其对需要内容的选择，这就是心理学所说的需要的选择性。例如：一名旅客走进机场商店，商店里有各式各样的商品可供选择，但旅客一定是选择他最需要的商品进行查看及购买。

（三）紧张性

需要是个体在生活中感到某种欠缺而形成的某种心理状态。当某种需要产生后，个体便会形成一种紧张感、不适感或烦躁感等。例如：个体有了饥饿的感觉时，生理上的反应会导致心理上的紧张与烦躁。

（四）驱动性

需要产生时，个体为了消除生理或心理紧张，就会想方设法实现它，这时需要便成了驱动力，推动着人们做出行动，以求得生理或心理平衡。需要越强烈，对个体行为的驱动力就越大。

（五）层次性

需要是有层次的。个体应首先满足最基本的生活需要，而后是满足社会性需要和精神需要。人的需要总是不断地由低级向高级发展。一种需要被满足了，又会在这个基础上产生更高层次的需要。

（六）发展性

个体的需要会随着社会生产力的发展和物质文化生活水平的提高而发展。这不仅体现为需要的标准不断提高，而且体现为需要的种类日益复杂多样。在早期社会，人类的需要较简单，主要追求生理和安全需要。随着社会发展和人类的不断进步，人类才产生了文化与精神需要。之后，人类的需要逐渐复杂化、多样化。

（七）共同性与差异性

最基本的生理需要、精神需要和社会性需要是人类不可缺少的，这是共同性需要。由于内部生理或心理状态以及外部环境条件不同，因此每个人的需要会有明显的个体差异。

二、需要的层次

人类的需要一直是心理学家研究的对象，并产生了有关需要的不同理论。其中，马斯洛的需要层次理论的影响较大。

美国人本主义心理学家马斯洛于 1943 年在其著作中提出了"需要层次理论"（又译"需求层次理论"）。这一理论流行甚广，是心理学家试图解释需要规律的主要理论。马斯洛认为人的行为动机与需要有着密切的联系。人的行为是由动机引起的，而动机又是由需要产生的，而所有人都寻求满足五个方面的基本需要，包括生理需要、安全需要、社交需要、尊重需要和自我实现需要（见图 2-1）。

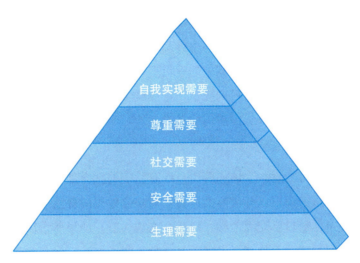

图 2-1　人类需要的层次关系

这些需要构成了需要的层次，像生理和安全这样最基本的需要处于需要层次的底部。只有当低层次的需要满足之后，个体高层次的需要才会产生。任何一种需要并不会因为下一个高层次需要的出现而消失，只是高层次需要产生后，低层次需要对行为的影响变小。各层次的需要之间是相互依赖的关系。

（一）生理需要

这是人类最原始的基本需要，包括呼吸、水、食物、睡眠、性和其他生理机能的需要，它是推动人们行动的根本动力。马斯洛认为人的生理需要是最重要的，只要这一需要还没得到满足，个体就会无视其他需要或将其他需要搁置。因此，在民航服务中，服务场所应首先满足民航旅客的生理需要，如在候机楼、飞机上提供充足的水和食物等，才可能让旅客感到满意。

（二）安全需要

当生理需要得到满足后，个体就会想要满足安全需要。安全需要包括保障生命和财产安全、避免职业病的侵袭、摆脱失业的威胁以及避免意外事件的发生等。人们的安全需要随时可以表现出来。例如：人们在乘坐交通工具时，既要求准时又要求安全；人们乘坐红眼航班时会感到更紧张等。在民航服务中，民航服务人员对旅客的照顾，包括对其人身及财物的关照，为其提供相应的渠道了解民航的安全规定、设备操作方法，向其提供喜欢或常见的食品饮料、推广介绍新的服务产品等，会使旅客的安全需要得到满足。

（三） 社交需要

马斯洛提出的社交需要又可理解为爱和归属的需要。爱的需要即个体都希望亲人之间、伙伴之间、同事之间的关系融洽或保持友谊和忠诚，并渴望得到爱情。个体希望爱别人的同时也接受别人的爱。归属的需要即个体都需要一种归属感，都有一种渴望归属于一个集团或群体的情感要求，希望成为其中的一员并得到关心和照顾。这些都是健康的人际关系所必需的。如果社交需要无法得到满足，个体就会感到孤独、空虚和失落。社交需要与个体的生理特征、经历、教育、宗教信仰等有关。

（四） 尊重需要

当社交需要得到满足之后，个体还希望自己有稳定的社会地位，个人的能力、成就得到社会的承认等。尊重需要可以分为两类：自尊和来自他人的尊重。马斯洛认为，尊重需要得到满足，能使个体对自己充满信心，对社会充满热情。如果尊重需要未被满足，个体就会产生自卑感、软弱感、无能感，失去对未来的希望。

（五） 自我实现需要

自我实现需要是指个体追求自我价值、发掘潜力、实现自我完整性和自我认同的需要。也就是说，个体需要做擅长的工作，是什么样的角色就应该干什么样的事，如音乐家演奏音乐、画家绘画、诗人写诗等。个体只有完成与自己能力相称的事情，发挥自己的潜力，才会得到最大的满足。为满足自我实现的需要所采取的途径是因人而异的。马斯洛认为，自我实现者是实现"完满人生"的人，即实现了友爱、合作、求知、和谐、创造等的人。

任务二　掌握民航旅客的需要

一、民航旅客的一般需要

民航旅客的需要是人的一般需要在消费活动过程中的一种反映。马斯洛的需要层次理论对研究人类的行为需要和动机具有重要和普遍的意义，它为我们认识和分析飞机上旅客的需要（见表 2-1）提供了重要的理论依据。民航服务人员的工作性质决定了他们必须了解旅客的各种需要。

表 2 - 1　民航旅客的需要

需要层次	旅客目的		乘务员应提供的服务
生理需要	衣：适合的温度 食：可口的饭菜 住：舒适的座椅 行：有一定的空间 方便：随叫随到 卫生：干净整洁		细致、舒适、周到的服务
安全需要	航空公司：先进的飞机、齐全的应急设备、良好的设备维护 飞行机组：一流的飞行技术 乘务员：受过严格的应急训练，具有较强的应变能力、处置能力		保证飞行安全 保证客舱安全 保证餐食安全
社交需要	乘务员和旅客之间建立良好的关系； 旅客和旅客之间创造和睦的气氛，让旅客有归属感		多与旅客沟通 多向旅客介绍
尊重需要	称谓：称谓要得体，要符合旅客的身份 服务：要和旅客舱位等同		认真听取旅客意见，满足旅客提出的要求

党的二十大报告指出：必须坚持人民至上。人民性是马克思主义的本质属性，党的理论是来自人民、为了人民、造福人民的理论，人民的创造性实践是理论创新的不竭源泉。一切脱离人民的理论都是苍白无力的，一切不为人民造福的理论都是没有生命力的。我们要站稳人民立场、把握人民愿望、尊重人民创造、集中人民智慧，形成为人民所喜爱、所认同、所拥有的理论，使之成为指导人民认识世界和改造世界的强大思想武器。

2022 年全国民航工作会议明确提出，民航的重点工作之一是围绕扩大国内航空需求，科学精准防控疫情，深挖航空市场潜力，加大助企纾困力度，优化提升服务质量。

因此，民航业不仅要创造全新的商业模式以满足人民日益增长的随着形势变化而变化的美好生活需要；更要民航服务人员全面、深入地掌握和分析旅客需要，充分利用大数据与互联网技术来挖掘旅客的需求，使服务内容具有科学性与针对性，真正能够做到预测旅客的需求、满足旅客的需求，使民航服务真正做到有温度、有深度，践行"发展为了人民"的理念。

（一）生理需要

党的二十大报告聚焦民生关切，强调"增进民生福祉，提高人民生活品质"。航空旅行作为人们追求生活品质的表现之一，已经不再像过去那般高不可攀，而是走进了千家万户。旅行过程中，旅客的生理需要体现在其对衣着、座位、饮食、环境、休息等方面的要求。大部分的旅客比较注意个人着装和外在风度，讲究整洁、大方。旅客普遍希望食品、饮料可口、味美，机舱环境舒适，空乘人员服务热情，舱内温度适宜，卫生间干净、整洁。不少旅客希望自己的座位临窗，这样可以透过窗户欣赏与地面所视不同的景象。还有的旅客喜欢在飞行中小憩，缓解疲劳和压力。很多旅客选择乘坐飞机，是因为它快捷、节省时间。因此，旅客最不愿意发生的事情就是航班延误，他们希望能够安全、舒适、准时地到达目的地。

（二）安全需要

牢记安全是民航业的生命线，牢固树立安全第一思想，坚决确保航空安全，这一头等大事任何时候都不会改变。

2018年5月14日，四川航空3U8633航班在从重庆飞往拉萨的途中，驾驶舱右座前挡风玻璃破裂脱落。面对突发状况，机长刘传健带领全体机组成员沉着应对，成功备降成都双流机场，确保了机上119名乘客和9名机组成员的生命财产安全。

9 800米高空、800多千米的时速、零下40摄氏度……业内人士普遍认为，这次返航备降的难度堪称"世界级"，是全球民航史上的奇迹。

2018年9月30日，习近平总书记专门邀请四川航空"中国民航英雄机组"全体成员参加庆祝中华人民共和国成立69周年招待会。会前，习近平总书记在人民大会堂亲切会见机组全体成员，并同大家合影留念。习近平强调，安全是民航业的生命线，任何时候任何环节都不能麻痹大意。民航主管部门和有关地方、企业要牢固树立以人民为中心的思想，正确处理安全与发展、安全与效益的关系，始终把安全作为头等大事来抓。要加大隐患排查和整治力度，完善风险防控体系，健全监管工作机制，加强队伍作风和能力建设，切实把安全责任落实到岗位、落实到人头，确保民航安全运行平稳可控。

刘传健和同事们的事迹还被搬上了银幕。2019年9月30日，以四川航空3U8633航班成功备降的真实事件改编的电影《中国机长》在全国公映。该片导演表示，刘传健的传奇经历让他深受触动："这惊心动魄的半小时应该搬上大银幕，让所有人都了解中国人有多了不起！每一个人都可以当英雄，每一个职业的从业者也都可以当英雄。"

近年来，在空域资源紧张、运行环境复杂、极端天气频发的情况下，中国民航系统采取严格把控运行总量、科学把握运行标准、持续改进保障能力、强化技术手段支撑等措施，科学编制航季航班计划，规范空中流量管理，缩小管制间隔，在千万级以上机场普及运管委机制、完成机坪管制移交，推进"四强"空管建设，激发空管系统改革活力，航班正常率连续三年超过80%。

"十四五"时期，民航强国建设进入新阶段，民航安全发展面临新的形势，安全工作肩负着新的历史使命，新时代社会主义现代化建设对民航安全的要求更高，民航作为国家战略性基础行业，必须顺应新发展阶段的客观需要，牢牢守住民航安全底线。

在人们的理智判断与选择中，飞机是最安全的交通方式。但在印象中，人们却普遍认为火车比较安全，飞机危险系数比较高。虽然这是一种误解，但很多人，特别是第一次乘坐飞机的人，在飞行时会感到担心和紧张，身心总是处于紧张和焦虑状态。旅客最大的愿望就是能够安全、准时地到达目的地。因此，天气的变化、起飞时间的延迟、飞机机械故障等情况的发生，都会使旅客的情绪产生较大的波动。另外，由于飞机运输的特殊性，一旦发生意外，人的生命会受到很大威胁，因此，民航服务人员要理解旅客购票时会偏好大型飞机或大型航空公司。同时，旅客在出行中，对人身及财产安全也存在强烈的需要，而且对这方面的安全期望也很高。航空公司及空乘人员应在设备、服务等方面满足旅客的安全需要，把旅客的安全放在第一位。

（三）社交需要

与普通人的社交需要一样，民航旅客也有社会交往的欲望。在民航服务过程中，旅客会希望在有需要的时候得到他人的安慰和支持，保持与其他旅客及民航服务人员的友好关系，独行旅客或新旅客更是如此。民航服务人员应与旅客建立良好的关系，并促进旅客之间创造和睦的气氛，可邀请旅客成为航空公司的会员，让旅客有归属感。在这方面，由于不同的旅客会因年龄、性格、经历、民族、宗教信仰等不同而有自己独特的社会需要，因此民航服务人员面临的是更复杂、更细致、更有难度的工作。

（四）尊重需要

尊重需要是个体较高层次的心理需要之一。乘坐飞机的旅客的尊重需要常常表现得较明显，且主要表现为希望被民航服务人员尊重，希望自己的身份得到认可，希望自己的主体地位得到体现。民航服务人员应理解并满足旅客的这种需要，为旅客提供周到、细致的服务和人文关怀。如民航服务人员应文明礼貌待客，耐心地听取旅客的想法或看法，即使旅客有说错或做错的地方，也不能嘲笑他们，更不能指责他们，而应采取谅解和帮助的态度为旅客提供服务。

二、民航特殊旅客的服务需要

（一）老年旅客

老年旅客一般指年龄在70岁以上，年迈体弱，虽然并未行动不便或身体不适，但在民航旅客中显然需要他人帮助的旅客。年龄超过70岁、身体虚弱、需要轮椅代步的老年旅客，应视同病残旅客给予适当的照料。老年旅客体力、精力开始衰退，动作缓慢，应变能力差，常常需要关心和帮助。老年人由于年龄上的差异，与青年人想法不同，容易心境寂寞，孤独感逐步增加。尽管老年人没有表现出来，但其内心渴望别人的关心和帮助。因此，民航服务人员在为老年旅客提供服务时，要更加细致。例如，民航服务人员与老年旅客讲话时速度要慢，声音要略大；经常主动关心和询问他们需要什么帮助，如需不需要毛毯等；洞悉并及时满足他们的心理需要，尽量消除其孤独感。另外，由于东西方文化的差异，很多西方的老年人在身体状况良好的情况下，一般不喜欢别人给予特殊关照，否则会认为别人小看了他的能力。对于这样的旅客，民航服务人员应留心观察，待旅客真正需要帮助的时候，提供既及时又不会使其感到被特别对待的关照。体弱的老年旅客既有很强的自尊感，又有很深的自卑感，由于身体的原因自感不如他人，有时会比较敏感，不愿主动请求别人帮助。民航服务人员应尽可能通过观察发现其需求，不要给他们太多的心理压力，对他们携带的行李物品，要主动协助提拿，关心他们的身体状况，消除其乘坐飞机的不适感。

（二）行动不便的旅客

行动不便的旅客是指由于身体或精神上的缺陷或病态，在航空旅行中，不能自行照料自己的旅途生活，需要他人帮助和照料的旅客。这些旅客较之正常人自理能力差，有特殊困难，迫切需要别人帮助，但是他们自尊心较强，有时不会主动要求民航服务人员提供帮助，更愿意显示他们与正常人无差别。因此，民航服务人员要称之为"行动不便的旅客"，要了解他们的心理，在服务过程中提供便利、重点照顾，让他们感到舒服和温暖。例如：有一位下肢残疾的旅客乘飞机时，在飞机上不吃也不喝，细心的乘务员发现后及时与这位旅客进行沟通，原来这位先生不吃不喝的原因不是不饿不渴，也不是为了减肥，更不是飞机上的餐食不合他的口味，而是为了减少上洗手间的次数，怕给乘务员添麻烦。乘务员了解原因后热情地安慰他："没关系，您要上洗手间时，我们会帮助您的。"旅客这才放心地吃东西。

案例 2-1

耐心、真心、用心——深航乘务员国庆暖心小故事（节选）

10月2日，李颖乘务组执行晋江—北京航班，航班延误，长时间的等待使旅客心情焦急、情绪烦躁。面对来自旅客的迁怒和责难，乘务组倾尽全力耐心安抚及细心服务，加强巡舱，尽力满足旅客需求，关注特殊旅客，为老人提供热水，为幼儿提供小玩具，旅客情绪逐渐好转。乘务组的点点滴滴付出，被旅客看在了眼里，后续有旅客特意致电深航热线对他们的工作表示了肯定。只要用心服务，旅客总能点滴感怀在心头。

十一期间，李玲玲乘务组执行深圳—合肥 ZH9899 航班，地服告知乘务组航班上有一个残障代表团。乘务长立即安排残障旅客优先登机，组织所有乘务员协助地服人员上前搀扶或背起旅客登机，细心为旅客调节好座椅，垫好软枕，盖好毛毯。飞行过程中，乘务员一直关注这群特殊旅客，细心洞察需求，悉心照顾，搀扶旅客使用卫生间。乘务长提前与目的地保障部门沟通，飞机到达时，托运的轮椅就已经提前安排至舱门口，乘务员小心搀扶旅客坐好，安放好随身行李。旅客们全程洋溢着满意的笑容，温情的感激之语是对乘务组用心付出的最大肯定。

（三）儿童旅客

儿童旅客的基本特点是性格活泼、天真幼稚、好奇心强、善于模仿、判断能力差、做事不计后果。鉴于儿童旅客的这些特点，在服务过程中，乘务员要注意防止一些机上不安全情况的发生，不能将儿童旅客安排在应急出口处，防止其乱摸乱动应急设备，叮嘱家长照顾好自己的孩子，并且要注意态度和语气，不要训斥儿童。例如：航班起飞、降落时要注意防止儿童旅客四处跑动；为儿童旅客提供热饮时，应倒至杯子的一半，以免发生烫伤的情况。对无人陪伴的儿童旅客，航空公司通常会安排专门的乘务员负责照看，以防出现意外。

（四）初次乘机旅客

去哪儿网数据显示，2020年通过去哪儿网站购票的用户中，有934万人是第一次坐飞机。国内旅游市场正进入大众化和品质化的双增长通道，"第一次坐飞机"的用户群体未来几年将持续增加。此类旅客好奇心强、爱提问题、好动，但缺乏乘机经验、不熟悉安全须知、羞于请教他人。民航运输不同于汽车、火车、轮船等其他的运输方式，初次乘机旅客对飞机上的一些设备、环境等都十分陌生，好奇心会驱使他们探索新鲜事物。为满足初次乘机旅客的新奇感，乘务员应适当为初次乘机旅客介绍飞行的距离、时间、速度、飞机设备的使用方法和注意事项，并介绍乘机小常识，如飞机的机型、飞行的高度、飞越的地标等，以满足他们的好奇心。由于初次乘机旅客缺少乘机知识，乘务员要主动、耐心地介绍，不要指责或嘲笑他们，避免使旅客感到尴尬。初次乘机旅客也容易有紧张的心理，乘务员一方面要请他们放心，告诉他们航空运输在交通运输工具中是十分安全的；另一方面可以亲切地与他们交谈，询问他们此行的目的，以分散他们的注意力，使他们感到乘坐飞机是安全、舒适的，从而缓解他们的紧张心理。

📋 案例 2-2

河北航空："首乘服务"提升旅客获得感

随着人民群众生活质量提高，首次乘机旅客数量呈现增长趋势。针对第一次乘坐飞机出行的旅客，河北航空推出"首乘服务"，聚焦地面、空中多方面，推出有针对性的服务保障举措。

在地面服务方面，河北航空工作人员重点关注问询、值机、安检、登机、中转等环节，精心为首乘旅客提供出行指引图、乘机指南、帆布袋等系列专属服务，并特别开设首乘值机柜台，安排流动引导员为首乘旅客提供"一对一"全流程引导服务。

在空中服务方面，河北航空工作人员主动引导首乘旅客就座，协助存放行李；加强对首乘旅客机上安全须知、旅客服务组件、客舱布局等功能区讲解，对飞行中可能出现的飞机颠簸、耳压升高等现象进行知识普及。

"自'首乘服务'推出以来，河北航空已累计保障首次乘机旅客200余人次，受到不少首次乘机旅客好评。"河北航空相关负责人表示，"人民航空为人民，河北航空将继续以真情服务，不断提升旅客乘机体验。"

（五）重要旅客

1. 重要旅客的类型

（1）最重要旅客（Very Very Important Person，VVIP）。

（2）重要旅客（Very Important Person，VIP）。

（3）工商企业界重要旅客（Commercial Important Person，CIP）：工商企业界重要旅客对航空公司来讲，是指社会知名度较高，长期以来购票数额较大，对航空服务、效益具有良好促进作用的旅客。

小知识

重要旅客的范围

● 最重要旅客（VVIP）范围

党和国家的领导人，以及外国国家元首、政府首脑、议会议长及副议长、联合国秘书长等。

● 重要旅客（VIP）范围

1. 省、部级（含副职）以上的负责人；

2. 军队在职正军职少将以上的负责人；

3. 公使、大使级外交使节；

4. 由各部、委以上单位或我驻外使、领馆提出要求按重要旅客接待的客人。

● 工商企业界重要旅客（CIP）范围

工商业界、经济和金融界有重要影响的人士。

---

2. 重要旅客的服务需要

重要旅客具有一定的身份和地位、自我意识强烈、自尊心强，希望得到尊重。与普通旅客相比，他们更注重环境的舒适和接受服务时的心理感受。由于重要旅客乘坐飞机的机会比较多，因此他们会在乘机的过程中对机上服务进行比较。乘务员提供服务时，要注意恰当地使用姓氏服务，适度与旅客进行语言和非语言交流，同时要注意态度热情、言语得体、落落大方，针对他们的心理需求采用相应的服务。在提供周到的物质服务的前提下，乘务员更应满足重要旅客精神的需求，使其整个行程都沉浸在愉悦的心情中。

📖 案例 2 - 3

海航首架"梦之羽"客舱完成交付（节选）

以"梦想金"为主色调的商务舱沿用行业主流反鱼骨式布局，座椅甄选高端座椅品牌，间距升级至最佳座椅间距 46 英寸，宽敞独享区域、五处储物空间、轻柔氛围灯光下闪动的金色纱线，彰显尊贵、奢华质感；轻盈、时尚的"国际灰"超级经济舱配备屡获殊荣的 MIQ 座椅，旅客可尊享四向头枕、7 英寸座椅后仰，摇篮式的后仰设计为旅客提供更加放松的腰部体验，配置的 iPad 支架、独享个人电源插头和 USB 充电口，方便轻松开启智慧出行；经济舱配备专门定制的座椅、七向调节专利头枕，搭配人体工学的腰部支撑坐垫，上书报袋设计释放 1 英寸以上的腿部空间，合力打造舒适乘机体验。全舱采用情境灯光，灵感来源于河水与日月交相辉映的自然色调，在不同时段都为旅客营造光影流转的自然和谐之美。

舒适旅途有娱乐系统相伴，全新客舱配置顶尖的娱乐硬件，包含最新一代松下 eX3 娱乐系统，商务舱、超级经济舱、经济舱分别配备 18 英寸、13 英寸、12 英寸高清屏幕。娱乐视觉界面使用了"梦之羽 Dream Feather"标识图形及设计元素，与整体环境和客舱灯光协调呼应。同时加入人性化交互界面设计功能，基于旅客行为习惯，采用视窗与列表方式展示媒体资源；加入"推荐"标签及"评分"项，向旅客推荐机上节目；细分唤醒服务功能，提供用餐唤醒、落地唤醒等服务选择；加入旅客使用教程功能等，开启智能贴心服务。

（六）外国旅客

随着我国国际地位的不断提高，来中国工作、参观、旅游、考察的外国客人越来越多，民航服务中的外国旅客数量也不断增多。但很多外国旅客不懂中文，在沟通上存在语言障碍和文化差别。在旅行过程中，尤其是发生突发情况，如航班延误时，一旦服务不到位，他们就容易觉得彷徨无助。

在民航服务过程中，民航服务人员首先要了解旅客的国籍和身份，以便安排符合他们需要的服务；其次，民航服务人员要尊重外国旅客本国的文化和行为习惯，这需要民航服务人员从更多渠道了解外国文化；再次，民航服务人员在提供服务时最好能使用旅客熟悉的语种与其交流，态度和蔼热情，周到而不卑不亢地提供服务；最后，如果外国旅客由于语言、地域陌生等原因需要特殊服务，民航服务人员应尽量满足。

📋 案例 2 - 4

"科技＋服务＋关怀"情暖春运，东航旅客服务实现"三重升级"

牛年春节的打开方式很特别，有人选择做"原年人"，也有人选择"回家过年"。为给旅客们打造安心、舒适的出行体验，东航特别在上海虹桥、浦东两大国际机场推出"扫'东航 Logo'即享服务、贵宾室东航周边'随心购'、爱心专区走进 S1 卫星厅"三重升级服务，以"科技＋服务＋关怀"多维度服务春运。

业界首创扫"东航 Logo"即享服务，智慧出行全新体验

2021 年春运伊始，东航在上海虹桥国际机场就率先升级推出"无接触、无纸化、无聚集"的智慧出行新模式，从"全自助服务"倡导旅客"全自主乘机"。临近春节，东航聚焦技术升级，为智慧出行迎来"全新体验"：业界首创扫东航 Logo 即可获得小程序服务。

东航通过与微信的合作，在开发微信小程序的同时，开发扫东航 Logo 跳转小程序的功能，结合微信小程序覆盖广、操作易的优势，加上东航品牌 Logo 辨识度、安全性和便利性高的特点，借助 AR（增强现实）技术，让航空公司品牌 Logo 与服务产品紧密融合，成功地将线下场景与线上服务无缝对接，形成"线上流程轻松办理，线下高效便捷出行"的新业态和新模式。

旅客随时随地，只要看到东航 Logo，只需要打开微信"扫一扫"中的"识物"模块对应扫描，便可进入东航微信小程序，尽享从购票到登机的全流程自助服务。

牛年新春，不仅有"扫福"，还有扫"东航 Logo"即享服务的微信小程序。此外，东航微信小程序跳转操作简易，小程序不仅集成东航 App 中地面服务相关功能，还新增管家式"智能信息推送""现场求助"功能，可根据机场不同时间段的客流量、柜台位置、登机口位置，定制化地向每一位旅客推送建议抵达机场时间、距离柜台最近的出发层大门以及步行至登机口所需时间等服务，方便旅客填报相关信息，使旅客出行"自主化、无接触、无纸化、无聚集"。

爱心专区走进卫星厅，爱心服务升级

节前，东航再次联合上海浦东国际机场，在 S1 卫星厅开设了爱心服务区。这是东航在浦东国际机场设立的首个禁区内爱心服务区。通过与浦东机场 T1 航站楼出发大厅的东航爱心服务区联动，东航将爱心服务从单个服务点覆盖至从值机到登机全流程，为特殊旅客出行提供从点到面的更周全、更贴心的全方位服务。

S1 卫星厅内爱心服务区地理位置便利，位于 S1 卫星厅捷运电梯到达处。服务区的设立，大大加快了临时轮椅服务的响应速度，由原先从 T1 主楼出发的 40 分钟缩短至 15 分钟。同时，服务区也为需要帮助的旅客，特别是老年旅客提供专属休息空间，时时关怀，将爱心服务落在实处。

除特殊旅客服务外，卫星厅爱心服务区还兼顾航班问询、中转集合、票务改签以及综合服务等功能，打破了原来卫星厅此类服务的单一模式，缩短了旅客获取相应服务的来回奔波等候时间，以"全维度、零距离、一站式"的服务理念，为旅客出行提供便利。

科技赋能实现"背对背"的"无接触、无纸化、无聚集"智慧出行；定制产品打造"面对面"的"有颜、有识、有趣"的雅致体验；爱心服务彰显"心连心"的"有广度、有态度、有温度"的人文关怀：这个春运，东航守护每一位旅客平安出行。

资料来源：东航旅客服务实现"三重升级".民航资源网，2021-02-28.

案 例 分 析 应 用

我在柏林新机场扮演乘客（节选）

2020 年 10 月 31 日，德国柏林勃兰登堡机场正式投入使用。这项工程此前已六度推迟启用时间，比最初的计划晚了 9 年之久。为了确保万无一失，2020 年 4 月至 10 月间，新机场组织了数十批次"试运行演练"，对各项基础设施和运转流程进行了详尽测试。笔者幸运地作为志愿者，以两位身份不同、行程不同的乘客的角色在新机场模拟了乘机的全部环节。

为了营造出机场运行的真实感，新机场先后总共动用了 17.9 万件道具行李，出具了 5.4 万张模拟机票，假设了 2 350 次航班起降，9 900 名志愿者和 2.4 万人次员工充当"演员"参与其中。

测试当天，新机场尚未开通公共交通线路，只能搭乘为志愿者提供的接驳巴士前往新机场。每个志愿者都会拿到随机分配的两个"任务"情景，笔者的第一项任务是扮演一位叫"布鲁诺"、前往杜塞尔多夫的乘客，没有行李，已经在网上完成值机并拿到登机牌；第二项任务比较复杂，扮演一位叫"卡塔琳"、前往克罗地亚的乘客，不仅需要托运行李、现场领取登机牌，还因为在安检后与朋友走散，要求助服务台进行广播寻人。

模拟流程跟实际乘机几乎是一样的，唯一不同的是用"巴士"代替"飞机"，以围绕停机坪乘巴士代表"飞行"过程，途经已准备就绪的能源站、仓库、消防队、汉莎航空机群驻地等设施。"飞机降落"后还演练了到达和入境环节，比如笔者从申根区外的"英国"归来，就要再经过海关查验护照。

测试结束后，笔者认真填写了调查反馈问卷，特别说明了作为外国人在参与整个试运行过程中遇到的困难。笔者在演练过程中并非一切顺利。例如：第一项任务中的"航班"晚点了，而第二项任务中笔者需要前往航站楼最远处的登机口，笔者一路小跑还是错过了"飞机"，沿途并没有工作人员可以询问；下"飞机"后去取行李的途中，标识不够清晰，笔者绕了一大圈才找到出口，到达行李传送带时上面已经空空如也，这就意味着笔者丢了"托运行李"。

柏林新机场的定位是现代化、国际化机场，未来必然要接待来自世界各地的乘客，机场应满足各种各样的乘客需求。今年的一系列试运行演练都要求参与者熟练掌握德语，因为包括前期预约申请、了解任务细则、与工作人员沟通在内的整个流程都需要使用德语。这样一来，就没有太多熟练使用德语的外籍人士能够参加演练，并以不同于德国人的视角提出意见和建议。

试想一下，笔者在德语国家工作、生活多年，尚且没能圆满完成测试任务，如果是第一次到欧洲旅游又不会德语的外国人呢？

■ 案例情景要点

1. 为了确保万无一失，2020 年 4 月至 10 月间，新机场组织了数十批次"试运行演练"，对各项基础设施和运转流程进行了详尽测试。

2. 每个志愿者都会拿到随机分配的两个"任务"情景，笔者的第一项任务是扮演一位叫"布鲁诺"、前往杜塞尔多夫的乘客，没有行李，已经在网上完成值机并拿到登机牌；第二项任务是扮演一位叫"卡塔琳"、前往克罗地亚的乘客，不仅需要托运行李、现场领取登机牌，还因为在安检后与朋友走散，要求助服务台进行广播寻人。

3. 笔者在演练过程中并非一切顺利。例如：第一项任务中的"航班"晚点了，而第二项任务中笔者需要前往航站楼最远处的登机口，笔者一路小跑还是错过了"飞机"，沿途并没有工作人员可以询问；下"飞机"后去取行李的途中，标识不够清晰，笔者绕了一大圈才找到出口，到达行李传送带时上面已经空空如也，这就意味着笔者丢了"托运行李"。

4. 今年的一系列试运行演练都要求参与者熟练掌握德语，因为包括前期预约申请、了解任务细则、与工作人员沟通在内的整个流程都需要使用德语。这样一来，就没有太多熟练使用德语的外籍人士能够参加演练，并以不同于德国人的视角提出意见和建议。

■ 理论应用

1. 很多旅客选择乘坐飞机，是因为它快捷、节省时间。因此，旅客最不愿意发生的事情就是出现问题或者航班延误。他们希望能够安全、迅速、准时地到达目的地。

2. 民航服务人员需要全面、深入地掌握和分析旅客需要，充分利用大数据与互联网技术来挖掘旅客的需求，使服务内容具有科学性与针对性，真正能够预测旅客的需求。

3. 外国旅客在沟通上存在语言障碍和文化差别。在旅行过程中，尤其是有突发情况时，如航班延误等，一旦服务不到位，他们就容易觉得彷徨无助。

4. 民航服务人员为外国旅客提供服务时，最好能使用通用语言与其交流，态度和蔼热情，周到而不卑不亢地尽心服务；如果外国旅客由于语言、地域陌生等原因需要特殊服务，民航服务人员应尽量满足。

■ 头脑风暴

假如你是案例中的这名志愿者，在完成任务二时，你希望得到机场工作人员的哪些帮助？

一、学习总结

1. 用至少 10 个词总结本项目令你印象深刻的学习收获（包括但不限于学习到的理论知识、案例体会、行业信息等）。

2. 请绘制本项目学习内容的思维导图。

二、实训任务——小程序服务专区设计

甲航空公司将在微信小程序上推出首次乘机旅客的服务专区。结合本项目所学内容及参考其他服务企业的小程序，请你为这个服务专区设计服务内容的菜单栏，以尽可能地让首次乘机的旅客从准备购票开始到到达目的地的过程中安心、舒适、方便。

任务提示：充分考虑首次乘机旅客的特点后，思考分析他们从准备购票开始到乘坐飞机到达目的地的过程中可能有哪些服务需要。

任务要求：根据首次乘机旅客的需要设计小程序的服务专区菜单栏，并简要介绍菜单栏每个条目的主要内容，须采用文字和绘图的方式进行设计说明，完成后轮流汇报分享。

任务思考：民航旅客的服务需要是一成不变的吗？

三、思考实践

1. 思考题

（1）需要有哪些层次？试举例说明。

（2）需要有哪些特点？试举例说明。

（3）飞机上旅客的需要表现在哪些方面？

（4）老年旅客有哪些特殊的服务需要？行动不便的旅客有哪些特殊的服务需要？儿童旅客有哪些特殊的服务需要？初次乘机的旅客有哪些特殊的服务需要？重要旅客有哪些特殊的服务需要？

2. 案例题

大兴国际机场的隐藏"彩蛋"

北京大兴国际机场已于 9 月 25 日投入运营，由于造型华丽、内部设施科技感强，这几天俨然成了北京新的"打卡地"。别以为新机场只有颜值吸引人，如果停下匆忙脚步去探索，这里还有很多隐藏"彩蛋"。

彩蛋 1：机场示意图上找到游泳池和电影院

在航站楼一层，记者发现了大兴国际机场的示意图，从地下一层到五层，机场共设置近 200 家商户，"网红"餐饮店、奢侈品购物店、银行、快递等一应俱全。示意图还标出，机场内有书店、电影院，甚至在一层位置，还设置一个游泳馆、一个健身房。新机场如此完善、便捷的商业脉络，让人仿佛置身商业区。旅客即使提前来机场候机，也不会感到无聊。

彩蛋 2：高中低档餐饮消费总有一款适合你

在餐饮方面，航站楼各层的餐饮区涉及饮品、西式快餐、休闲餐、中餐、特色小吃等多种类型。目前一期已进驻 73 家餐饮店面，二期将进驻 17 家餐饮店面。其中，不乏"网

红店"。在饮品方面，开设星巴克、喜茶、瑞幸咖啡、CoCo、Costa等；在中餐方面，开设庆丰包子铺、西部马华、鸿毛饺子等；在西餐和甜点方面，开设麦当劳、肯德基、必胜客、南小馆、蓝蛙、好利来、满记甜品等。

为保障旅客在机场吃饭不花"冤枉钱"，大兴国际机场的餐饮店面采取"同城同质同价"措施。南小馆店面负责人告诉记者，店面在入驻期间便签订了"同城同质同价"承诺书，保证菜品的品质与价格。

彩蛋3：从火车站到机场柜台，轮椅乘客毫无障碍

记者在大兴国际机场注意到，机场对常用设施进行了无障碍化改造。旅客若乘坐地铁或京雄城际列车来到大兴国际机场，会先抵达地下二层，此处设置了上至地下一层的无障碍电梯。走出无障碍电梯，步行5分钟，即可抵达地下一层的值机柜台和问询柜台。机场的每个问询柜台均有一部分调整了高度，设置了约40厘米的容膝空间，成为低位无障碍柜台，方便坐轮椅的旅客问询。

此外，机场还设置了安检、登机桥等无障碍通道，直梯内设置了盲文按钮，镶嵌安装在护栏上，盲人只需握住栏杆即可找到前往楼层的按钮；在距离楼梯起点及终点约30厘米处的地面均铺设盲道。

彩蛋4：行李托运台"接地"，大箱包一推就上

在行李托运方面，机场所有托运履带都与地面形成了约30度的特定斜角，始端与地面持平，旅客只需将行李一推，即可放到托运履带上。

彩蛋5：出租车打车区域，划分北京、河北两个候车方向

大兴国际机场的五层为餐饮层，由于处于航站楼最上层，可看到下层国际出发区的场景，这里还设置了"观景台"。现在，这一层被很多人称为"亲友送别层"，送行人员可在这里目送亲友过安检、办理手续等。记者还发现，在机场航站楼一层，出租车打车区域分设北京方向和河北方向；在二层的停车场，机场也将P1设置为专门停靠网约车的区域。

彩蛋6：坐飞机前逛逛中国院子，体验传统手艺

北京大兴国际机场采用集中式多指廊构型，指廊属于候机区域，旅客通过安检，就能前往指廊上分布的登机口。航站楼中心点向东北、东南、中南、西南和西北五个方向的指廊的末端，分别设置了五座中式庭院，根据中国传统文化设置了不同的主题。

五座中式庭院分别为中国园、丝园、茶园、瓷园和田园，总建筑面积约1万平方米，呼应了"丝绸之路"的内涵。庭院为旅客提供绿色活动空间的同时，更是彰显出绿色和人性化的理念。

最具特色的是中国园。据悉，中国园占地面积约2 000平方米，位于国际旅客出发到达指廊——中南指廊方向的末端。该园设置了亭台、楼阁、水榭等，尽显中国传统建筑的特色，旨在向世界展现中国传统文化的魅力。

资料来源：徐美慧.万万没想到　大兴国际机场还有这些隐藏"彩蛋".新京报，2019-09-27.

问题：

案例中提到的"彩蛋"满足了民航旅客的哪些需要？请分别指出。

3. 问答题

（1）旅客在购买机票、办理登机手续及航班飞行过程中有哪些需要？

（2）旅客在航班不正常时有哪些需要？

4. 讨论题

（1）某航空公司在龙年春节来临之际，策划准备除夕夜广州至北京的"喜迎龙年"主题航班。结合本项目所学内容，假如你是旅客，你希望航空公司如何准备这趟主题航班？

（2）某航空公司今年首推全流程惊喜定制旅程"我是小小飞行家"的特色航班服务。请分析，这一特色服务可能是针对什么旅客提供的？如果请你来设计，这一特色服务可以包含哪些内容？

5. 实践题

调查了解各航空公司不同时段航班的航空配餐以及旅客的评价和意见，尝试提出改善建议。

四、拓展阅读

中国民航局《关于重要旅客乘坐民航班机运输服务工作的规定》

重要旅客是航空运输保证的重点，认真做好重要旅客的运输服务工作是民航运输部门的一项重要任务。为了做好这项工作，特作如下规定：

第一条 重要旅客的范围

1. 省、部级（含副职）以上的负责人；

2. 军队在职正军职少将以上的负责人；

3. 公使、大使级外交使节；

4. 由各部、委以上单位或我驻外使、领馆提出要求按重要旅客接待的客人。

第二条 高度重视重要旅客运输服务工作

1. 对重要旅客，值班领导要亲自迎送；对国务委员、副总理以上的重要旅客，各单位主要领导要亲自迎送。

2. 航空公司，省局、航站要设立要客服务部门（含兼管部门），并将该部门的职责、电话号码等通知当地党、政、军等有关部门。

3. 要客服务部门要选派有经验、表现好、责任心强的人员参加。

第三条 优先保证重要旅客的机票、座位

1. 重要旅客订座、购票，应予优先保证。

2. 接受重要旅客订座时，应请经办人详细填写《旅客订座单》，了解清楚要客的职务、级别和需要提供的特殊服务。

3. 重要旅客需预订联程、回程座位时，接受订座单位应及时向联程、回程站拍发定座电报，并在 OSI 项中注明 VIP 字样、职务（级别）和特殊服务的要求。

4. 联程、回程站接到重要旅客订座电报后，应保证座位并及时拍发答复电报。

5. 凡有重要旅客订座、购票的航班，不应随意取消或变更。如有变更，应尽早通知重要旅客的购票单位，并做出妥善安排。

6. 重要旅客取消旅行或改变乘机日期、航班时，原接受订座单位或值机部门应及时拍发变更电报，并通知各有关部门。

7. 在国务委员、副总理以上重要旅客乘坐的航班上，严禁押送犯人、精神病患者乘坐。售票处和值机部门要严格把关，并通知货运部门，严禁在该航班上装载危险物品。

第四条　做好重要旅客的信息传递

1. 重要旅客购票后，售票单位应及时（最迟在航班飞行前一天下午 4 时前）将重要旅客的姓名、职务、级别、随员人数、乘坐航班、日期、到达站、特殊服务等情况，通知始发站、中途站和到达站及重要旅客乘坐飞机所属公司的要客服务部门（部门代号为 VP）。

2. 始发站的要客服务部门应在重要旅客乘坐航班飞行前一天编制次日航班的重要旅客名单表，并于航班飞行前一日分别送给管理局、公司、机场或省局、航站、分公司的领导和各有关业务部门。临时收到的要客信息要及时补充通知。

3. 始发站的值机部门在航班起飞后，应即拍发要客 VIP 电报，通知各有关中途站和到达站的要客服务部门，要客服务部门再通知驻机场各有关单位领导和各有关业务部门。要客电报应包括：航班、日期、飞机号码、要客姓名、职务、人数、行李件数和舱位等内容。

4. 航班不正常时，始发站商务调度部门，应及时将航班延误情况发电告各有关经停站和到达站要客服务部门，要客服务部门应及时报告有关领导、部门和接待单位。

5. 各单位要对有关人员加强保密教育，对保密的重要旅客乘机动态，尽量缩小知密范围。

第五条　优先为重要旅客办理乘机、到达手续

1. 值机部门应优先为重要旅客办理乘机、行李交运、联运等手续。在未设头等舱的航班上，应尽可能地将较舒适的座位提供给重要旅客。

2. 重要旅客的行李要贴挂"重要旅客"（VIP）标志牌。装卸时，要逐件核对，防止错运、丢失或损坏。始发站和经停站在装卸行李、货物时，要将贴挂"重要旅客"（VIP）标志牌的行李放置在靠近舱门口的位置，以便到达站优先卸机和交付。

3. 重要旅客到达目的站后，应先向重要旅客交付交运行李。

第六条　做好重要旅客的地面接待服务工作

1. 要客服务部门接到有重要旅客的通知后，应事先准备好贵宾休息室，并备妥供应物品。

2. 要客服务部门应派专人协助重要旅客办理乘机手续和提取行李。

3. 服务员必须掌握航班信息，及时将航班起飞时间通知重要旅客，并负责引导重要旅客上飞机。

4. 航班延误时，应首先安排好重要旅客的休息和食宿。

5. 贵宾休息室的服务人员要按规定着装，举止大方，热情有礼貌，主动、周到地做好服务工作。

第七条　做好重要旅客的机上服务工作

1. 乘务组应事先掌握重要旅客身份和是否有特殊服务的要求，并根据掌握的情况研究具体服务方案。

2. 乘务员要热情引导重要旅客入座并为其保管好衣帽等物品。

3. 配餐部门应根据重要旅客特殊服务的要求，配备餐食和供应品，要保证食品新鲜、美味、可口。

4. 乘务员要根据每位重要旅客的情况，主动、热情、周到地做好机上服务工作。

5. 乘务员要加强客舱巡视，及时满足重要旅客的服务要求。

6. 乘务员应引导重要旅客先下飞机，并热情送行。

项目三

民航旅客的知觉

【课前导读】

本项目主要介绍了知觉的基本原理、影响旅客知觉的因素和旅客的社会知觉。通过学习这部分内容，学习者能掌握知觉的理论知识，学会在民航服务中合理运用知觉规律解决实际问题。

【学习目标】

1. 了解知觉的基本原理。

2. 掌握影响旅客知觉的因素。

3. 学会避免或克服首因效应、晕轮效应、刻板印象、定式效应的消极影响。

让航空出行因"无障碍"而美好（节选）

与其他公共场所相比，机场通常具有建筑面积大、流程复杂、用户需求多样等特点。因此，能够感受到贴心、周到的服务，成为旅客美好出行体验中重要的"调味剂"。特别是对残疾人、老年人等特殊群体而言，以无障碍环境建设为抓手，为他们提供高质量的设施、人性化的产品、高水准的服务，让每一位旅客乘兴而来、尽兴而归，成为建设人文机场的重要内涵。

近年来，首都国际机场特别成立了卫生间专项提升小组，对卫生间设计进行了细化调整。优化后的卫生间内部配置了高低位挂衣钩，洗手池旁靠近坐便的一侧还设置了拐杖夹，用于放置旅客的拐杖、雨伞等随身物品；以固定软靠背替代常规坐便盖板，方便有需求的旅客倚靠；拓宽洗手盆底部空间，预留充足的容膝空间，同时合理设置洗手盆高度，确保轮椅旅客可以轻松靠近、便捷使用；在洗手区配置洗烘一体水龙头，旅客洗手后无须移动位置即可烘干手部，避免了湿手操作轮椅的不便，还消除了移动过程中水滴落地造成地面湿滑的隐患。针对视障人士可以辨认视觉反差明显的物体、对黄色最为敏感等特点，首都国际机场在视觉方面对无障碍卫生间进行了全面优化升级：在卫生间门口设置了三角灯箱并铺设了盲道，使旅客可以精准定位；选用具有语音提示功能的自动平移门，配有中英文文字及盲文提示，清楚指示开关位置；内部选取色温 3 300～4 000 开尔文的自然光照明，照度可达 150 勒克斯；卫生间内还配置了放大化、对比度高的标识系统，并配有立体紧急疏散地图，供视障旅客阅读使用。

在"新国门"设计和建设之初，北京大兴国际机场便充分考虑特殊旅客乘机需求，高标准、高规格设计建设无障碍环境。机场的 156 间无障碍卫生间内均设有中国特色创新的 C 形抓杆，方便习惯向上用力的残障人士顺利起身，同时设置大面板的应急按钮，面板距地面 18～30 厘米，特殊旅客万一滑倒也能顺利报警；在距扶梯起点及终点 30 厘米处设置提示盲道，让视力障碍人士能有一步距离的心理调整；电梯入口全部设计为"八字口"，轮椅可轻松进出；将带有盲文的按钮安装在电梯内护栏上，视力障碍旅客只要握着护栏就能顺势找到按钮。大兴国际机场坚持自主创新、自我突破，制定了具有中国特色的设计方案。其首次将残障人士按照行动不便、视觉障碍和听觉障碍分为三类，创新性地将无障碍设施分为停车系统、通道系统、公共交通运输系统、专用检查通道系统、服务设施系统、登机桥系统、标识信息系统和人工服务系统八大系统。在机场内引导标识方面，大兴国际机场参考国际无障碍法案，按照视障人群也能识别的高限要求，选用标识颜色方案；放大常用设施图标，中英文字体字号较国标放大 33％，让标识在超大空间内更醒目；在登机口等处设置低频闪烁设备，加强对听障人群的视觉提醒；查询终端配有盲文面板，兼具无障碍、儿童模式和一键呼叫等功能，让所有旅客均能使用设施，无差别获得信息资源。

青岛胶东国际机场聚焦听障旅客内心渴望尊重、平等、无障碍沟通的需求，将服务观念由"我听你说"转变为"我想对你说"的双向服务，邀请助残服务中心手语教师结合机场实际，为机场面客服务保障单位开展基础服务手语及助残知识培训，全力营造无障碍交流环境。

石家庄正定国际机场大力倡行全员参与的"首见负责"文化，以"主动发现、主动帮助、主动礼让、主动报告、主动处置"为行动宣言，号召广大员工主动伸出双手，传递温暖。机场启用"首见负责爱心贴"，方便后续环节快速识别老弱病残孕、急客以及需要帮助的旅客，安排专人提供全流程服务和免费轮椅、免费电瓶车接送机等服务。

如今，特殊旅客会感受到机场的无障碍环境建设已经在空间、环境、文化和服务品位等维度真正做到了以人为本。特别是自北京承办 2022 年冬奥会和冬残奥会以来，机场的无障碍设施及服务更精细、更周到、更专业、更贴心了。从无障碍卫生间内的 C 形抓杆到电梯"八字口"，从高低位问询柜台到无障碍行李传送带，从具有无障碍访问功能的官方网站到残疾人安检专用的肢体检查仪，从"首见负责爱心贴"到"车门到舱门"的无断点保姆式服务，机场硬件、软件两手抓，以无障碍环境建设为抓手，致力于建设成为有生命、有温度、有色彩的高质量机场。

机场作为城市的窗口，其无障碍环境建设水平代表了国家和社会的文明程度，相关建设只有进行时，没有休止符。机场要更加广泛和充分地考虑特殊旅客群体的实际需要，为他们创造更加友好的环境，提供更加周到的服务，让他们能够放心出门、走得更远。

资料来源：让航空出行因"无障碍"而美好．中国民航网，2023－07－11.

上述案例中，特殊旅客对机场的无障碍建设在空间、环境、文化和服务品位等维度上的感受，其实也是对民航企业和民航服务知觉的反映，它在民航服务过程中影响旅客对民航服务的理解和评价。

心理学研究表明，知觉是人们对外界的感觉信息进行的组织和解释，它对旅客如何选择产品、如何看待民航服务工作等有着重要的影响。学习知觉的基本原理和相关理论有助于民航服务人员更好地把握旅客的心理特点，从而使服务工作卓有成效。

任务一 了解知觉的基本原理

一、知觉的概念

人的心理过程是从感觉和知觉开始的。感觉是人脑对直接作用于感觉器官的刺激物的个别属性的反映，如颜色、冷暖、味道等。知觉是人脑对直接作用于感觉器官的事物的整体的反映，是人对感觉信息的组织和解释的过程，例如：看到一个苹果、听到一首歌曲、闻到花香等，这些都是知觉现象。

感觉和知觉一样，都是刺激物直接作用于感觉器官而产生的，都是人们对现实的感性反映形式。离开了刺激物对感觉器官的直接作用，人们既不会产生感觉，也不会产生知觉。通过感觉，人们只知道事物的个别属性；通过知觉，人们才对事物有一个完整的映象，从而知道它的意义。与感觉相比，知觉具有不同的特征：

（1）知觉反映的是事物的意义。知觉的目的是解释作用于感官的事物是什么，个体会尝试用词语解释，因此知觉是一种对事物进行解释的过程。

（2）知觉是对感觉属性的概括。知觉是对不同感觉通道的信息进行综合加工的结果，所以知觉是一种概括的过程。

（3）知觉包含思维因素。个体要根据感觉信息和主观状态所提供的补充经验来共同决定反映的结果，因而知觉是个体主动地对感觉信息进行加工、推论和理解的过程。可以说，感觉是知觉的基础，知觉是感觉的深入。

二、知觉的特性

知觉主要有以下几个特性：

（一）知觉的整体性

知觉的对象有不同的属性，由不同的部分组成，但我们并不把它感知为个别孤立的部分，而总是把它知觉为一个有组织的整体。个体能根据知识和经验将事物的不同部分知觉为一个有组织的整体，这就是知觉的整体性。它不仅依赖个体的过去经验，而且与知觉对象的特点有关。就知觉对象的特点而言，制约知觉整体性的因素有以下几个。

1. 接近性

知觉对象在时间或空间上接近时，就容易被知觉为一个整体。如图 3-1 所示，空间接近的直线、圆点被知觉为一个整体。如美国北部与加拿大接壤，由于两国在地域上接近，在民航业及其他行业中人们常常把其划为一个地区来考虑。

图 3 - 1　接近性

2. 相似性

知觉对象的颜色、强度、大小和形状等物理属性相似时，就容易被知觉、组合成一个整体。如图 3 - 2 所示，圆点与×各自相似，被知觉为由×组成的大方阵当中另有一个由圆点组成的小方阵。在民航服务中，人们容易将中国人、日本人和韩国人弄混淆，这是因为他们的外貌特征相似。

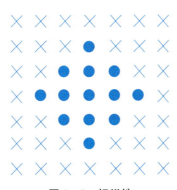

图 3 - 2　相似性

3. 连续性

知觉对象具有连续或共同运动方向等特点时，就容易被知觉为一个整体。如图 3 - 3 所示，由于直线和曲线连续，图形被看成直线与曲线多次相交而成。知觉上的连续性所指的"连续"，未必指事实上的连续，而是指心理上的连续。如运送行李的拖车和挂车一起运行时，就容易被知觉为一个整体。

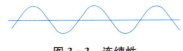

图 3 - 3　连续性

4. 闭合性

当知觉对象本身不完整时，人们倾向于用过去的知识经验补充某些因素，将不完整的事物知觉为完整的事物。如图 3 - 4 所示，观察者会将未闭合的三块蓝色无规则的图形看成一个完整的圆形；同时将很多未闭合、未连接的白色线条连起来，看成一个白色立方体。

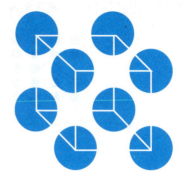

图 3-4　闭合性

在知觉活动中，人们常常会对整体的知觉先于个别成分的知觉。例如，旅客走进机场时，不仅能看到机场的环境布置、服务人员的举止着装等，更重要的是形成对机场的整体印象。

（二）　知觉的选择性

知觉的选择性是指个体在知觉时，总是有选择性地将少数事物作为知觉对象，将其他事物当作知觉的背景来进行理解和解释。知觉就是从背景中分离出知觉对象的过程。对象和背景的分化是知觉最简单、最原始的形式。如图 3-5 所示，观察者可以看到图中的人是少女或老妇人，两者可反复变动，但你不能同时看到两者的存在，同时将两者都作为知觉对象。

图 3-5　知觉的选择性

从客观方面看，影响知觉选择性的因素包括刺激的变化，如位置、对比、运动、大小、强度等；从主观方面看，包括经验、情绪、动机、兴趣、需要、对事物的预先准备状态和期待等。

知觉的选择性对于个体的实践活动具有重要意义。在民航服务中，民航服务人员可利用其影响旅客的知觉。如果希望提供的信息得到旅客的关注，民航服务人员在传递信息时，可设法扩大这些信息和背景的差异，使其突出，达到理想的预设效果，如独特的机身彩绘、款式新颖的空乘制服等均会吸引旅客的注意力；如果不希望旅客过多受到飞机发动机噪声的影响，客舱内播放背景音乐或提供视听娱乐节目让旅客选择，就不会使旅客一直注意到噪声。

（三）知觉的理解性

知觉的理解性是指在知觉过程中，个体总是用过去所获得的有关知识和实践经验对感知的事物进行加工和处理，并用概念的形式将它们标示出来。个体在感知一个对象或现象时，不仅直接反映它的整体形象，还会根据自己以前获得的知识和实践经验来解释和判断这一对象或现象。它使个体的知觉过程更加迅速，节约感知所用的时间和工作量，同时使知觉印象更完整。例如：不懂医学知识的人是无法从一张 X 光片中得到具体信息的，而医生就能从 X 光片中看出身体某部位的病变情况。

斑点图常用于说明知觉理解性。在感觉水平上来看，斑点图只是一些斑点的散乱排布，没有意义。基于知觉的理解性，人们可以根据知识和经验寻找斑点之间的联系，形成完整的知觉对象，并做出合理解释（见图 3-6）。

图 3-6 斑点图

知觉的理解性主要受个体的知识经验、言语指导、实践活动、兴趣爱好以及情绪状态等因素的影响。例如：某民航旅客情绪不佳时，对乘务员服务稍有不满意，就容易理解为乘务员态度恶劣，进而可能导致认定该航空公司服务质量差。

另外，知觉的理解性还受到心理定式的影响。心理定式，又称心向，是指个体在过去的经验影响下，心理处于一种准备状态，在观察问题、解决问题时带有一定的倾向性。如图3-7所示，中间的是"B"还是"13"，受到观察者先前的观察经验是看数字还是看英文字母的影响。

A

12   13   14

C

图3-7　知觉的理解性

心理定式在认识事物时既有积极作用，也有消极作用。正确的心理定式有利于个体认识事物，错误的或不良的心理定式对于个体认识事物则起到阻碍和干扰作用。例如，很多人存在一种习惯心理，认为相貌美的人心灵也美，而相貌丑的人品德也不好，实际上这种认知有失偏颇。

（四）　知觉的恒常性

知觉的恒常性是指知觉的条件在一定范畴内改变时，知觉的映象仍然保持相对不变。在视知觉中，知觉的恒常性表现得特别明显。对象的大小、亮度、颜色、形状等与客观刺激的关系，并不完全服从于物理学规律。尽管外界条件发生了一定的变化，人们在观察同一物体时，知觉的映象仍相当稳定，表现为大小恒常性、颜色恒常性和形状恒常性等。如图3-8所示，一个钟表从正面看是圆的，从斜面看是椭圆的，但人们总觉得它是圆的。

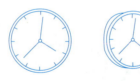

图3-8　知觉的恒常性

知觉的恒常性主要源于过去经验的作用。当外界条件发生一定变化时，变化了的客观刺激物的信息与经验中保持的映象结合起来，个体便能在变化的条件下获得近似于实际的知觉形象。个体对于知觉对象所具备的知识和经验越丰富，在一定的条件下，就越有助于产生知觉对象的恒常性。例如，无论是在强光下还是在黑暗处，人们总是将煤看成黑色，将雪看成白色，实际上强光下煤的反射亮度远远大于暗光下雪的反射亮度。

三、知觉的种类

知觉的种类主要有时间知觉、空间知觉、错觉等，以下介绍时间知觉和错觉。

（一）　时间知觉

时间知觉是对客观现象的延续性和顺序性的反映，即对事物运动过程的先后和长短的知觉。时间知觉也是个体对客观世界的主观映象，它也必然受到主客观因素的影响。个体对时间估计的影响因素主要有以下几个：

1. 活动内容

一段时间内，个体在做重要、有趣、充实的事情时，总会觉得时间过得很快，对这段时间估计得短些；如果个体对某件事情不感兴趣，觉得无关紧要、活动内容枯燥，就会觉得时间过得很慢，对这段时间估计得就要长些。然而在人们事后回忆时，情形则常常相反，对前者感到时间长，对后者感到时间短。

2. 情绪和态度

在欢乐的时候，个体会觉得时间过得快，时间被估计得短些；在烦恼和厌倦的时候，个体会觉得时间过得慢，时间被估计得长些。期待着愉快的事情到来时，个体会觉得来得慢，感到时间长；而对于不愉快的事情，个体会觉得来得快，感到时间短。

3. 时间标尺的利用

是否会利用时间标尺直接影响个体时间估计的准确度。例如：以数数、数脉搏作为时间标尺，时间估计的准确性就可以提高。特别是在长时距估计中，准确性提高更为明显。反之，个体不会利用时间标尺，时间估计的误差就会大。

旅客搭乘飞机时最担心的问题就是安全和准时。在保证安全的情况下，航班能否准时就显得非常重要，因为准时能保证旅客按照计划或安排进行活动，否则旅客就会感到一切都被打乱，进而产生烦躁感甚至发展为强烈的不安和不满。因此，航班不能准时起飞或临时被取消都极易造成旅客的不满，引起纠纷、投诉，直接影响航空公司的信誉和形象。当航班延误时，民航服务人员如何利用时间知觉原理管理好旅客的等待时间，使旅客情绪得到安抚调节、减少纠纷，也是民航服务工作中的重要环节。

（二）错觉

错觉是个体对外界事物的不正确的知觉。例如，在观察物体时，由于物体受到形、光、色等的干扰，加上生理、心理原因，人们会产生与实际不符的判断性的视觉误差。错觉是知觉的一种特殊形式，它是个体在特定的条件下对客观事物的扭曲的知觉，也就是实际存在的事物被扭曲的感知为与实际事物完全不相符的事物。错觉现象包括几何图形错觉、形重错觉、方位错觉、运动错觉等。

几何图形错觉是视错觉的一种，种类很多，下面仅举几例。

（1）菲克错觉（垂直水平错觉）：垂直线与水平线长度相等，但多数人会觉得垂直线比等长的水平线要长，如图3-9（a）所示。

（2）缪勒-莱尔错觉（线条长短错觉）：两条线是等长的，由于附加在两端的箭头向外或向内的不同，箭头向外的线段似乎比箭头向内的线段短些，如图3-9（b）所示。

（3）冯特错觉（线条弯曲错觉）：受到周围线条的影响，使两条平行线看起来中间部分凹了下去，如图3-9（c）所示。

（4）艾宾浩斯错觉（面积大小错觉）：中间的两个圆面积相等，但看起来左边中间的圆大于右边中间的圆，如图3-9（d）所示。

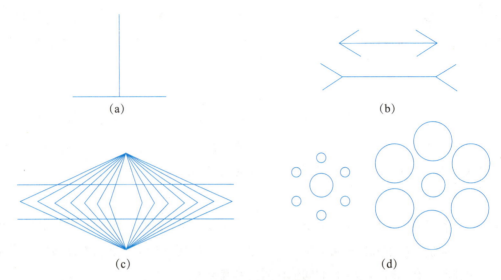

图 3-9　几何图形错觉

在民航服务工作中，利用错觉现象，可以起到调节旅客情绪的作用。如在面积狭小的机上洗手间里装上较大的镜子，就会使旅客觉得宽敞。机场休息室、飞机客舱等利用色彩、图形错觉调配不同的颜色和图案，使旅客产生舒适的感觉。

任务二　掌握影响旅客知觉的因素

知觉是主体对客体的感知过程，必然会受到知觉对象本身特点和知觉者本人特点的影响。一般而言，影响旅客知觉的因素有两方面：客观因素和主观因素。

一、影响旅客知觉的客观因素

在服务交往过程中，以下对象容易影响旅客的知觉。

（一）具有明显特征的对象

人们往往对自己周围世界的某种刺激物的大小、形状、声音、色彩等比较熟悉，当其他一些刺激因素出现时，如果这些刺激因素和人们所预料的差别较大、具有明显的特征，就容易引起人们的注意而成为知觉的对象。一般而言，响亮的声音、鲜艳的色彩、突出的标记等都会引起人们的注意，使人们清晰地感知到这些事物。对于民航旅客来说，优质、特色的服务往往首先成为他们知觉的对象。

📄 **案例 3 - 1**

《湖南日报》携手湖南航空，"奋进新征程 夺取新胜利"主题航班首航

　　2022 年 11 月 11 日上午 10 时 5 分，湖南航空首趟"奋进新征程 夺取新胜利"主题航班从长沙黄花国际机场飞往成都天府国际机场。该主题航班由《湖南日报》、湖南航空联合打造，将在 25 个湖南航空通航城市航班上，开展为期一个月的学习贯彻党的二十大精神主题客舱活动。

视频：湖南航空
主题航班

　　主题航班（见图 3-10）运用主题布置、实景海报、语音播报、互动讲解等要素，一幅幅精彩图片、一段段生动讲述，凝聚了湖南经济社会发展辉煌成就的精华。机上旅客还可扫描小桌板上的二维码，线上、线下相结合，让党的二十大精神植根心田。

图 3-10　湖南航空主题航班

　　"湖南航空始终把坚持党的领导和加强党的建设视为企业高质量发展的'根'和'魂'。"2022 年冬航季，湖南航空重点布局长沙、昆明、无锡等热门城市，执行国内航线 30 条，通航 25 个国内城市。其中在湖南运力投放增至 7 架，新增长沙至保山、长沙至澜沧、长沙至烟台、长沙至哈尔滨等 5 条国内航线，进一步完善航线网络布局，助力长沙"强省会"及"四小时航空经济圈"战略实施。

　　彩绘飞机和主题航班具有鲜明的自身特色和个性，特别容易引起旅客的好奇和注意，进而成为他们的知觉对象。

（二）反复出现的对象

事物重复次数越多，就越容易被知觉。旅客多次看到航空公司或机场的广告、宣传资料等，或经常听到它们的情况，这样的信息反复出现、多次作用，旅客就会产生较为深刻的知觉映象。

（三）运动变化的对象

在相对静止的背景上，运动变化的事物容易成为知觉对象。例如：广告牌中闪烁的航空公司标志、穿着美观制服在机舱内走动的乘务员等，都容易引起旅客的注意，成为其知觉对象。

二、影响旅客知觉的主观因素

知觉不仅受客观因素的影响，也受知觉者自身的主观因素的影响。这些主观因素是指知觉者的心理因素。旅客是具有不同心理特征的知觉者，不同旅客在感知相同的对象时，各自的知觉过程和知觉映象是不同的。

影响知觉的主观因素主要有以下方面。

（一）兴趣

一般而言，个体的知觉选择与其所关心的事物是密切相关的。兴趣能帮助个体在知觉事物的过程中排除毫不相干或无足轻重的部分。兴趣是个体积极探究某种事物或从事某种活动的意识倾向，这种倾向使个体对某种事物给予优先注意，因而兴趣决定了个体知觉选择的差异性。个体通常把自己感兴趣的事物作为知觉对象，而把那些和自己兴趣无关的事物作为背景，或干脆排除在知觉之外。例如：一个经常乘坐飞机的旅客通常比不常乘坐飞机的旅客更关注航班动态、机型或票价的变化。

（二）需要和动机

个体的需要和动机对知觉有着重要的影响，在很大程度上决定着个体的知觉选择。凡是能够满足个体的某些需要和符合其动机的事物，就能成为其知觉的对象和注意的中心；反之，凡是不能满足其需要和不符合其动机的事物，则不易被个体所知觉。例如：一些商务旅客在选择交通工具时首选飞机，是因为飞机的方便、快捷能够满足他们对时间的需要；有些旅客选择飞机作为交通工具，是为了满足身份、地位的需要；还有一些旅客比较追求优质、舒适的服务，而飞机相对于火车和汽车而言有着较高的服务质量，因此往往成为他们的首选。

（三）个性

个性是影响知觉选择的因素之一。它影响个体对周围客观事物的认知和感知方式。不同气质类型的人，知觉的广度和深度也不一样。例如：多血质的人知觉速度快、范围广，但不细致；黏液质的人知觉速度慢、范围较窄，但比较深入细致。又如：胆汁质的旅客会认为安检的速度太慢，而黏液质的旅客则往往能耐心等待安检。此外，有调查表明，偏爱乘飞机的人常常比较活跃，大胆而自信，甚至有冒险倾向；选择乘火车的人会显得相对胆小、谨慎和被动，对安全的需要特别强烈。

（四）情绪

情绪是个体对那些与自己的需要有关的事物和情境的一种特殊的反映，对个体的知觉有强烈的影响。例如：当旅客处于愉悦的情绪状态时，每种事物在其眼中都是美好的，并愿意兴高采烈地参与各项活动，主动感知周围的事物；而当旅客心情不佳时，就很难对周围的事物产生兴趣。因此，民航服务人员应当努力使旅客的情绪处于最佳状态，使他们乘兴而来、满意而归。

（五）经验

经验是从实践活动中得来的知识和技能。个体可以根据过去的经验，对知觉对象进行快速的理解和判断，从而节约感知时间，扩大知觉范围。例如：旅客在乘坐过不同航空公司的飞机旅行后，对某家航空公司的服务质量很满意，形成了良好印象，那么这些经验和知识就会影响他以后的决策，在出行时他就有可能再次选择这家公司。

📄 **案例 3-2**

海南航空正式上线新春定制款洗护用品

新年新气象，万事开门红。海南航空正式上线"Hai Dream 海享好梦"系列新春定制款洗护用品，这也是海南航空第一次推出新春定制款洗护用品，希望以浓烈的中国红为全新一年开启新篇章。正式上线的"Hai Dream 海享好梦"系列新春定制款洗护用品以喜庆中国红为主色调，依旧为国际远程航线公务舱甄选来自法国顶级护肤品牌护肤套装（润唇膏、脸部乳霜、身体乳霜、香水）与折叠式梳子、耳塞、眼罩、袜套、牙具组和眼镜布。其中，梳子、耳塞盒、眼罩及袜子均采用经典中国红，大面积的红色既是对新年节日的气氛渲染，也希望从细节之处尽显对节日的美好期待。公务舱洗手间提供法国顶级护肤品牌护手霜、护肤香氛与海南航空定制款洗化产品，全方位奉上云端美肤礼遇，不论归乡抑或远航，旅客都可由内至外呈现轻盈状态。

任务三　掌握社会知觉，合理运用知觉规律解决实际问题

社会知觉是对人的知觉，它是影响人际关系的建立和活动效果的重要因素，具体包括对他人的知觉、人际知觉和自我知觉。

一、对他人的知觉

对他人的知觉是指个体对他人的外表、言语、动机、性格等的知觉。对他人的正确知觉是建立正常的人际关系的依据，是有效地开展人际交往的首要条件。

人际交往中对他人的知觉包括以下方面：

（一）对表情的知觉

1. 对面部表情的知觉

面部表情是反映一个人内心的态度、情绪和动机等心理活动的基本线索和外在表现形式。在人的情感表达中，面部表情比语言表达更重要、更直接。我们通过面部表情可以了解一个人的内心活动、状态和意图等，如咬牙切齿表示痛恨，嗤之以鼻表示轻蔑，眉毛上挑、眼睛睁大表示吃惊，长出气表示放心，嘴角下垂为悲哀，嘴角向上为欢乐等。在面部表情中，目光的作用是十分巨大的。眼睛的奥妙在于它的真实，它能反映大脑的真实思维活动，如怒目而视表示愤怒，双眼张大表示惊讶，含情脉脉表示倾心等。在民航服务交往中，民航服务人员应学会巧妙地运用目光，传递真诚待客的感情。例如：要给旅客以亲切感时，民航服务人员应呈现热情、诚恳的目光；要给旅客以稳重感时，民航服务人员应呈现平静、诚挚的目光等。同时，面部表情要根据接待对象和说话内容的不同而变化。

> 📥 **小知识**
>
> ### 目光行为的文化差异
>
> 人们相互交谈时，目光接触是很重要的。一些人不喜欢并肩行走时说话，显然这让他们感觉不舒服，面对面的目光接触被视为一件很重要的事。而一些国家和地区的人们在交谈时有了短暂的目光接触后，更可能把目光移向对方的颈部而不是继续看着对方的眼睛或嘴巴。
>
> 目光的运用现在常与某些特性联系在一起：目光向下看表示谦虚；睁大眼睛表示感兴趣、高兴或惊愕；眯着眼睛透露出狡猾；直视被视为一种挑衅的表示。但是，我们必须注意不要将自己的文化规范强加于他人。
>
> 资料来源：Berryman J C, et al. 心理学与你：一本通俗的心理学导论 [M]. 李茹，等译. 北京：人民卫生出版社，2009.

2. 对言语表情的知觉

言语表情不仅指言语本身。除了它所表达的字面含义外，人们还可以从言语的组织、言语的风格、所用的词句等来体会说话者的学识、修养和文化涵养。同时，作为辅助语言的音量、语调、语速、节奏、停顿等也能反映出个体的性格特征、情绪以及内心状态。在民航服务交往中，民航服务人员的言语是旅客知觉的一个重要途径。民航服务人员应注意语气亲切、表达清晰、用词准确、语速适当，让旅客感受到良好的服务意愿。言语也是民航服务人员了解旅客情绪和性格特征的有效途径。例如：唉声叹气、语调低沉、节奏缓慢说明旅客心情忧郁、情绪不佳；语调高昂、语速轻快说明旅客情绪愉快；言语生硬表示旅客愤怒。

3. 对动作表情的知觉

人的体态和动作是表达、交流感情的一个重要标志。例如：点头表示赞同，摇头表示反对，低头表示屈服，垂头表示丧气，挥手表示再见，张开手且手掌向上表示邀请，手舞足蹈、动作轻快表示兴奋，步履沉重、动作缓慢表示悲哀等。民航服务人员要善于观察旅客的动作表情，推断旅客的需要，恰当地为其提供服务。

（二）对性格的知觉

性格是一个人对待现实的稳定的态度和与之相应的习惯化的行为方式，是人格的重要组成部分，是个性的核心。它本身看不见、摸不着，要通过人的言谈举止进行推断。例如：性格倔强的旅客对服务比较挑剔甚至固执己见；性格温和的旅客对服务人员的态度和服务质量要求比较随和。民航服务人员要善于快速判断旅客的性格特点，洞悉其行为动机，运用适合的方式与不同性格的旅客沟通，以更好地满足旅客需求。

（三）角色知觉

角色是指人在社会上所处的地位、从事的职业、承担的责任以及与此有关的一套行为模式，如飞行员、空中乘务员、商人、教师等。

角色知觉主要包括两个方面：一是根据一个人的行为模式推断他所从事的职业或相应的社会角色，如旅客谈吐文雅、学识渊博、细致耐心，民航服务人员可以推断他的职业可能是教师或科研人员一类；看到一位女性旅客对带着的小孩亲切慈祥、关怀备至，民航服务人员可以推断她可能是小孩的母亲。二是根据一个人的社会地位和职业特点来推断他的行为和心理特征，如对工程师这一角色，民航服务人员可以推断他们通常对服务工作要求比较严谨和仔细；对医生这一角色，民航服务人员可以推断他们对服务环境、食物等的卫生条件要求较高。

📋 **案例 3-3**

润物细无声 东航"服务明星"莫慧群告别蓝天（节选）

在客舱里，换位思考是莫慧群在为旅客提供服务时必须坚持的第一原则，无论面对哪种类型的旅客，她都会站在旅客的角度思考和判断旅客需要什么、旅客的难处是什么、旅客为什么会有意见。正是有了这样的意识，在扮演每一个不同的角色时，她都能够恰到好处地诠释这个角色的内涵，能够自如转换自己所扮演的角色。同时，注重经验积累的好习惯，使她练就了过硬的基本功，让她遇到每位特殊旅客时，都能够提供恰到好处的服务，为我们奉献了一个又一个经典案例。

作为两个孩子的妈妈，她对如何养育孩子也有着非常丰富的经验，这些经验在工作中也派上了用场。有一天她执行任务，在不到两个小时的航班上，旅客满员，再加上严格的服务程序，让乘务组的工作紧张而忙碌。虽然紧张、忙碌，一位坐在32排C座携带婴儿的女性旅客还是引起了她的关注。该旅客入座后，婴儿就开始哭闹，已经影响周围的旅客。她上前询问："孩子怎么了？是不是饿了？"该旅客回答："临上飞机前给冲过奶粉，孩子不喝，也许是飞机环境和人太多让他不适应。"起飞后，婴儿依然一直在不停地哭闹，该旅客似乎不明了孩子哭闹的理由，只好不停地摇晃、轻拍着，找不出更好的办法。她再次走上前关切地询问："孩子不舒服吗？需要帮助吗？"该旅客手足无措，一脸茫然地："应该没什么呀，不知道怎么搞的。"此时，细心的她发现，孩子穿着一件高领衣服，就建议该旅客："天这么热，给孩子是不是穿多了？""噢，但是，早上比较凉。"说话间，该旅客赶紧将小孩的衣服换了。孩子暂时不哭了。可是她刚返回服务间不久，孩子又开始大声哭闹起来。她第三次走到该旅客的面前，发现该旅客的正餐和茶水放在小桌板上，因为哄着哭闹的孩子，根本无法用餐。她建议道："我来替您抱孩子，您先吃饭吧。"该旅客欣然接受。在旅客目光可及范围之内，她抱着孩子来回地走动，不断地轻拍着孩子。待该旅客吃完了饭，她将孩子交还给该旅客，返回了服务间。刚安静片刻，孩子又哭闹起来，而且比前几次更厉害，她第四次上前，建议道："孩子是吃母乳，还是奶粉？如果是奶粉，我帮您冲一瓶？"粗心的旅客这才想起来："好吧，请您帮我热一下上飞机前冲好的奶粉吧！"不一会儿，手握着温热的奶瓶，她第五次站到了该旅客的面前。果然，孩子一叼上奶嘴就再也不愿意松开。孩子吃饱后，很快就睡着了。莫慧群、孩子妈妈和周围的旅客都松了一口气。飞机快落地了，莫慧群第六次上前询问道："您有人接吗？行李多吗？您带个孩子很不方便，我让人送您下飞机，您看怎么样？"又是一连声的感谢。在莫慧群为这位年轻的妈妈服务过程中，一直伴随着的是"谢谢"这两个字。这位妈妈下飞机时，特意仔细看了一下她的服务牌，牢牢地将"莫慧群"三个字记住了，并致电95530进行了表扬，这也是甘肃分公司加盟东航后第一个95530表扬电话。

资料来源：东航"服务明星"告别蓝天．民航资源网，2020-05-29．

二、人际知觉

人际知觉是指对人与人之间相互关系的认知。它的主要特点是有明显的情感因素参与知觉过程。人们不仅相互感知，而且彼此间会形成一定的态度，在这种态度的基础上又会产生各种各样的情感，如对某些人喜爱，对某些人同情，而对另一些人反感等。人际知觉过程中产生的情感取决于多种因素，如人们彼此间的接近程度、交往频繁程度以及彼此间的相似程度等，都会对人际知觉过程中的情感产生很大影响。一般而言，人们彼此越接近，交往越频繁，相似之处越多，就越容易产生友谊、同情和好感。

民航服务中对人际关系的知觉，主要体现于旅客与民航服务人员之间的关系。他们之间的人际知觉同样带有情绪色彩。民航服务人员与旅客之间接触交往的机会越多，相互间产生的知觉就越真实。因此，民航服务人员要尽可能多地与旅客进行语言交流、情感交流和服务手段的交流。在服务过程中，民航服务人员应适当增加与旅客沟通的频率。如果旅客与民航服务人员有相似的背景或经历，如同乡、同种族、同语言、同爱好等，服务工作会更顺利。

📋 案例 3－4

南航马来西亚籍空姐的春运故事（节选）

2024 年 2 月 8 日晚上 8 时整，随着从马尼拉飞往广州的 CZ398 航班在广州白云国际机场平稳降落，南航马来西亚籍空姐李綵帷完成了农历兔年的所有工作，准备好好过个年。

李綵帷是南航今年飞上蓝天的 20 余名外籍空姐中的一员。经过 2 个多月的资质培训后，她们正式投入了春运保障工作。马来西亚籍空姐具有多语言优势，不仅会说英语、马来语，普通话也非常标准，有些还会说粤语、闽南语等方言。

"上飞机之前我还一直担心，自己说话别人会听不懂，还好有你在！"旅客下飞机时，一位从菲律宾回乡探亲的阿婆拉着李綵帷的手，操着一口浓重的广府口音向她表达感谢。除了返乡团圆的旅客外，春运期间还有越来越多外籍旅客搭乘南航航班来到中国旅游。包括李綵帷在内的这批南航外籍乘务员充分发挥优势，在国际航班上为中外旅客提供服务。

春运期间，李綵帷的航班任务排得满满当当。除了执飞马来西亚到中国的航班外，短短两周她的足迹已经到过了新加坡、越南、柬埔寨、菲律宾等国家和地区。"最近有好几次执行任务，都没见到外面的太阳。上飞机之前天还没亮，回来就已经是夜里了。"当被问到春运期间工作繁忙程度的时候，另一位马来西亚籍乘务员告诉记者。

在连续四天紧锣密鼓的飞行任务后，李綵帷将迎来两天的休息期。幸运的是，这次的休息期刚好是年三十和初一，她和朋友们把行程安排得满满的，逛迎春花市感受春意、看白鹅潭烟花迎接新年、到永庆坊打卡品味广府文化等，都列在了她的"广式春节清单"上。

李綵帷的曾祖父来自广东潮州。作为文化相通、血脉相连的华人，她的家里保持着与中国相同的饮食习惯和节庆习俗。"在马来西亚，团圆也是我们的春节主题。虽然不能回家过年，但看到旅客疲倦的旅途被温暖照亮，觉得飞行的每一分钟都充满了意义。"李綵帷说。经过两天的短暂休息，李綵帷很快又将投身春运航班保障工作，为南来北往的旅客提供亲和、精细的服务，在小小的客舱中传递爱与温暖，继续书写她在中国工作的故事。

资料来源：南航马来西亚籍空姐的春运故事．民航资源网，2024-02-09.

上述材料中南航的马来西亚籍乘务员精通东西方语言和文化在服务中带来的优势说明了在民航服务中，相似的文化背景和熟悉的服务语言能够使民航服务人员和旅客之间的交流更顺利、效果更积极。

三、自我知觉

自我知觉是指一个人通过对自己行为的观察而对自己心理状态的认识。人们不仅在知觉他人时要通过其外部特征来认识其内部的心理状态，同样也要通过这种方式来认识自己的行为动机、思想意图等。

自我知觉和社会知觉是密切相关的。自我知觉往往是在社会知觉中进行的，而且在社会知觉中必然发生自我知觉。个体通过认识他人来认识自己，接受他人对自己的看法，形成对自己的认识，即"以人为镜"。同时，个体对任何人的认识都带有主观性，一个自视甚高的人往往贬低他人，而一个自卑的人又容易过高地估计他人。因此，个体要正确认识他人，先要正确认识自己，"人贵有自知之明"。

个体只有在形成了正确的自我知觉后，才能够知道需要怎样做、能够做到哪些，并不断地调整自己的行为，这对每个人来说都是非常重要的；否则，就会导致盲目的行为。例如：由于期望过高而采取不适当的行为，或者由于错误判断自己的行为而无法自我调节，这不仅会造成个人与社会环境的不协调，而且会给自身带来不良的心理后果。在民航服务交往中，旅客如果缺乏正确的自我知觉，提出不适当的要求，一旦达不到自己的目的，就有可能产生消极心理或过激行为。民航服务人员如果缺乏正确的自我知觉，就不能正确看待服务过程中主客双方的关系，易把自己摆在不适当的位置，难以规范自身的行为。

四、影响社会知觉的因素

影响社会知觉的因素有很多。从客观来看，知觉对象的特征及对象所处的情境是社会知觉的重要信息；从主观来看，知觉者本身的知识经验、动机需要、个性特征、心理状态是重要的心理条件。

知觉者本身的主观性会产生某些偏差，这些偏差带有普遍规律性，往往难以避免。下面就几个主要心理偏差做简单介绍。

（一） 首因效应 （第一印象）

首因效应，又称先入为主效应、第一印象，是社会知觉中的一种主观倾向，指第一次交往过程中形成的印象对双方交往关系的影响。研究表明，人们首次交往时所形成的对对方的看法，不管正确与否，总是最鲜明、最牢固的，并且影响以后交往的深度。这是因为个体对事物的整体印象，一般是以第一印象为中心而形成的。

在旅客与民航服务人员初次接触时，旅客通过民航服务人员的谈吐、举止、仪表等方面形成第一印象。服务工作经验表明，旅客对民航服务人员的第一印象极为重要。它不仅影响旅客的心理活动，而且影响服务交往，有时甚至影响服务工作的顺利进行。一旦旅客对民航服务人员产生不良的第一印象，要改变它是十分困难的。

无论是航空公司还是民航服务人员都必须重视旅客的这一心理因素。民航服务人员要意识到自己给旅客的第一印象不只是单纯的个人形象，还是整个航空公司的形象。对此，民航服务人员应引起足够的重视。为了赢得旅客对民航服务的良好第一印象，各航空公司都积极设计或改进服务各环节带给旅客的感官印象，取得了不少成效。

民航服务人员应充分意识到自己给旅客的第一印象的重要作用，在服务过程中，如果不注意自己的形象、出言不逊、举止不雅，给旅客留下不良的第一印象，将会给以后的服务工作带来消极影响，甚至导致服务交往不能顺利进行。

在服务过程中，民航服务人员同样会产生对旅客的首因效应，也就是民航服务人员通过旅客的仪表、面部表情、行为动作等方面而获得的第一印象。长期的服务实践证明，当对某一旅客产生良好的第一印象，如该旅客仪表整洁、举止文明、彬彬有礼时，民航服务人员会更加主动、热情地为旅客服务。相反，如果遇到的旅客衣冠不整、举止粗野、态度粗鲁，民航服务人员往往会产生厌恶心理和抵触情绪，不愿主动服务。例如：有些民航服务人员在议论某一旅客时说"这个人一看上去就不顺眼，说话语气像给我下命令似的，我不想理他"等，这是由于民航服务人员对旅客的首因效应引起的消极结果，这无疑给服务工作带来一定的阻碍。

民航服务人员应充分认识首因效应，努力克服第一印象带来的局限，不能以外表言行来提供差别服务，更不能因此而采取消极的服务态度，否则不但会影响服务质量，还可能影响航空公司的声誉。

（二） 晕轮效应

晕轮效应，又称光环效应、印象扩散效应，是社会知觉中的一种偏见，是指由对象的某种特征推及对象的总体特征，从而产生美化或丑化对象的一种心理现象。例如：有的人看到他人风度翩翩、口若悬河，就认为这个人各方面都很优秀；反之，看到某人面露凶光、有点木讷，就认为这人一无是处。

晕轮效应和首因效应都常见于日常交往中。它们的主要区别在于：首因效应是从时间上来说的，由于前面的印象深刻，后面的印象往往成为前面印象的补充；晕轮效应则是从内容上来说的，由于对他人的部分特征印象深刻，使这部分印象泛化为全部印象，因此晕轮效应的主要特点是以点带面、以偏概全。

晕轮效应在民航服务交往中，表现为旅客对民航服务人员和航空公司某些方面有较清晰、鲜明的印象后，掩盖了对民航服务人员和航空公司的其他方面的知觉。旅客的晕轮效应并不一定正确，但是旅客的这一知觉在服务交往前或多或少就已存在，即使不全面，在旅客的知觉过程中也起着十分重要的作用，甚至会影响旅客的行为。例如：当遇到服务态度不够友好的民航服务人员后，旅客通常不会那么理智地认为这只是服务人员的个人问题，而会认为是企业的问题，并对该航空公司产生负面的评价和印象，从而选择其他航空公司。

（三）刻板印象

刻板印象是指社会上部分人对某类事物或人物所持的共同的、笼统的、固定的看法和印象。在对外界事物或对人的认知中，人们往往力图找出同一类对象的共同特征，倾向于把人按一定的标准分类。这种分类的标准往往是地域、职业、年龄、性别等。例如：人们会认为法国人浪漫，日本人重礼节；上海人精打细算，东北人豪爽；女性软弱，男性坚强；商人精明，医生认真等。刻板印象能够简化人们的认知，尤其是在缺乏直接的社会认知途径的情况下，它能提供一定的信息，具有一定的意义，但仅靠刻板印象进行认知，就会造成认知的偏差。

刻板印象是人际交往中的普遍现象，在民航服务中，它表现为旅客对民航服务人员和航空公司的刻板印象。民航旅客生活在社会各阶层中，社会上各种信息对旅客的知觉有一定的影响。例如：有些旅客受了社会上不正确的舆论影响，认为航班能正常起飞，不管什么原因就是要跟航空公司闹，只要闹了，航空公司就一定会赔偿等。这是旅客在没有亲身体会或直接经验的基础上形成的刻板印象。

旅客一旦形成刻板印象，就会用这种刻板印象衡量民航服务人员和航空公司，有时甚至会因此影响旅客的行为。对此，民航服务人员应给予足够的重视，在心理上要有所准备，不要因为某些对旅客错误的刻板印象，而影响自己的情绪和工作质量。

（四）定式效应

我们在前面已介绍过心理定式，它是指在过去经验的影响下，个体所产生的一种不自觉的心理准备状态。我国古代"疑人偷斧"的典故，就是典型的定式效应。

一方面，定式效应在服务过程中表现为旅客会根据以往的经验或过去掌握的个别现象或特点形成一定的心理准备或印象，从而产生定式效应。旅客的定式效应大致分成两类：

一类有利于服务，如有些旅客因上次乘飞机的愉快经历，再次乘飞机时就会产生一种心理定式，认为民航的服务好，并采取友好、尊重的态度对待民航服务人员；另一类不利于服务，如有些旅客上次乘飞机时感到民航服务不尽如人意，再次乘飞机时就会有一种心理准备，可能采取敏感、消极的态度，一旦有任何不能满足其需求的情况发生，就立即认定民航服务从来都差极了。对于旅客的一些不符合客观事实或不利于服务工作的心理定式，民航服务人员要做好思想准备，积极应对，避免给工作带来阻碍。

另一方面，定式效应表现为民航服务人员为旅客服务的心理准备。它是民航服务人员在以往的服务经历中形成的某些经验或看法，并以此进行推论形成的心理准备，是较为普遍的心理现象。民航服务人员每天接触大量的旅客，久而久之，旅客在民航服务人员心中容易形成无个性、无差异的统一形象，而民航服务人员又不知不觉地使用同一形象对待千差万别的旅客，以至于无论旅客怎么变化，都采用千篇一律的方式。

案例分析应用

国航：请放心乘机 我们共有一个名字叫"温暖"

今天您是不是踏上了回家的旅途？请放心乘机，国航会做好每一处防护细节。

为了让您安心使用自助值机设备，我们准备了手部消毒液；在登机口为您提供手部消毒液或消毒湿巾，用于上机前手部清洁消毒。

我们会对与旅客相关的特种车辆，如舷梯车、摆渡车在每次使用后进行专业消杀。特别是对吊环、扶手、座椅等旅客高频接触物，会进行重点消毒。在摆渡车的使用中，低速开窗行驶，保持车内自然通风。

"已定期消毒"标识的背后是国航推出的"整洁起航 安享飞行"机上旅客安心方案。我们已经将预防性消毒制度化、常态化，以加强飞机清洁及客舱区域消毒闭环管理，为旅客送上一份安心承诺。

每次航班后，我们会清理所有机上垃圾，更换新的座椅头片，小桌板、座椅扶手、舷窗遮阳板、行李架等每一处您可能触摸到的地方，专业人员都会用消毒剂进行擦拭清洁。

为了确保您在机上的饮食安全，我们在厨房区域，按照由上到下、由外到里的原则，对顶板、烤箱、烧水器、咖啡机、厨房本体、储物柜/储物抽屉、垃圾箱等区域擦拭消毒。

国航清洁人员使用兼顾安全性、功能性与适航性的清洁洗消产品，在旅客高频使用的区域和组件上擦拭消毒（见图3-11）。在擦拭消毒之外，我们还会对客舱地面进行两次喷雾消毒，以确保没有消毒死角。

图 3-11　乘务员擦拭消毒

我们会对马桶、垃圾箱、洗手池、盥洗室壁板及顶板、盥洗室门组件（门表面、门把手、烟灰缸、锁扣）等区域擦拭消毒。

在微笑背后是我们更加专业的服务。国航的机组、乘务组出发前都会进行体温检测并登记。国航的每架飞机均配备了应急医疗设备，每位乘务员都进行了严格的培训，全程保障您的飞行安全。

我们用专业的服务全程呵护您，这个春天，我们温暖同行。

■ 案例情景要点

1. 请放心乘机，国航会做好每一处防护细节。

2. 我们已经将预防性消毒制度化、常态化，以加强飞机清洁及客舱区域消毒闭环管理，为旅客送上一份安心承诺。

3. 每次航班后，我们会清理所有机上垃圾，更换新的座椅头片，小桌板、座椅扶手、舷窗遮阳板、行李架等每一处您可能触摸到的地方，专业人员都会用消毒剂进行擦拭清洁。

4. 为了确保您在机上的饮食安全，我们在厨房区域，按照由上到下、由外到里的原则，对顶板、烤箱、烧水器、咖啡机、厨房本体、储物柜/储物抽屉、垃圾箱等区域擦拭消毒。

5. 国航的机组、乘务组出发前都会进行体温检测并登记。国航的每架飞机均配备了应急医疗设备，每位乘务员都进行了严格的培训，全程保障您的飞行安全。

■ 理论应用

1. 个体能根据知识和经验将事物的不同部分知觉为一个有组织的整体。

2. 知觉的理解性是指在知觉过程中，个体总是用过去所获得的有关知识和经验对感知的事物进行加工和处理，并用概念的形式将它们标示出来。

3. 事物重复次数越多，就越容易被知觉。

4. 凡是能够满足人们的某些需要和符合其动机的事物，就能成为其知觉的对象和注意的中心。

■ **头脑风暴**

如何理解案例中的"国航清洁人员使用兼顾安全性、功能性与适航性的清洁洗消产品"这一句话？

实训练习

一、学习总结

1. 用至少 10 个词总结本项目令你印象深刻的学习收获（包括但不限于学习到的理论知识、案例体会、行业信息等）。

2. 请绘制本项目学习内容的思维导图。

二、实训任务——特色航班策划

A 航空公司开通了甲地至乙地的新航线，计划使用国产 C919 飞机在 10 月 1 日当天进行该航线的首飞，希望向旅客树立公司"中国梦，A 航情"的服务形象。请查询 C919 的相关信息，根据本项目所学知觉的相关知识，自行设定甲地和乙地的具体地点后，完成本次航班的首航服务方案。方案包括设计本次航班的空乘制服、客舱内部环境布置、客舱迎送旅客的广播词及主题音乐、与旅客互动的游戏或活动、纪念品、旅客餐食及其包装等，并说明设计原因。方案完成后全班轮流分享并互相评价指出方案的优缺点。

任务思考：在民航服务中，旅客会在意上述任务里设计的这些方方面面的因素吗？为什么？

三、思考实践

1. 思考题

（1）知觉与感觉的区别是什么？

（2）知觉有哪些特性？

（3）个体对时间估计的影响因素有哪些？

（4）旅客知觉的影响因素有哪些？

（5）什么是社会知觉？社会知觉包括哪些内容？

（6）社会知觉的影响因素包括哪些？

2. 案例题

锦绣潇湘新名片　湖南航空全面升级"湘式"服务

"浏阳河，弯过了九道弯，五十里水路到湘江"，当您乘坐湖南航空航班，从万米高空俯瞰浏阳河，便可从娓娓道来的《浏阳河》音乐中感受到浓郁的湖湘风情，这是湖南航空最新上线的机上音乐。据悉，湖南航空自 2021 年春运开始全面升级蕴含潇湘文化的"湘式"服务，持续提升特色化乘机品牌体验，倾力打造锦绣潇湘新名片、品牌新形象。

据湖南航空相关负责人介绍，作为湖南省首家本体航空公司，自 2020 年底顺利搬迁长沙以来，湖南航空就提出把"全面升级'湘式'服务，提升真情服务品质，打造潇湘文化新名片"作为公司差异化发展核心战略，围绕旅客服务接触点，全流程、多维度开发一系列"湘味"产品与服务。

湖南航空此前就已经通过主题航班将臭豆腐、小龙虾、糖油粑粑等湖南美食陆续带上飞机，努力成为湖南文化空中传播窗口。从 2021 年春运开始，湖南航空正式在长沙出港航班上提供湖南美食（见图3-12）。首批上飞机的特色餐食包括辣椒炒肉、拌米粉热食，搭配热食的是湖南航空与辣妹子联名定制的辣椒酱及黑色经典臭豆腐、糖油粑粑等特色小吃，让湖湘风味飞上万米高空。

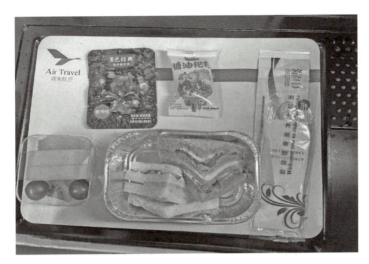

图3-12　湖南航空机上餐食

机上广播的音乐选取的是旅客耳熟能详的《浏阳河》和《又唱浏阳河》，动人的旋律回荡在万米高空。湘江是湖南的母亲河，湘江的汹涌奔腾和宽广胸襟，展现的是"心忧天下，敢为人先"的湖南精神。浏阳河是湘江的一级支流，浏阳河的九道湾则恰恰体现了"湘女多情"的长沙神韵。

湖南航空即将推出精心组建的"锦绣潇湘"特色乘务示范组。示范组将与湖师大湘绣创新研发中心共同创作和开发特色制服，从袖口、衣领、丝巾等方面做升级改造，把能够代表潇湘文化的湘绣元素运用到旗袍制服上。湘绣是中国"四大名绣"之一，是以湖南长沙为中心的带有鲜明湘楚文化特色的湖南刺绣产品的总称，它起源于湖南的民间刺绣，吸取苏绣和粤绣优点发展而来，已有2 000多年历史。

湖南航空引入湖南人文特色对空地服务程序及规范进行创新性改良。如制作精美的机上服务提示卡，使提示工作更有"温度"；运用当下流行语言的机上广播，让旅客乘机体验更"暖心"。

湖南航空机队规模正在不断扩大，目前拥有14架全空客A320系列机型，通航昆明、长沙、南京、成都、无锡、青岛等全国31个城市。2021年春运期间，根据春运大数据客流特点新增无锡—三亚、无锡—万州、无锡—宜宾航线，恢复昆明—沧源—长沙等航线。

作为湖南人自家的航空公司，湖南航空始终以"扎根湖南、服务湖南"为目标宗旨，力图打造成为"锦绣潇湘新名片"。展望未来，湖南航空将围绕长沙运营基地不断进行战略产业布局，整合湖南省"航空＋旅游"出行产业链资源，推进全域旅游基地建设，持续引入潇湘文化开展产品与服务升级，坚持特色化品牌发展战略，为湖南民航业和旅游业的发展提供全方位支持，共同推动湖南航旅经济新发展。

资料来源：湖南航空全面升级"湘式"服务．民航资源网，2021-01-29．

问题1：案例中体现了哪些影响旅客知觉的客观因素和主观因素？请结合材料逐一指出。

问题2：湖南航空的这些设计和安排可能给旅客带来哪些社会知觉偏差？

3. 问答题

请根据以下材料回答问题。

调查人员从A国两所大学中找到了一些学生，让他们看了30多张女性的照片，上面都没有注明她们的国籍，要大学生们分别以"还算可爱""美丽动人""很有才气"等标题进行评价。调查人员暗暗记下这些评价。两个月后，调查人员给这些照片标注了姓名，有的用A国人的名字，有的用B国人的名字。随后，调查人员请这些大学生再次对照片进行评价。调查人员将两次评价的结果比较后发现，照片上署A国人的名字的女性变得比上次更聪明、更美丽了。

问题：为什么会出现这样的现象呢？

4. 讨论题

（1）以下图案分别是瑞士航空、印尼鹰航、澳洲航空、加拿大航空、荷兰皇家航空、夏威夷航空公司标志中的元素，它们分别对应以上哪家航空公司？

（2）以下是国内部分航空公司的标志，你觉得它们有什么象征意义？

5. 实践题

当你排队等候时，尝试什么事都不做，只排队，不看时间，当感觉已经排了15分钟的时候，看看实际时间是多少；之后继续排队，可以看手机、打游戏、看杂志、与人聊天等，也不看时间，当感觉已经排了15分钟的时候，看看实际时间是多少。你前后两次对时间的估计有无差别？带给你怎样的启发？

四、拓展阅读

排队心理学的十个方面

1. 等待时无所事事比有事可干感觉时间更长

当你坐在那里无所事事时，时间慢得就像蜗牛在爬。服务公司的挑战是在顾客等待的时候为他们提供可以做的事情，以分散他们的注意力。

2. 过程前等待的时间感觉比过程中等待时间更长

等候购买进入主题公园的门票与进入公园后等候玩过山车是不一样的。用餐后等候服务员送咖啡与即将离开饭店时等候账单又是不同的。

3. 焦虑使等待的时间看起来更长

你是否记得在集合地点等待别人出现并担心自己记错了时间或者地点的感觉？当在一个陌生的地方等候时，尤其是在室外和天黑之后，人们都会因缺乏安全感而感觉时间更长。

4. 不确定的等待比已知的、有限的等待时间更长

虽然所有的等待都令人烦躁，但是如果我们知道等待时间的长短，就可以在心理上有所调整。正是不确定的因素让我们焦虑。想象一下飞机延误，而又不告知延误的时间有多长。你不知道是否有时间到大厅去逛逛或者应该在登机口等，因为飞机随时都有可能起飞。

5. 没有说明理由的等待比说明了理由的等待时间更长

你是否曾经在乘坐地铁或者电梯时，它们突然停住了，又没有人告诉你为什么？当不知道等待的时间有多长时，人们对于即将发生的事情更加担心。是否是线路出现故障？你是否需要在隧道中离开地铁？电梯是不是坏掉了？你是否会与很多陌生人一起被困在里面几个小时？

6. 不公平的等待比公平的等待时间更长

公平或不公平的等待在每种文化或每个国家是不一样的。例如：在公共场合，人们排队就餐时，如果看到有人插队或者没有合理的理由而被优先对待就会觉得很气愤。

7. 服务的价值越高，人们愿意等待的时间就越长

盛大的音乐会或者体育比赛的门票容易售完，所以很多人愿意在不舒适的环境中通宵排队等候买票。

8. 单个人等待比许多人一起等待感觉时间更长

与一个或更多认识的人一起等待你会觉得更踏实。和朋友聊天可以打发时间，但不是每个人都善于与陌生人聊天。

9. 身体不舒适时的等待比舒适时的等待时间更长

当人们不得不排队等候很长时间时，最容易听到他们抱怨"我的脚都酸了"。无论有没有座位，如果温度偏高或者偏低、不通风或者风很大、不能遮蔽雨雪等，都会令人不舒服。

10. 不熟悉的等待比熟悉的等待时间更长

常来的顾客知道下面会发生的事情，等待的时候就不会那么焦虑。新顾客或者不经常来的顾客就会容易紧张，不仅担心等候的时间，而且不知道会发生什么事情。

资料来源：克里斯托弗·洛夫洛克，约亨·沃茨. 服务营销 [M]. 谢晓燕，译.6 版. 北京：中国人民大学出版社，2010.

民航服务中的个性心理

【课前导读】

本项目主要介绍了个性、气质、性格等知识。通过学习这部分内容，学习者一方面能理解民航服务人员只有了解和掌握旅客的个性及其不同特征，才能有针对性地为旅客做好服务工作；另一方面能掌握从事民航服务工作应具有的气质特征和意志品质要求。

【学习目标】

1.明确个性的概念，掌握个性的特征。

2.明确气质的概念，掌握气质的类型与特征。

3.了解性格的概念，掌握旅客不同性格类型的特点，有针对性地做好服务工作。

4.掌握民航服务人员应具有的气质特征和意志品质要求。

飞机上放生日歌引争议！航司回应！你怎么看？

最近，有乘客在社交媒体上发帖称，其乘坐海航飞机时，机上广播为一位小朋友放生日歌，虽然服务很细致，但自己还是有些被打扰到。此事引发了网友们的不同看法。有人认为这是一件很温馨的事情，但也有人认为这种行为有些过分。

对此，海航客服人员表示，海航没有给乘客过生日的服务规定。但如果工作人员留意到某位乘客乘坐飞机当天是其生日，也会提供相关服务，具体要看航班情况。如果乘客感到被打扰，可以来电反映。

在社交媒体上，乘客对这一事件的反应不一。一些人认为这是一种温馨的庆祝，可以为乘客带来愉悦的体验。然而，也有人表示对此感到不适，特别是对那些正在工作或休息的乘客而言，这样的庆祝可能会打扰他们。

业内人士若言表示，客舱给乘客过生日这个事情在民航服务场合并不少见，在其他服务场景中也多有发生。在服务场景中给予乘客超出预期的服务，本质也是对服务人员与服务流程的考验。这种服务体现了航司对于乘客的人文关怀，而且本身出行过程所在的场景就是公共场合，并非私人环境，这种程度的服务带来的环境影响不宜放大，私人边界也不宜过宽。

业内人士拾柒指出，服务业以人为本，针对不同顾客的个性化需求提供个性化体验是行业进步的表现。但针对单一客户一对一的服务升级，并非是要将对单一客户的服务升级扩展至区域范围内的客户。这样的举动实际已经违背了个性化的初衷，对其他客户而言更是增加了其他不必要的服务。这也是航班上放生日歌引起投诉的根本原因。

有人说反对客舱放生日歌的人小题大做，这样善意的举动值得鼓励，更应该无条件接受。换个角度看，尊重别人的权利不表示必须让渡自己的权益。这可类比宠物进客舱（餐厅）的情形，不能因为有人养宠物就默认所有人都可以接受与宠物处于同一空间。解决方案是：餐厅提前说明其公共空间允许宠物进入，这亦向所有即将走进餐厅的人发出了要约邀请，走进餐厅即默认接受要约。而客舱里放生日歌的行为，显然并未提前告知所有乘客。公众场合的行为准则应寻找所有人权益的最大公约数。飞机客舱也不例外。

资料来源：飞机上放生日歌引争议！航司回应！你怎么看？民航资源网，2023-11-11.

　　从上述材料可以看出在民航服务过程中，尤其是出现问题时，不同的旅客会有不同的表现，出现这种现象的原因就是个性在起作用。个性对于一个人的活动、生活具有直接的影响，对一个人的命运、前途发挥着非常重要的作用。因此，民航服务人员在为旅客提供服务时，只有了解和掌握旅客个性的不同特征，提供有针对性的服务，才能使服务工作做到有的放矢，提高服务质量。

理 论 探 究

任务一　了解个性

一、个性概述

　　个性（personality），又称人格，来源于拉丁语 persona，最初是指演员所戴的面具，后来引申为人物、角色及其内心的特征或心理面貌。一般而言，个性是指一个人在一定社会条件下形成的、具有一定倾向的、比较稳定的心理特征的总和。个性的结构包括个性倾向性、个性心理特征及自我意识。

　　个性倾向性是个性结构中最活跃的因素，它决定了个体对周围世界认识和态度的选择和趋向，决定个体追求什么，包括需要、动机、兴趣、理想、信念、世界观等，其中需要是个性倾向性的动力源泉。个性心理特征主要包括气质、性格和能力三个方面，其中气质体现高级神经活动类型上的差异，性格体现社会道德评价方面的差异，能力则体现人的综合素质和自我发展方面的差异。自我意识是指个体对自身存在、自身特征、自身行为和实践的一种认识和反思，包括自我认识、自我体验、自我调控等方面，如自尊心、自信心等。

　　个性结构的这些成分或要素，因人、时间、地点、环境的不同而互相排列组合，形成了个性特征迥然各异的个体。个体在不同的时间、地点、环境会呈现出不同的个性特征。

二、民航旅客的个性特征

　　民航旅客具有各自不同的个性特征，在服务中自然也有不同的表现。例如：机场候机时，有的旅客不喜欢被打扰，愿意做自己的事情，如看书、听音乐等，而有的旅客则希望与其他旅客或地面服务人员聊天；购买机票时，有的旅客选择头等舱是出于舒适的考虑，但有的旅客选择头等舱则出于身份与地位象征的考虑；乘坐航班时，有的旅客喜欢观看轻松、有趣的机上节目，有的旅客则愿意选择新闻类节目；航班延误时，有的旅客烦躁暴怒，有的旅客则安静等候……以上民航旅客表现出的差异常常是由于个性不同造成的。

个性是在个体生活过程中逐渐形成的，它在很大程度上受到社会文化、教育和环境的影响。研究显示，影响个性的原因包括性别、民族、出生环境、生活环境、父母、朋友等各种因素。

案例 4-1

深挖旅客数据信息 个性化将成航司服务核心

你知道吗？航空公司在收集海量旅客数据方面可是"专家"，它们知道旅客使用哪种信用卡、搭乘飞机的次数，以及是否会为机票之外的服务花钱。

如果旅客在飞机上担心错过下一趟联程航班，乘务员通常都能告诉其该趟航班的登机口、剩余时间，以及那趟航班是否准点；乘务员还知道某位旅客上周的某次航班延误了6个小时，然后以个人名义向其道歉；乘务员知道某次航班上有飞行里程达200万英里的旅客爱喝赤霞珠，所以飞机上备了充足的优质红酒；乘务员为一位买了经济舱票的女士升了舱，因为他们知道她通常都坐头等舱。

旅客以往信息储存在不同的系统，如今许多航空公司将这些信息综合起来融入客户服务策略，有助于乘务员为旅客提供高度个性化的服务。在利用旅客信息方面，所有大型航空公司都在探索更具特色的方式。

英国航空根据不同的旅客服务类别研发了40多款应用程序。英国航空的乘务员自2011年开始使用集团配备的平板电脑，乘务员可以在这款平板电脑上记录服务失误，如某顿餐食没有按要求送上，以便英国航空日后致歉。新加坡航空的乘务员利用专用平板电脑为旅客提供定制服务，并在每趟航班结束后提交"旅行报告"。

乘务员在航班上的服务时间有限。许多航空公司同样面临抉择：专注于服务高端舱位的"高价值"旅客，还是尽量让所有旅客都得到优质服务？

某旅游大数据公司的首席执行官表示："我们不认为这是一个二选一的问题，以前人们会这么想，但我们认为所有人都应享受优质服务。"虽然商务舱和头等舱是全服务航空公司利润的主要来源，而且是大部分定制服务产生的舱位，但该首席执行官并不认同只有少数商务旅客能带来高价值的观点。

随着航空公司越来越精于利用旅客数据，也许在下一次航班上，乘务员会专门走到你身边祝你生日快乐。

从上述材料可见，收集和整理旅客的相关数据，分析旅客的购买行为从而了解旅客的个性特征和需求，将促使航空公司和机场不断提供优质服务。

任务二 掌握气质的类型与特征

一、气质概述

气质（temperament）一词源于拉丁语 temperamentum，原意是比例、关系的意思。气质是个体的个性心理特征之一，是指在个体的认识、情感、言语、行动中，心理活动发生时力量的强弱、变化的快慢和均衡程度等稳定的动力特征。这些动力特征主要表现在情绪体验的快慢、强弱、稳定性、灵活性及指向性等方面，如知觉的速度、思维的灵活程度、注意力集中时间的长短、情绪的强弱、努力的程度等，并具有天赋性、稳定性和可变性等特点。

气质为个体的全部心理活动表现染上了一层浓厚的色彩。它与日常生活中人们所说的"脾气""性格""性情"等含义相似。当然，心理活动的动力并非完全决定于气质特性，它也与活动的内容、目的和动机有关。无论什么气质的人，遇到愉快的事情总会精神振奋、情绪高涨、干劲倍增；反之，遇到不幸的事情会精神不振、情绪低落。个体的气质特征对目的、内容不同的活动都会表现出一定的影响。换句话说，具有某种类型的气质的个体，常在内容截然不同的活动中显示出同样性质的行为特点。例如：一位旅客遇到因天气原因而导致的航班延误，延误时间为一小时，而该旅客在等待过程中坐立不安，那么这位旅客具有情绪易于激动的气质。气质会在各种场合表现出来，具有较稳定的性质，所以情绪易于激动是该旅客的气质特征。因此，旅客的不同气质是服务过程中不可忽视的问题，民航服务人员了解气质的相关内容对于更好地为旅客提供服务具有重要的意义。

二、气质的类型与特征

（一）气质的类型

气质类型是指表现为心理特性的神经系统基本特性的典型结合。最为著名的是希波克拉底的分类，他把气质分成胆汁质、多血质、黏液质、抑郁质四种。分析旅客不同气质的表现，有助于民航服务人员进一步了解旅客并在工作中照顾到他们的不同气质特点。

1. 胆汁质

胆汁质的人的高级神经活动类型属于兴奋型。他们的情绪兴奋性高、抑制能力差、反应速度快但不灵活、直率热情、精力旺盛、脾气暴躁、容易冲动、心境变化剧烈。

胆汁质的旅客由于感情外露，碰到问题时容易发火，一旦被激怒，就不易平静下来。例如：若遇到航班延误时间较长的情况，胆汁质的旅客会表现得比较激动，容易与民航服务人员发生争吵，甚至出现拦堵旅客通道和安检通道等过激行为。因此，为胆汁质的旅客提供服务时，民航服务人员应当注意不要激怒他们，不要计较他们有时过激、冲动的言语，万一出现矛盾时应当避其锋芒，以安抚为主。

2. 多血质

多血质的人的高级神经活动类型属于活泼型。他们的情绪兴奋性高、外部表露明显、反应速度快、动作敏捷、喜欢交往、乐观开朗、兴趣广泛但不持久、注意力易转移、情感丰富但不够稳定。

多血质的旅客表现为活泼好动，喜欢参与变化大、刺激性强、花样多的活动，如机上的拍卖、义卖等活动。若遇到航班延误时间较长的情况，多血质的旅客可能会自行打发这段时间，寻找其感兴趣的事，而并不与民航服务人员纠缠。因此，为多血质的旅客提供服务时，民航服务人员可多与他们交流，以满足他们爱交际、爱讲话的特点。但同时要注意在与他们谈话时不应有过多的重复，注意把握时间，避免影响自己的工作。

3. 黏液质

黏液质的人的高级神经活动类型属于安静型。他们的情绪兴奋性低、外部表现少、反应速度较慢，一般表现为沉静安详、少言寡语、动作迟缓、善于克制忍耐、情绪不外露、做事踏实、慎重细致但不灵活、易固执己见。

若遇到航班延误，不论是出于什么原因，黏液质的旅客一般都会选择接受事实，耐心等待，表现安静，喜欢清静的环境和沉思，不主动参与各种活动。民航服务人员在为他们提供服务的过程中应当尽量简洁高效、谨慎可靠，以迎合他们的性格特点。

4. 抑郁质

抑郁质的人的高级神经活动类型属于抑制型。他们的情绪兴奋性低、反应速度慢而不灵活，具有刻板性、敏感细腻、脆弱多疑、孤僻、心境波动等特点，对事物的反应较强、情感体验深刻，但很少外露。

同样遇到航班延误，抑郁质的旅客也会接受事实，但可能会因此而感到沮丧并闷闷不乐，影响自己的心情。抑郁质的旅客感情很少向外流露，心里有事情一般不向外人讲，表现羞涩、忸怩、性情孤僻、不好交际，很少到热闹的场所去。在为他们提供服务时，民航服务人员应及时注意到他们的情绪变化，并表现出对他们的尊重，以免引起他们的误会或猜忌。

在现实中，并不是所有的人都可按照四种传统气质类型来划分，只有少数人是四种气质类型的典型代表，大多数人的气质介于四种类型的中间状态，或以一种气质为主，兼有多种气质的特点，即属于混合型气质。因此，在判断某个人的气质时，并非一定要把他划归为某种类型，主要是观察和评定其归属的主要气质类型。

同时，在评定人的气质时，不能认为某种气质类型是好的、某种气质类型是坏的。每一种气质都有积极和消极两个方面，在一种情况下可能具有积极的意义，而在另一种情况下可能具有消极的意义。例如：胆汁质的人可能成为积极、热情的人，也可能成为任性、粗暴、易发脾气的人；多血质的人情感丰富、工作能力强，较易适应新的环境，但注意力不够集中、兴趣容易转移、缺少恒心等；抑郁质的人工作中耐受能力差，容易感到疲劳，但感情比较细腻、做事审慎小心、观察力敏锐，善于察觉到别人不易察觉的细小事物。

（二）气质的特征

气质的结构很复杂，它由许多心理活动的特征交织而成，这些特征主要包括：

（1）感受性。个体对内外界刺激的感受能力，这是神经系统强度特征的表现。抑郁质的人感受性较高，而胆汁质、多血质、黏液质的人感受性较低。

（2）灵敏性。心理反应和心理过程进行的速度，如记忆的快慢、思维的敏捷程度、注意力转移的灵活性等，这是神经系统灵敏性的表现。一般而言，多血质的人灵敏性较高。

（3）耐受性。个体在接受刺激作用时表现在时间和强度上的承受能力，也是神经系统强度特征的反映。黏液质的人通常具有较高的耐受性，具体表现在长时间从事某项活动时注意力的集中性、对强烈刺激（如疼痛、噪声、过强或过弱的光线）的耐受性、对长时间的思维活动的坚持性等方面。

（4）倾向性。心理活动、言语和动作反应是表现于外部还是内部的特性，与神经系统强度有关，外向是兴奋过程强的表现，内向是抑制过程强的表现。胆汁质与多血质的人属于外倾性，黏液质与抑郁质的人属于内倾性。

（5）情绪兴奋性。对微弱刺激产生情绪反应的速度不同的特性，包括情绪兴奋强弱与情绪外观的强烈程度，它既和神经系统的强度有关，又和神经系统的平衡性有关，是神经系统特性在心理表现上的重要特性。胆汁质和多血质的人情绪兴奋性明显高于黏液质和抑郁质的人。

（6）可塑性。个体根据外界环境变化调节自己以适应外界的难易程度，它与神经过程的灵活性关系密切。凡是迅速适应环境、行动果断的人具有较大的可塑性；相反，则表现为刻板性或惰性。多血质的人可塑性较强。

四种气质类型与心理特性的不同组合如表 4-1 所示。

表 4-1　四种气质类型与心理特性的不同组合

心理特性	气质类型			
	胆汁质	多血质	黏液质	抑郁质
感受性	低	低	低	高
灵敏性	较高	高	低	较低
耐受性	较高	较高	高	低
倾向性	外倾	外倾	内倾	内倾
情绪兴奋性	高	高	低	低
可塑性	较低	高	适中	较低

气质虽然在人的实践活动中不起决定作用，但是有一定的影响。气质不仅影响活动的

性质，而且影响活动的效率。例如：要求做出迅速、灵活反应的工作对于多血质和胆汁质的人较为合适，而黏液质和抑郁质的人则较难适应；反之，要求持久、细致的工作对黏液质、抑郁质的人较为合适，而多血质、胆汁质的人较难适应。由于气质的各种特性间互相补偿，因此对活动效率的影响并不显著。但是，一些特殊职业从业者，如飞机驾驶员、宇航员、大型动力系统调度员或运动员等，要长期承受高度的身心紧张。这些职业要求从业者有极其灵敏的反应能力，敢于冒险和临危不惧。在这种情况下，气质的特性影响一个人是否适合从事该种职业。

三、民航服务人员的气质特征要求

气质对民航服务人员的服务态度和行为有着重要影响。气质是个体神经系统发育及生理特点的表现，具有遗传性。虽然气质难以改变，但是性格可以弥补气质的某些弱点。很多时候民航服务人员不是根据自己的气质特点选择民航服务这个职业，但在工作过程中应该发挥自己的主观能动性，扬长避短，提高服务质量。从气质特征来看，民航服务工作对民航服务人员有以下要求。

（一）感受性适中

在民航服务过程中，民航服务人员要与形形色色的旅客打交道，应对各种状况。如果民航服务人员的感受性太高，稍有刺激就引起心理反应，势必会造成精神分散、情绪不稳定，影响服务表现，甚至影响工作正常进行。相反，如果民航服务人员的感受性过低，对周围视而不见、充耳不闻，就会怠慢旅客，导致矛盾产生，令旅客不满。民航服务人员只有适当地调节自己的感受性，才能既保障工作顺利进行，又不会冷落旅客。

（二）灵敏性适中

灵敏性主要是神经系统灵活性的表现。一方面，如果民航服务人员的灵敏性较强，则工作过程中容易受外界刺激的影响，如有的民航服务人员稍有委屈就马上翻脸发作，而灵敏性相对低的民航服务人员则更能忍受工作中的委屈。另一方面，灵敏性也影响说话的速度、记忆的速度、注意力转移的灵活程度、一般动作的反应灵活程度等。如果民航服务人员的灵敏性过低，旅客容易觉得服务效率低、不耐烦或被忽视；反之，又会使旅客觉得民航服务人员不够稳重、毛毛躁躁。民航服务人员只有保持适中的灵敏性，才能呈现热情有序的工作状态，最大限度地让更多旅客满意。

（三）耐受性较高

在服务工作中，虽然有的民航服务人员长时间工作，但是仍能保持注意力的高度集中；而有的民航服务人员工作时间稍长，就会感到力不从心或烦躁。显然，前者的耐受性高，后者的耐受性低。民航服务工作是一种有序化的工作，民航服务人员常年做的基本上是同一类工作内容，如问询员可能需要一遍又一遍地重复回答同样的问题，空中乘务员几乎每天都要重复同样的工作和服务程序，广播员每天重复广播航班信息等，这样民航服务人员就容易产生职业倦怠或心理压力。由于不同旅客的素质、修养、文化层次不同，需求也各有差异，因此民航服务人员只有培养心理弹性，保持良好的耐受性，才能将服务工作做好，满足不同旅客的服务需求。

（四）情绪兴奋性较高

在服务工作中，民航服务人员更多是与形形色色的旅客进行交流和沟通。如果民航服务人员的情绪兴奋性较低，则进入工作状态较慢，不能迅速发现和充分理解旅客的服务需求，对工作中的问题也无法快速反应、妥善处理。民航服务人员只有具有较高的情绪兴奋性，才能让不同的旅客感受到其饱满的工作热情和被认可、被重视，而不是冷冰冰的机械式的形式服务，进而产生满意、愉悦的服务体验。

（五）可塑性较高

在服务工作中，可塑性可理解为民航服务人员根据服务环境中的各种情况及其变化而改变自己的适应性行为的属性。可塑性高的人容易顺应环境，行动果断；可塑性低的人在环境变化时，情绪上易出现纷扰、行动缓慢、态度犹豫。在民航服务中，民航服务人员必须掌握一定的服务技能和服务规范，但仅靠这些还不够。由于民航旅客来自不同国家、不同地区、不同民族，具有不同的文化习俗、言行举止和性格特点，也有不同的服务需求和消费习惯，因此，为不同旅客提供服务时没有固定的模式框架可以照搬照套。要做到优质服务，让不同的旅客感到满意，民航服务人员要具有较高的可塑性，善于思考总结、灵活应变，有针对性地开展工作。

任务三 了解旅客的性格特点

一、性格概述

性格（character）是个性最鲜明的表现，是个性心理特征中的核心特征，是一种与社会密切相关的人格特征。性格是指人对现实的态度以及与之相适应的、习惯化的行为方式方面的个性心理特征。性格一经形成便比较稳定，但是并非一成不变，而是具有可塑性。性格不同于气质，它更多地体现了人格的社会属性。个体之间人格差异的核心是性格的差异。

首先，性格表现在个体对现实的态度和与之相适应的行为方式。性格是在社会实践活动中、在与客观环境相互作用的过程中形成的。当客观事物作用于个体时，个体往往会对它抱有一定的态度，并做出与这种态度相应的行为活动。个体对客观事物的态度和行为方式通过不断重复得以保存和巩固下来，就构成了个体所特有的、稳定的态度和习惯化的行为方式。这种主体对客体的态度体系和行为方式标志着性格的本质特点。例如：有的人宽以待人，有的人尖酸刻薄；有的人谦虚谨慎，有的人自高自大；遇到危险和困难时，有的人勇敢无畏，有的人怯懦退缩。这些表现在个体对现实态度和行为方式中的心理特征就是性格。

其次，性格是个体稳定的个性心理特征。在某种情况下，那种属于一时的、情境性的、偶然的表现，不能构成个体的性格特征。例如：一个人在偶然的场合表现出胆怯行为，不能就此认为这个人具有怯懦的性格特征。也就是说，性格必须是经常出现的、习惯化的，从本质上最能代表一个人个性特征的那些态度和行为特征。因此，如果我们了解一个人的性格，就能推测他在某种情况下会表现出什么样的态度和行为。

最后，性格是个性中具有核心意义的心理特征。人的性格是后天获得的一定思想意识及行为习惯的表现，是客观的社会关系在人脑中的反映。所以，性格有优劣之分，在性格特征中占主导地位的是思想道德品质。正因为如此，在各种个性特征中，性格最能表现个性的差异，它是个性中最具核心意义的部分，它直接影响气质、能力的表现特点与发展方向。

二、性格与气质的联系

性格与气质二者之间具有相互渗透、彼此制约的复杂关系。气质对一定性格特征的形成起着促进或阻碍的作用。

（一）气质影响性格的表现方式

各种气质类型的人即使形成同一种性格特征，也还会保留各自的气质色彩。例如：同样是乐于助人，多血质的人常常热情洋溢、非常主动，而黏液质的人则往往不露声色地帮助别人；同样是勤劳的人，胆汁质的人在劳动中情绪饱满、精力充沛，黏液质的人则埋头苦干、工作细心。

（二）气质影响性格的形成和发展的速度

不同气质的人形成同一性格的难易程度是有差异的。例如：黏液质的人比胆汁质的人容易做到深思熟虑；抑郁质的人比多血质的人容易形成自我约束的特征。

（三）气质类型与性格特征的形成不是对应关系

气质类型虽然会对性格的形成与表现产生一定的影响，但它并不能决定一个人最终形成什么样的性格。研究证明，不同气质类型的人可能形成相同的性格特征，如不同气质类型的人都可以形成忠于祖国、热爱人民、助人为乐、勤奋刻苦的性格特征；而同一气质类型的人也可能形成不同的性格特征，如同样是胆汁质的人，既可能成为正直、勇敢的人，也可能成为粗鲁、暴戾的人。

（四）性格特征对气质具有一定的改造作用

气质虽然是稳定的心理特性，但它仍受后天的生活实践的影响而发生一定的变化，性格特征在一定程度上可以抑制气质类型中的某些消极的特征。例如：一个胆汁质的人面对从事医疗工作必须具备细致和沉静性格的要求，他在形成新的个性过程中就可能改造暴躁、冲动的特征。

> **小知识**
>
> ## 性格的分类
>
> 心理学家以各自的标准和原则对性格类型进行了分类，较有代表性的分类如下：
>
> 1. 从心理机能划分，性格可分为理智型、情感型和意志型
>
> 英国心理学家培因等人根据理智、情绪、意志三种心理机能在性格中何者占优势，将人的性格划分为理智型、情感型和意志型。
>
> 2. 从心理活动倾向性划分，性格可分为外倾型和内倾型
>
> 瑞士心理学家荣格根据人的心理活动倾向于外部还是内部，将人的性格分为外倾型（外向型）和内倾型（内向型）。
>
> 3. 从社会生活方式划分，性格可分为理论型、经济型、审美型、社会型、权力型和宗教型
>
> 德国哲学家、教育家斯普兰格尔根据人类社会生活方式及由此而形成的价值观，将人的性格分为理论型、经济型、审美型、社会型、权力型和宗教型六种。
>
> 4. 从个体独立性划分，性格可分为独立型和顺从型
>
> 按照一个人独立性程度的大小，可将人的性格分为独立型和顺从型。

三、旅客的性格类型

在服务过程中，民航服务人员可以通过观察旅客的言行举止来简单地了解旅客的性格特征，针对不同性格特征的旅客运用不同的服务技巧，提高服务的质量。但要在短短数小时之内逐个将旅客的脾气、秉性、爱好和需求了解清楚，绝不是一件容易的事。

（一）以地域划分

将旅客的性格以地域划分，可为个性化服务提供一定的依据。例如：很多北方地区的旅客性格较为豪爽，说话比较直接，好面子，如果民航服务人员对他们付出足够的热情，他们也会给予积极的回应；而南方部分地区的旅客则常常含蓄内敛、说话婉转，要求民航服务人员细致认真。再如：美国旅客大多性格开朗、活泼好动；相反，英国旅客就相对保守一些，非常讲究细节、彬彬有礼、注意卫生。同时，民航服务人员对各个地域旅客的生活习惯也应有所了解。例如：日本的旅客多喜欢生冷食物，泰国的旅客比较喜欢酸辣的食物等。

（二）以性格特征划分

以性格特征来划分，可以将民航旅客大致分为以下几种类型：

（1）急躁型旅客。急躁型旅客希望任何要求都能在短时间内得到满足，所以民航服务

人员在为他们提供服务时，必须注意对时间的控制，尽量做到快速而不失水准。

（2）活泼型旅客。活泼型旅客热情、好动健谈，注意力容易转移，所以民航服务人员在为他们提供服务时可迎合其兴趣，但要避免与他们长谈；同时因为他们的注意力容易转移，所以为其提供服务时还应耐心、细心。

（3）温顺型旅客。温顺型旅客的热情有限但不易冲动，所以按照既定的服务程序，民航服务人员用良好的服务态度和优良的服务水准为其提供服务就可以获得他们的认同。

（4）冷静型旅客。冷静型旅客的注意力集中、稳定，较少表达自己的意见，有时会给人以距离感。民航服务人员在为他们提供服务时应注意细节，以使冷静型旅客对民航服务人员专业、规范的服务表示认可。

当然，在现实中，并不是所有的旅客都可按照以上类型来划分，有些旅客的性格可能兼有多种特点，或者会受到环境的影响。因此，民航服务人员在为旅客提供服务时，应当具体情况具体分析，这样才能做好服务工作。

案例 4-2

空姐未讲日语被日本乘客辱骂（节选）

据报道，在一架从福冈机场飞往台北桃园机场的班机上，一名日本女乘客在飞机准备起飞时和空乘发生口角。据机上其他旅客说法，日本女子不满空乘没跟她讲日文，因此失控、咆哮，致使班机延误 40 分钟，最后她被当地航警带离。

该航班原预定早上 10 时 55 分从福冈起飞，12 时 05 分抵达桃园机场，没想到机上有 1 名日籍女乘客对着空乘大骂，甚至对其他乘客咆哮，严重扰乱了机上秩序，最后航班延迟 40 分钟才从福冈机场起飞。

当时旅客们已经登机，但一名黑衣女子和空乘与乘务长起口角。尽管空乘已在不停安抚，但该女子还是大声咆哮。冲突原因是因为这名黑衣女子为日本旅客，她不满空乘用中文与她对话，因此情绪失控暴怒。虽然也有其他旅客制止她，但冲突没因此结束。

当航班乘务长用英文向该乘客说："很高兴见到你。"失控乘客用英文反呛："才不高兴见到你。见到你很不开心。很糟糕的经验……"乘务长随后要求该乘客回到座位上，但被该乘客拒绝。

航空公司回应称，福冈飞往台北航班上，在关闭舱门后，有一名乘客出现非理性行为，辱骂空乘并咆哮其他乘客，亦不遵守机上安全规范。经机组人员沟通及警告无效，为维护飞行安全及同机乘客的权益，该公司要求该名乘客下机，并通报当地机场航警处理。

资料来源：空姐未讲日语被日本乘客辱骂. 民航资源网，2023-06-06.

以上案例中的旅客性格显然属于急躁型，脾气暴躁、容易冲动，乘务员采用安抚、温和的服务方式应对有助于避免冲突的加剧。但是，如果旅客的冲动行为已经影响其他旅客的利益，甚至威胁到航班的安全，乘务员就必须果断采取措施进行制止。

四、民航服务人员的意志品质要求

性格是十分复杂的心理现象，包含心理活动的各个层面。不同的性格特征在不同人身上，都以一定的独特方式结合而成为有机的整体。一般而言，性格有四个方面的特征：态度特征、理智特征、情绪特征、意志特征。其中，性格的意志特征是指个体在调节自己的心理活动时表现出的心理特征，体现在一个人习惯化的行为方式中。自觉性、果断性、自制性、坚持性等是主要的意志特征。

近年来，在习近平新时代中国特色社会主义思想指引下，民航业大力弘扬和践行"忠诚担当的政治品格、严谨科学的专业精神、团结协作的工作作风、敬业奉献的职业操守"这一当代民航精神，广泛深入开展向"中国民航英雄机组"学习活动，深入开展"敬畏生命、敬畏规章、敬畏职责"宣传教育，以当代民航精神为核心的行业文化价值体系深入人心，在全球讲好民航故事，为民航发展营造良好舆论环境。民航从业者要切实提高政治站位，增强"四个意识"，坚定"四个自信"，做到"两个维护"。全体干部员工要从习近平总书记的系列讲话中汲取养分、获取信念，切实提高"七种能力"，这对于广大干部职工参与当前风险化解、开展后续各项工作、提高履责能力建设具有重大的指导意义。

对于民航服务人员来说，了解自身性格的意志特征，培养良好的意志品质是做好服务工作的必要条件。民航服务人员只做好一次服务并不难，但要做好每一次服务，时时处处为旅客着想，为旅客排忧解难，没有坚强的意志品质是很难实现的。能力不能决定一切，意志品质在服务这项艰苦的工作中有着巨大的作用。习近平总书记于 2018 年 9 月 30 日国庆招待会前会见四川航空"中国民航英雄机组"时指出："伟大出自平凡，英雄来自人民。把每一项平凡工作做好就是不平凡。新时代中国特色社会主义伟大事业需要千千万万个英雄群体、英雄人物。学习英雄事迹，弘扬英雄精神，就是要把非凡英雄精神体现在平凡工作岗位上，体现在对人民生命安全高度负责的责任意识上。飞行工作年复一年、日复一日，看似平凡，但保障每一个航班安全就是不平凡。希望你们继续努力，一个航班一个航班地盯，一个环节一个环节地抓，为实现民航强国目标、为实现中华民族伟大复兴再立新功。"因此，民航服务人员需要具备的意志品质包括较强的自觉性、果断性、自制性和坚持性。

（一）自觉性

自觉性是指个体清楚、深刻地认识意志行动目的的正确性和重要性，并有效地支配自己行动的意志品质。民航局《关于进一步提升民航服务质量的指导意见》提出：强化民航服务工作"三基"建设，推动服务理念、服务标准、服务手册、服务培训、服务资源到班组，不断提升民航基层服务队伍的业务技能、专业素养，使其具备扎实的基本功，夯实民航服务提升的基础。鼓励行业协会、工会、共青团等组织，以服务质量提升为主线，在全行业开展民航服务比知识、比技能、比作风活动，进一步增强民航服务一线员工的行业归属感和职业荣誉感。要进一步优化基层岗位职责和工作程序，实施合理有效授权，增强一线服务人员的主动性和掌控力，使其既能掌握原则，又能灵活应变，从而及时处置问题、有效化解矛盾。

因此，自觉性对于民航服务人员而言，体现在两方面：一是在行业智能化、数字化发展的趋势之下，对民航服务人员的要求越来越高，民航服务人员必须坚持不懈地为提高自己的文化素养、业务技能、服务水平而努力奋斗，无须别人督促和监督；二是民航服务人员要在工作中自觉、虚心地听取旅客的意见，学习别人的长处，改进自己的不足之处，正确对待成绩与进步，勇于克服困难、战胜挫折。

（二）果断性

果断性是指善于明辨是非，适时而坚决地采取决定和执行决定的意志品质。果断的民航服务人员在面对服务工作中出现的各种问题和矛盾时，能够反应敏捷、判断迅速、勇于负责，妥善、周全地处理和解决。而且他们对问题形势的走向、解决问题的方式、采取行动后可能出现的后果等，能全面考虑、权衡利弊、当机立断。突发状况较多的民航服务工作尤其要求民航服务人员果敢敏捷、迅速应对，不能优柔寡断。习近平总书记于 2018 年 9 月 30 日国庆招待会前会见四川航空"中国民航英雄机组"时强调："平时多流汗，战时少流血。'5·14'事件成功处置绝非偶然。处置险情时，你们所做的每一个判断、每一个决定、每一个动作都是正确的，都是严格按照程序操作的。危急关头表现出来的沉着冷静和勇敢精神，来自你们平时养成的强烈责任意识、严谨工作作风、精湛专业技能。你们不愧为民航职工队伍的优秀代表。我们要在全社会提倡学习英雄机组的英雄事迹，更要提倡学习英雄机组忠诚担当、忠于职守的政治品格和职业操守。"

（三）自制性

自制性是指自觉控制自己的情绪，约束自己的动作和言语的意志品质。自制性强的民航服务人员，不论与何种类型的旅客打交道，不管遇到什么样的问题，都可以控制好自己的情绪，把握分寸，客观、理智地应对，而不是冲动、意气用事。自制性强的民航服务人员会严格遵守民航的各项纪律和规章制度，也表现出较强的组织性和纪律性，且情绪稳定。中国民航将把学习贯彻习近平新时代中国特色社会主义思想引向深入，加强党史、新中国史、改革开放史、社会主义发展史教育；深入推进党风廉政建设和反腐败斗争；认真抓好意识形态工作。广大民航工作者要把学习宣传贯彻党的二十大精神同具体工作结合起来，更加自觉地用党的二十大精神审视自身工作、提高工作站位，切实把学习成果转化为推动公司高质量发展的强劲动力和实际成效。

（四）坚持性

坚持性是以充沛的精力和坚韧的毅力，不断地克服困难以完成目标行动的意志品质。自制性是民航服务人员针对自我内在障碍的一种克制能力的意志品质，而坚持性则是针对外部障碍所产生的一种锲而不舍的意志品质。民航服务工作烦琐、劳动强度大，旅客要求不断提高，如果民航服务人员不具备较强的坚持性，就难以胜任。坚持性不但可以促使民航服务人员积极热情地做好服务工作，而且能促使他们锲而不舍地坚持奋斗和克服困难与障碍。缺乏坚持性的民航服务人员往往遇难而退、浅尝辄止，使自身发展受到了较大的限制。民航服务人员只有在生活和工作中明确自己的目标、抵制干扰、培养坚韧意志，才能成为优秀的民航工作者。

案例分析应用

坚持"精品意识"打造精品班组——记东航云南优秀乘务长李旖

"细节决定成败。只有虑事精心、过程精细，才能诞生精品。"这是东航云南公司乘务三分部班组长李旖所奉行的"精品意识"，即精益求精、注重细节。无论在航班生产还是班组管理中，李旖始终秉承着这样的工作态度，带领班组成员树立"精品意识"，打造精品班组。

打造"精品"从自身开始

"打铁还需自身硬"，要想打造精品班组，作为班组长首先就得不断进行自我完善。因此，李旖不断提升自我素质和综合能力，摒弃"差不多"思想，把"精品意识"融入每一件小事中。除了日常工作，李旖还十分乐于钻研专业知识，她利用多渠道学习飞行相关知识，在平时的自主学习中总结和归纳了很多容易被大家忽略的业务知识，并将这些知识与组员分享。李旖发现，许多组员存在机型、航线概念模糊的情况，于是她主动向机务的同事学习并总结出了东航云南公司不能执飞高原的飞机机号清单，制成表格后发送在班组群内，以供组员学习和掌握。同时她还利用业余时间总结了航线资料、应急设备分布图等飞行资料以供组员学习。

抓细节找特点，制定个性化管理方案

班组管理中的"精品意识"体现在李旖对班组成员的个性化管理中。李旖认为，班组管理的灵魂在于细节，在于每个组员都有优势，只要能够充分发挥组员的优势，就能将五个有力的"手指"组合成坚硬的"拳头"。李旖利用"九型人格"对团队的影响力，并结合组员个性特征进行分类管理。例如："积极正能量型"组员优秀又有上进心，积极主动参与各项工作，她便以鼓励为主进行管理；"自我松懈型"组员大多得过且过，她便采取先进带动后进、勉励式管理。

李旖还独创了"睡前三回想"班组管理法，要求组员每天入睡前完成签到时间、闹钟设定和近期业务重点三项内容的回想。通过个性定制管理方案，组员在班组中找到了自身定位和价值，班组感情浓度不断提升，组员的积极性与能动性也被极大地调动了起来。

科学分析数据，勇于创新

李旖的"精品意识"还体现在班组管理的数据化和精准化中。李旖将大组的各项工作进行统计，利用科学的统计图表，找到各项工作的发展规律和趋势，分析问题产生的原因，最后总结解决的方法以及管理方式。她利用饼状图分析各舱位投诉占比，得出高舱位投诉率占比大的结论，于是立即调整班组管理方案，找出重点关注人员，进行投诉管控；利用线性趋势图关注各项工作的发展趋势，当曲线图出现向下趋势时就及时进行干预。2020 年 3 月，李旖在发现安全违规有向上趋势时，立即召开大组安全会议，提醒并警示组员，对违规组员进行专项整改，及时扼杀违规苗头。丢掉"套路"管理，科学分析数据，让李旖的班组管理打破了常规，走出了一条新路子。

鼓励培养职业兴趣，打造精致职业形象

李旖一直要求组员不仅要做"手册"乘务员，更要做"精品"乘务员。她借鉴心理学教授约翰·霍兰德提出的职业兴趣理论，鼓励组员培养自己的职业兴趣，将兴趣融入工作，让兴趣职业化、精致化。她以自己为例，向组员证明了兴趣职业化的优势。李旖本身是咖啡爱好者，工作之余自主学习了许多咖啡知识。在航班中，当她用自己学到的咖啡冲调手法为旅客冲调出一杯不同于其他航班流水作业般的更加香醇、别致的咖啡时，旅客感受到的是专业、精致，而她自己也感受到了满足。职业兴趣的培养让组员最大限度地施展了自身才华，调动了组员的工作积极性，大大提升了航班的满意度。

班组管理一直在路上，李旖坚持"精品意识"的信念却从未改变，她相信不断精益求精、抓好细节、突破创新，她和她的班组将在打造精品班组的道路上取得优异的成绩。

资料来源：坚持"精品意识"打造精品班组．民航资源网，2020－11－05.

■ 案例情景要点

1. "打铁还需自身硬"，要想打造精品班组，作为班组长首先就得不断进行自我完善。因此，李旖不断提升自我素质和综合能力，摒弃"差不多"思想，把"精品意识"融入每一件小事中。

2. 李旖利用"九型人格"对团队的影响力，并结合组员个性特征进行分类管理。通过个性定制管理方案，组员在班组中找到了自身定位和价值，班组感情浓度不断提升，组员的积极性与能动性也被极大地调动了起来。

3. 李旖将大组的各项工作进行统计，利用科学的统计图表，找到各项工作的发展规律和趋势，分析问题产生的原因，最后总结解决的方法以及管理方式。

4. 李旆鼓励组员培养自己的职业兴趣，将兴趣融入工作，让兴趣职业化、精致化。

■ 理论应用

1. 在习近平新时代中国特色社会主义思想指引下，民航业大力弘扬和践行"忠诚担当的政治品格、严谨科学的专业精神、团结协作的工作作风、敬业奉献的职业操守"这一当代民航精神。

2. 伟大出自平凡，英雄来自人民。把每一项平凡工作做好就是不平凡。

3. 民航局《关于进一步提升民航服务质量的指导意见》指出，要进一步优化基层岗位职责和工作程序，实施合理有效授权，增强一线服务人员的主动性和掌控力，使其既能掌握原则，又能灵活应变，从而及时处置问题、有效化解矛盾。

4. 自觉性对于民航服务人员而言，体现在两方面：一是在行业智能化、数字化发展的趋势之下，对民航服务人员的要求越来越高，民航服务人员必须坚持不懈地为提高自己的文化素养、业务技能、服务水平而努力奋斗，无须别人督促和监督；二是民航服务人员要在工作中自觉、虚心地听取旅客的意见，学习别人的长处，改进自己的不足之处，正确对待成绩与进步，勇于克服困难、战胜挫折。

■ 头脑风暴

如何理解案例中的"手册"乘务员和"精品"乘务员？

实训练习

一、学习总结

1. 用至少10个词总结本项目令你印象深刻的学习收获（包括但不限于学习到的理论知识、案例体会、行业信息等）。

2. 请绘制本项目学习内容的思维导图。

二、实训任务——你能猜到吗?

根据本项目所学内容，以小组为单位，自行选定任意一种气质类型的旅客，围绕该气质类型的特点设计一个服务场景，将服务过程中这位旅客的各种表现详细写下来。完成后，各小组轮流演绎或讲述旅客的种种表现，其他小组竞猜这位旅客是哪种气质类型，并进一步分析旅客可能的性格类型，之后共同讨论在该场景中，乘务员适宜采取怎样的服务应对方式。（任课教师可根据实际情况适当协调各小组选定的气质类型）

任务思考：航空公司提供个性化服务时应该考虑旅客的哪些因素？

三、思考实践

1. 思考题

（1）什么是个性？个性的特征有哪些？

（2）什么是气质？气质有哪些类型？

（3）为不同气质类型的旅客提供服务时应注意什么？

（4）为不同性格类型的旅客提供服务时应注意什么？

（5）民航服务人员应具有怎样的气质特征？

（6）民航服务人员应具有怎样的意志品质？

2. 案例题

甲航空公司的A航班因流量控制原因延误，旅客找航空公司的地面服务人员询问却得不到满意答复，部分旅客比较急躁、情绪激动，不让民航服务人员离开岗位去请示，双方言语冲撞后开始互相推搡，冲突不断升级，有的旅客甚至动手抢民航服务人员的对讲机、工作证，砸东西，民航服务人员则一起还击旅客，直到机场公安赶到现场才平息事件。

问题：

（1）根据本项目所学知识，遇到案例情景中的旅客，民航服务人员应如何应对？

（2）对于案例中民航服务人员的表现，你认为他们在性格上应该加强哪些方面的培养？

3. 问答题

观看电影《人在囧途》中两位演员乘坐飞机的片段，分析针对这两种完全不同的旅客，为他们提供服务时，民航服务人员应分别注意什么。

4. 讨论题

如果你是旅客，从气质和性格的角度考虑，在唐僧、孙悟空、猪八戒和沙僧这四个空中乘务员中，你更喜欢谁？为什么？

5. 实践题

以下是个人气质类型测试，请认真阅读下列各题，对于每一题，你认为非常符合自己情况的计"＋2"分，比较符合的计"＋1"分，拿不准的计"0"分，比较不符合的计"－1"分，完全不符合的计"－2"分。

■ 题目

（1）做事力求稳妥，一般不做无把握的事。

（2）遇到可气的事就怒不可遏，想把心里话全说出来才痛快。

（3）宁可一个人干事，不愿很多人在一起。

（4）到一个新环境很快就能适应。

（5）厌恶那些强烈的刺激，如尖叫、噪声、危险镜头等。

（6）和别人争吵时总是先发制人，喜欢挑衅别人。

（7）喜欢安静的环境。

（8）善于和别人交往。

（9）羡慕那种善于克制自己感情的人。

（10）生活有规律，很少违反作息规律。

（11）在多数情况下，情绪是乐观的。

（12）碰到陌生人觉得很拘束。

（13）遇到令人气愤的事，能很好地自我克制。

（14）做事总是有旺盛的精力。

（15）遇到事情总是举棋不定、优柔寡断。

（16）在人群中从不觉得过分拘束。

（17）情绪高昂时，觉得干什么都有趣；情绪低落时，又觉得干什么都没意思。

（18）当注意力集中于某一事情时，别的事很难使你分心。

（19）理解问题总比别人快。

（20）碰到危险情境或困难，常有一种极度恐惧感。

（21）对学习、工作抱有很高的热情。

（22）能够长时间做枯燥单调的工作。

（23）符合兴趣的事情，干起来劲头十足，否则就不想干。

（24）一点小事就能导致情绪波动。

（25）讨厌那种需要耐心、细致的工作。

（26）与人交往不卑不亢。

（27）喜欢参加热闹的活动。

（28）爱看感情细腻、描写人物内心活动的文艺作品。

（29）工作学习时间长了，常感到厌倦。

（30）不喜欢长时间谈论一个问题，愿意实际动手干。

（31）愿意侃侃而谈，不愿窃窃私语。

（32）别人说你总是闷闷不乐。

（33）理解问题常比别人慢些。

（34）疲倦时只要短暂休息就能精神抖擞，重新投入工作。

（35）心里有话，宁愿自己想，不愿自己说出来。

（36）认准一个目标，就希望尽快实现，不达目的，誓不罢休。

（37）学习或工作同样一段时间后，常比别人更疲倦。

（38）做事有些莽撞，不考虑后果。

（39）老师或他人讲授新知识、技术时总希望他讲得慢些，多重复几遍。

（40）能够很快忘记那些不愉快的事情。

（41）做作业或完成一项工作总比别人花的时间多。

（42）喜欢运动量大的剧烈体育活动，或者参加文艺活动。

（43）不能很快地把注意力从一件事情上转移到另一件事情上去。

（44）接受一个任务后，就希望把它迅速解决。

（45）认为墨守成规比冒险强。

（46）能够同时注意几个事物。

（47）当烦恼时，别人很难使你高兴起来。

（48）爱看情节跌宕起伏、激动人心的小说。

（49）对工作持有认真严谨、始终一贯的态度。

（50）和周围人的关系总是相处不好。

（51）喜欢复习学过的知识，重复做熟练的工作。

（52）喜欢做变化大、花样多的工作。

（53）小时候会背的诗歌，似乎比别人记得清楚。

（54）别人说你"出语伤人"，可你并不觉得这样。

（55）在体育活动中，常因反应慢而落后。

（56）反应敏捷、头脑机智。

（57）喜欢有条理而不甚麻烦的工作。

（58）兴奋的事常使你失眠。

（59）老师讲新概念，常常听不懂，但弄懂以后就很难忘记。

（60）假如工作枯燥，马上就会情绪低落。

■ **得分情况**

分别计算各个类型得分。

胆汁质题号（2）（6）（9）（14）（17）（21）（27）（31）（36）（38）（42）（48）（50）
（54）（58）   总分（   ）

多血质题号（4）（8）（11）（16）（19）（23）（25）（29）（34）（40）（44）（46）（52）
（56）（60）   总分（   ）

黏液质题号（1）（7）（10）（13）（18）（22）（26）（30）（33）（39）（43）（45）（49）
（55）（57）   总分（   ）

抑郁质题号（3）（5）（12）（15）（20）（24）（28）（32）（35）（37）（41）（47）（51）
（53）（59）   总分（   ）

■ **计分方法**

A. 如果某一类或两类气质的得分超过 20 分，则为典型的该气质。

B. 如果某一类或两类气质的得分在 10～20 分，其他各类分数较低，则为一般型气质。

C. 若各类气质得分均在 10 分以下，但某类或几类得分较其余几类高（相差 5 分以上），则为略倾向于该气质，或几项的混合。其余类推。一般而言，分值越高，表明该气质越明显；反之，分值越低，表明越不具备该项气质特征。

四、拓展阅读

性格差异与消费心理特征

不同性格特点的顾客具有不同的消费心理特征（见表4-2）。

表4-2　顾客类型和消费心理特征

顾客类型	消费心理特征
冲动型	• 无明显的消费目的，常常表现为即兴消费； • 易受广告和服务人员的影响，凭直觉和想象消费，事后往往后悔； • 容易接受新事物，无须反复权衡即可做出决定。
感性型	• 消费行为通常受个人情绪和情感支配，没有明确的消费目的； • 想象力丰富； • 消费时情绪波动较大。
犹豫不决型	• 对自己及服务人员都缺乏信心，消费时疑虑重重； • 消费时犹豫不决，反复比较，耗时较多，且事后总想反悔； • 往往注意力不集中，不善于思考问题。
随意型	• 缺乏消费经验，消费时常常会不知所措； • 愿意听取服务人员的建议，希望得到帮助； • 不会过多地挑剔。
理智型	• 消费行为以理智为主，凭自己的学识和经验来选择消费项目； • 消费过程中，主观性较强，不易受广告及服务人员的影响； • 关注消费市场，喜欢独立思索，当服务人员做介绍时，常投以怀疑的目光； • 如果服务人员说得太多，他们甚至会感到厌烦； • 善于比较、挑选，不急于做出决定，消费过程不紧不慢。
斤斤计较型	• 对价格较敏感，多从经济方面考虑是否要消费； • 善于讨价还价，贪小也不失大； • 用种种理由和手段拖延消费过程，借以观察服务人员的反应。

资料来源：肖建中．服务人员十项全能训练［M］．北京：北京大学出版社，2005.

民航旅客的情绪

【课前导读】

本项目主要介绍了情绪和影响旅客情绪变化的因素等知识。通过学习这部分内容，学习者能掌握民航服务人员在为旅客提供服务时，如何及时、准确地把握旅客情绪的变化，努力为旅客提供优质服务。

【学习目标】

1. 了解情绪的概念。
2. 掌握情绪的分类。
3. 掌握影响旅客情绪变化的因素。

乘坐飞机时这些行为要不得

2021 年 1 月 11 日海航 HU7605 航班上，一位旅客情绪激动，在客舱大闹，最终被请下飞机。

事件起因不明，据周围旅客说是在登机过程中，该女子与另一位旅客发生了肢体碰撞，于是该女子破口大骂，要求道歉。乘务员和安全员多次协调劝导无果后，最终报警并将该女子请下飞机。

做出以下几种行为，旅客可能被禁止坐飞机：

（1）编造、故意传播涉及民航空防安全的虚假恐怖信息。

（2）使用伪造、变造或冒用他人乘机身份证件、乘机凭证。

（3）堵塞、强占、冲击值机柜台、安检通道、登机口（通道）。

（4）随身携带或托运国家法律、法规规定的危险品、违禁品和管制物品，在随身携带或托运行李中故意藏匿国家规定以外属于民航禁止、限制运输物品。

（5）强行登占、拦截航空器，强行闯入或冲击航空器驾驶舱、跑道和机坪。

（6）妨碍或煽动他人妨碍机组、安检、值机等民航工作人员履行职责，实施或威胁实施人身攻击。

（7）强占座位、行李架，打架斗殴、寻衅滋事，故意损坏、盗窃、擅自开启航空器或航空设施设备等扰乱客舱秩序。

（8）在航空器内使用明火、吸烟，违规使用电子设备，不听劝阻。

旅客的情绪问题很可能对航班服务甚至航班安全产生不良影响，不能忽视。上述案例中的旅客就因情绪激动导致无法正常乘机。心理学的研究表明，任何人都会受到情绪、情感的影响。当人们的理智占上风时，就会接受事实，积极寻求解决办法；当情绪激动时，就会用主观意愿代替事实，感到焦虑、烦躁，从而形成与他人的沟通障碍。因此，在为旅客提供服务的过程中，民航服务人员要能够及时、准确把握旅客的情绪变化，努力为旅客提供优质服务。

任务一　了解情绪

一、情绪的概念

情绪是个体的心理活动中十分重要又复杂的方面，从 19 世纪以来，心理学家对其提出了各种不同的看法。情绪是个体对于客观事物是否符合自己的需要而产生的态度体验，是人的需要得到满足与否的反映。当需要得到较好的满足时，个体就会表现出高兴，感到满意；当需要不能满足或不能较好地满足时，个体就会表现出焦虑、烦躁、不满。情绪反映了客观事物与个体的需要之间的关系，它是以需要为中介的一种反映形式。客观事物并非全部都能引起个体的情绪，只有与个体的需要有关的事物才能引发情绪。情绪是喜怒哀乐等比较剧烈的、暂时性的内心活动，这种内心活动经常伴随着肌肉紧张、心跳加快等生理变化。而情感是相对不剧烈的、比较长时间的内心活动。

情绪的构成一般包括三个层面，即认知层面上的主观体验、生理层面上的生理唤醒和表达层面上的外部表现。情绪产生时，这三种层面共同活动，构成完整的情绪体验过程。

（一）主观体验

情绪的主观体验是个体的一种自我觉察、自我感受与体验的感受状态。在民航服务过程中，民航服务人员和旅客交往的言行举止都会让对方产生相应的主观体验。例如，民航服务人员亲切、友善地向旅客问好，旅客感受到他们积极的服务意愿，就会产生愉快的情绪；同样地，旅客热情地回应民航服务人员的问候而不是置之不理，民航服务人员也会产生愉快的主观体验。

（二）生理唤醒

生理唤醒涉及神经系统的广大区域，是情绪和情感在生理上的反应，涉及一系列生理活动过程，如神经系统、循环系统、分泌系统等的活动。例如：人们在生气时会心率加快，恐惧时会浑身发抖，激动时会血压升高，害羞时会满脸通红等。在民航服务中，旅客和民航服务人员因不同的服务交往情形而产生不同的情绪时，作为内部的生理反应过程，生理唤醒也随之产生。

（三）外部表现

在情绪产生时，人们还会出现一些外部反应，这一过程也是情绪的表达过程，包括面部表情、动作表情、语言表情等（见表 5-1）。例如：人在高兴时眉开眼笑、音调轻快，悲伤时潸然泪下、音调低沉、节奏缓慢，愤怒时咬牙切齿、音量大、语气急促而严厉。伴随情绪出现的这些表情就是情绪的外部表现。民航服务人员可以通过这些表情的变化来判断旅客的情绪变化。情绪既是主观感受，又是客观生理反应，具有目的性。

表 5 - 1　情绪的外部表现

面部表情	面部肌肉的活动变化，如微笑
动作表情	产生情绪状态时身体的伴随动作，如高兴时手舞足蹈
语言表情	由语调、语义等变化而了解欲表达的情绪，如生气时语调升高

二、情绪的分类

（一）根据性质分类

根据性质，个体有以下四种基本情绪。

1. 快乐

快乐是一种在追求并达到期望的目的时所产生的情绪体验，个体会因此产生超越感、自由感和接纳感。快乐的程度主要取决于愿望的满足程度和意外程度。快乐的情绪从微弱的满意到狂喜，可分为一系列程度不同的级别。

2. 愤怒

愤怒是个体由于目的被阻碍不能达成而造成紧张感加剧所产生的情绪体验。个体愤怒的程度主要取决于对妨碍达到目标的对象的意识程度。如果能明确造成妨碍的对象，个体的愤怒就会指向该对象，甚至诱发攻击性行为；反之，个体的愤怒就会转变为沮丧。愤怒从弱到强的变化可分为：轻微不满→愠怒→愤怒→暴怒。

3. 悲哀

悲哀是个体在追求某种满足的过程中，感觉目标无法实现，或某种已满足的需求被剥夺后产生的情绪体验。悲哀的程度取决于所失去的对象和破灭的愿望对个人或社会的价值的大小。悲哀按程度的差异表现为：失望→遗憾→难过→悲伤。

4. 恐惧

恐惧是个体企图摆脱危险情境时产生的情绪体验，如一身冷汗、心惊胆战。引起恐惧情绪的原因主要是个体缺乏处理可怕情境的经验或能力。恐惧有很强的感染力，往往会使周围的人也产生恐惧和不安感。

个体的其他情绪如愉悦、喜欢、欣慰、厌恶、羞耻、悔恨、同情、嫉妒等多是由以上四种基本情绪派生出来的。

小知识

判断情绪的表情依据

判断情绪的表情依据如表 5-2 所示。

表 5-2　判断情绪的表情依据

各部位的活动	快乐	愤怒	悲哀	恐惧	厌恶
额与眉	平静	两眉靠紧，眉间出现八字纹，额头出现皱纹	两眉靠紧，眉间出现八字纹	眉毛向上，惊讶时额头出现皱纹	稍靠近，眉间出现皱纹
眼睛	眼角向上，眼角出现皱纹	睁大	一部分或全部闭上	睁大	稍变小，伴有眼球转动
鼻子	正常	鼻翼扩大	绷紧，稍稍变长	鼻翼扩大	向上，鼻根上出现皱纹，鼻翼倾向两边
嘴	嘴张开，上齿露出	向两边紧紧地张开，下齿露出	张开、扭曲	张开，情绪剧烈时大开而不闭	稍向上
嘴唇	唇角向后，上唇绷紧	唇角向下，下唇充满力量感	唇角向下，下唇颤动	唇角稍向下	唇角向下，下唇突出
下颚	下垂、颤动	有力地向前突起	下垂	固定（不变）	向上

（二）根据情绪发生的强烈程度和持续时间分类

根据情绪发生的强烈程度和持续时间，个体的情绪分为三种（见表 5-3）。

表 5-3　情绪的种类

种类	内容	特点	举例
心境	一种强度小、持续时间较长的情绪状态	强度小，时间长	旅客因家中变故而郁闷、心情不好，从而对服务人员不理不睬或态度恶劣
激情	一种强度大、持续时间短、有明显外部表现的爆发式的情绪状态	强度大，时间短	旅客因航班延误而与工作人员发生言语甚至肢体上的冲突
应激	由意外的紧迫与危险情况所引起的紧张情绪状态	非特异性的生理及心理反应	飞机发生剧烈颠簸时，旅客因受到惊吓而不敢动或惊恐大叫不能遏止

1. 心境

心境是一种强度较小、持续时间较长，且具有一定渲染性的常见情绪状态。它是人们内心世界的背景，每时每刻发生的心理事件都受这一情绪背景的影响。也就是说，当个体处于某种心境时，会以同样的情绪看待周围的事物。心境具有弥散性的特点，如"忧者见之则忧，喜者见之则喜"。工作成败、生活条件、健康状况等，都会对个体的心境产生不同程度的影响。心境的持续时间可能为几小时、几天甚至几个月。

积极乐观的心境容易使人热情自信、开朗主动；消极悲观的心境容易使人沮丧低落、焦虑不安甚至拒绝交往等。当旅客处于积极的心境时，民航服务人员的工作将更容易顺利开展；反之，处于消极心境的旅客，将会给服务工作增加一定的难度。

2. 激情

激情是一种强烈的、爆发性的、短暂的情绪状态。激情通常由对个体有重大意义的事件引起，具有指向性，并有明显的外部行为表现。积极的激情与理智、坚强意志相联系，能激励个体克服艰难险阻，是个体行为的巨大动力；消极的激情则可能产生不良后果，个体在激情状态下，认识范围狭窄，理智分析能力受到抑制，自控能力减弱，不能正确评价自己的行为后果。如航班延误时，有的旅客因行程计划受阻，急怒攻心之下，破坏机场的物品、殴打工作人员等就是消极激情带来的后果。

3. 应激

应激是个体对某种意外的环境刺激做出的适应性反应。应激通常由突发性事件引起，最直接的表现是精神高度紧张。应激的积极作用在于使个体具备特殊防御、排险机能，精力旺盛、激发活力、思维清晰准确、动作机敏，能够及时摆脱困境；消极作用在于会使个体的注意和知觉的范围缩小，言语不规则、不连贯，行为动作紊乱。

任务二 掌握影响旅客情绪变化的因素

人的情绪不仅影响、调节人的生理和身体状况，还调节、影响人的行为活动效果。积极的、强度适中的情绪对行为活动起促进作用，消极的情绪对行为活动更多地起阻碍作用。在民航服务中，旅客情绪的变化当然也会影响旅客的行为。

一、影响旅客情绪变化的具体因素

（一）服务因素

党的二十大报告指出：必须坚持守正创新。新征程上，人民对美好生活有了内涵更丰富、标准更高的要求，民航服务也必须谋创新才能谋未来。2021 年 1 月 29 日，交通运输部发布《关于服务构建新发展格局的指导意见》（以下简称《指导意见》），提出加快建设交通强国，支撑扩大内需战略，推动形成强大的国内市场，为构建新发展格局提供有力支撑保障，为全面建设社会主义现代化国家当好先行。在民航运输企业同质化竞争日益激烈的今天，服务决定民航企业的生存和发展，也是影响旅客情绪最重要的因素。民航服务包括功能服务和心理服务，即交通运输服务和服务前后的心理满足。因此，民航服务人员要做到让旅客满意，在整个服务流程，即从旅客购买机票时开始直到落地后的后续服务都应顺畅无阻，而且必须关注服务中的细节，做到细心、细致、细微地为旅客服务，让旅客同时获得功能服务和心理服务的满足。同时，《指导意见》中还提出鼓励具备条件的综合客运枢纽结合实际引入商贸、餐饮、购物、寄递服务等关联性消费产业。推进联运票务一站式服务，创新旅客联运产品，提升旅客联程运输水平。不断满足老年人、残疾人等群体需求，提高无障碍便利出行服务水平。因此，打造优质民航服务需多方形成合力，如果整个民航业服务环节有一处链条不能良性运转，就会影响旅客产生负面情绪，进而影响对整个服务流程的评价。

案例 5-1

"硬核技术"扎堆亮相 共同描绘未来机场美好愿景（节选）

长期以来，首都机场集团高度重视科技创新，确立了"4-1-4"技术创新工作思路，即聚焦四型机场，以技术创新推动四型机场标杆建设；打通一个链条，以"用"为主带动"产、学、研"，打通深度融合的创新链条；推进四大创新，创新技术体系、创新产品产业、创新生态建设、创新制度机制。首都机场集团公司总经理表示："现阶段，首都机场集团既要确保安全运营，又要在困难中谋发展，同时还须推进民航高质量发展，开拓机场更广阔的前景。因此，首都机场集团第一届四型机场技术创新大会应运而生。我们希望以此次大会为契机，汇聚民航内外各行业、各领域的创新力量，实现供给侧与需求侧有效对接，共同推动四型机场标杆建设。"

2020年10月10日10时10分，首都机场集团第一届四型机场技术创新大会在云端准时开幕。大会网站主页的很大部分都留给了企业展示平台。从云机场到云发布，从旅客值机到提取行李，从日益密切的技术合作到不断完善的成果共享，中国民航先进的技术成果在这一平台上得到了充分展现。

智能资源管理系统是首都机场拥有的完全自主知识产权，运用定制化的人工智能算法，实现对机场的机位、登机口、值机柜台和行李转盘等进行智能化统一管理、分配和发布的全新系统。该系统将航班机位分配的操作时间由5个多小时缩短至不到3分钟，旅客廊桥使用率提升3%～5%，相当于每天增加2万余名旅客使用廊桥进港，平均每位旅客的进港时间缩短10～15分钟；值机柜台和行李转盘可实现全自动分配，无须人工干预。该系统实现了"机器为主、人工为辅"的智能化资源分配，大幅提升了机场资源管理的智慧化水平。

"One ID"这项技术最近在民航业内很火，在本次大会上成功吸引了很多人的注意。"One ID"即旅客只要看一眼屏幕，不需要拿出身份证，就可以快速通关。前不久，北京大兴国际机场完成了"One ID"通关产品线上测试。大兴机场在值机、行李托运、安检、登机等环节均采用自助化硬件设备，实现出港全流程"刷脸"无障碍。北京大兴国际机场的"无纸化出行"产品创下了四项国内首次纪录，并助大兴国际机场获得了 IA-TA（国际航空运输协会）"便捷旅行"项目最高认证——白金标识。

除了已在民航行业实现的高科技应用外，许多新研发的、可在民航领域广泛使用的科技产品也在此次大会上进行了展示，让人眼前一亮。近几年，智能机器人越来越多地出现在人们的生活中。此次创新大会上，京东数科 AI 虚拟数字人"京东小可"也参加了会议。"京东小可"不是一个普通的机器人，它是京东数科开发的高度还原真人形象的 AI 虚拟数字人。在 AI 算法的驱动下，只需输入文本内容，"京东小可"就能根据语义实时进行主持，且表情、动作和语音表达非常自然逼真。在民航领域，"京东小可"将有很多应用空间。此外，京东之家入驻大兴国际机场，智能摄像头、智能 LED 屏等新科技设备，都让旅客零距离感受"零售黑科技"。

RFID（射频识别）行李跟踪系统、5G 自动驾驶、5G 滑行引导、5G 无人机空管……在云展馆平台上，近百项先进技术及设备纷纷亮相。轻点鼠标游走期间，仿佛置身于一个个智能机场场景中，虚拟与现实的完美融合，给人一种身临其境的观看体验。

资料来源："硬核技术"扎堆亮相 共同描绘未来机场美好愿景 . 中国民航网，2020 - 10 - 13.

（二）服务环境因素

环境因素对个体的情绪影响是不可忽视的。例如：拥挤的人群常会使人感到紧张、烦躁；灰蒙蒙的天空会使人感到压抑、郁闷；荒山野岭会使人感到凄凉，而青山绿水则会使人感到轻松愉快。能够影响民航旅客情绪的环境因素主要是服务环境因素。民航服务环境是指整个民航服务流程中，服务氛围给旅客带来感觉上的美感和心理上的满足感，包括民航服务过程中旅客可以看到、感受到的各种硬件环境和服务人员的服务等。例如：机场的布局、装饰装潢、设计、设备设施，飞机内部的温度、色彩、灯光，乘务员的制服等。

很多旅客认为与其他交通工具相比，乘坐飞机舒适、便捷，可以享受更高级的服务，但如果没有良好的服务环境，舒适、便捷、高端的服务就无从谈起。因此，从旅客购票开始直至旅客安全到达目的地，服务环境都不容忽视。除了机场和客舱环境外，其他环节（如电话或网络购票服务、机场大巴服务、登机服务等）的服务环境都必须做到整洁、美观、有序、安全。

（三）旅客的需要

民航服务的本质就是要满足旅客的需要。不同的旅客会有不同的需要，需要是情绪产生的主观前提。当需要得到满足时，旅客自然就会产生积极的情绪；反之，则会产生消极的情绪。这就需要民航服务人员能够及时了解旅客的需要，根据旅客的需要来为他们提供服务。具体内容可参考本书项目二相关内容。

（四） 旅客自身的因素

旅客自身的因素除性格、气质会对其情绪产生影响之外，同样会产生影响的还有认知因素。在相同的情境下，如果个体做出的认知评价不同，就会产生不同的情绪体验。例如：某航班延误时间较长而航空公司或机场未能给出合理的解释和赔偿，此时一部分旅客的情绪相对来说较为平静，选择听从安排或换乘其他航班，因为他们认为航班延误属于正常现象，继续纠缠只会更耽误时间，不如想办法早一点飞往目的地；而另一部分旅客的情绪会较为激动，他们认为自己有知情权并应获得赔偿，在相关部门未能给出说法和合理的安排之前，会拒绝登机。认知的不同导致出现了两种不同的表现，而两种不同的表现都是合理的，这就需要民航服务人员根据旅客的情绪，细心地做好服务工作，尤其是解释和善后工作。

此外，旅客可能会因身体状况不佳、自身情绪低落或情绪激动、饮酒过度等其他一些因素而导致情绪问题，需要民航服务人员细心观察，区别对待。例如：对待身体不适的旅客，民航服务人员在服务过程中应使其感到舒服和温暖，若旅客的身体不适是由于乘机而造成的，如耳鸣、晕机等，那么民航服务人员应该向旅客介绍一些缓解的方法，为旅客提供应对措施；对待本来就情绪低落的旅客，民航服务人员应在做好常规服务的基础上，尽量不要打扰他们，或者根据自己的观察和判断，在适当的时候给予适当的安慰，使其感受到服务的温暖；对待本来就情绪激动或饮酒过度的旅客，民航服务人员应根据自己的观察或判断，掌握提供服务的节奏或根据情况及时请求其他工作人员协助。

📄 案例 5 - 2

泰航客机起飞惊险时刻：外籍旅客打开机舱门欲下飞机

2024 年 2 月 7 日晚，一名网友在社交媒体平台发帖称泰国国际航空原定于当晚 9 时 5 分从清迈机场起飞的 TG121 清迈—曼谷（素万那普）航班发生了意外事件。据称，一位外国乘客在飞机起飞时惊吓过度，突然起身打开了飞机舱门，导致飞机在跑道上停滞，造成其他航班的延误。

此事件造成部分航班不得不降落等待。至于发生问题的飞机，已返回停机坪，并计划于凌晨重新起飞前往素万那普机场。

泰国航空于 2 月 8 日在其社交媒体发布了对 2 月 7 日清迈至曼谷航线 TG121 航班情况的澄清：该航班由一架空客 A320 飞机执飞，当时飞机正在跑道上等待起飞。然而，一名乘客因惊吓过度打开了飞机舱门，导致飞机暂停运行。技术人员按照安全标准进行检查和修缮后，该航班的乘客、飞行员和机组人员于 2 月 8 日凌晨 0 时 34 分安全起飞。

警方已将涉案人员拘留，其行为可能会导致多项指控，并且他可能需要对航空公司造成的干扰进行赔偿。

资料来源：泰航客机起飞惊险时刻：外籍旅客打开机舱门欲下飞机．民航资源网，2024-02-08．

二、旅客消极情绪的调节方法

民航服务企业希望实现满足旅客需要的服务目标，但受到方方面面的条件限制和影响，绝对的完美无瑕是难以保证的，有时不可避免地会出现服务纰漏，导致旅客产生消极情绪。心理学理论认为，当一个人因为自己的需要未能满足或者遇到不顺心的事情而产生挫折感时，可以采用替代、补偿、合理化、宣泄等方式进行心理调节。因此，为旅客提供补救服务可以一定程度上调节旅客的消极情绪。这里简单介绍两种调节方法。

（一）替代补偿法

替代是指个体在不能以特定的对象或特定的方式来满足自己的欲望、表达自己的感情时，改用其他的对象或方式来使自己得到一种"替代的"满足或表达，用来减轻或消除自己挫折感的心理调节方法。补偿是指个体在某一方面的需要无法获得满足而产生挫折感时，在其他方面寻求更多的满足，使自己得到补偿的心理调节方法。俗话说的"失之东隅，收之桑榆"就是对替代补偿法的最好诠释。当旅客在民航服务中因服务需要不被满足而产生消极情绪时，民航服务人员应让旅客得到某种"替代的"满足或得到某种应有的补偿，从而使旅客的心理得到调节。如航班延误时，有些航空公司会给旅客免费提供食品、饮料、电话卡、上网卡，或者协助旅客进行改签，让旅客得到补偿或替代服务，缓和其不满情绪。

（二）注意力转移法

注意力转移法是指将注意力从产生消极、否定情绪的活动或事物上转移到能产生积极、肯定情绪的活动或事物上来。当旅客出现情绪不佳的情况时，民航服务人员应引导旅客将注意力转移到其他有趣的事物上去，这有助于旅客平复情绪，在活动中寻找到新的快乐。这种方法，一方面中止了不良刺激源的作用，防止不良情绪的泛化、蔓延；另一方面，旅客通过参与新的活动特别是感兴趣的活动，可以达到增进积极的情绪体验的目的。

📖 **案例 5-3**

让旅客看着除冰雪直播等飞机

2023 年 12 月 11 日，北京大兴国际机场（以下简称大兴机场）圆满完成 2023 年首次降雪天气保障任务。来往的旅客可在值机大厅的航显屏幕上清晰地看到大兴机场各处除冰雪保障工作及楼前出租车排队的实况直播，有效缓解了候机时的焦虑情绪。

大兴机场首次直播利用了航站楼 4 层值机大厅 F 岛岛头现有的 4 块航显屏幕，并借助大兴机场航显及相关视频系统，在不增加现场设备资源的情况下，实现了保障现场画面的实时播放。同时，为贴合旅客出行习惯，大兴机场保留了航班信息提示及宣传展示功能，实现了直播、航班信息提示及宣传等内容的灵活切换。

旅客可通过直播直观了解大兴机场在特殊天气情况下各一线服务保障工作的开展及机场运行情况，从而缓解特殊天气情况下因航班延误而产生的焦虑情绪。这一做法可以拉近机场运行与旅客间的距离，是大兴机场建设人文机场、践行真情服务理念的又一人性化措施。

未来，大兴机场将进一步优化直播系统，将视频直播服务应用于大兴机场航站楼及城市航站楼等更多区域，并深化功能设计，加入相关信息提示等功能，努力为旅客提供更加优质的出行服务。

上述案例中，机场利用现代化技术手段直播的方法，使旅客可以直观了解机场在特殊天气情况下各一线服务保障工作的开展及机场运行情况，从而缓解旅客在特殊天气情况下因航班延误而产生的焦虑情绪，拉近机场运行与旅客间的距离。

 案例分析应用

双向奔赴里的善意 华夏航空真情服务获旅客点赞

"早上接到电话就订了最早的飞机回去，结果还是没赶上最后一面，当时在飞机上控制不住情绪，身体有点应激，就找了机组的空姐。空姐们不仅安慰我，临下机时还给我塞了自己写的信，真的特别特别感谢华夏航空。"旅客胡女士在社交媒体点赞华夏航空服务。

10 月 30 日，G52721 重庆—永州—海口航班，从永州起飞后在餐饮服务阶段，男乘务员王科告知有旅客想找女乘务员，听到信息后，乘务员秦钰臻随即上前询问有什么可以帮助，旅客听到询问后一抬头，秦钰臻发现她很伤心地在哭，并表示身体有些不舒服，心里太难过，担心有应激反应会晕倒，所以提前告知。

考虑当时旅客位于客舱中部，来回上洗手间走动的人较多，旁边也有其他旅客，秦钰臻便询问旅客是否愿意到稍微安静一点的位置说说话。征得同意后，秦钰臻就协助旅客提包坐到了最后一排靠窗的位置。

"当天是准备回去见爷爷最后一面的，没想到在中转的时候就收到家人信息，说爷爷已经去世，心情一下子就特别难过。"旅客告诉乘务员秦钰臻。梳理情况后，秦钰臻通过话机将情况报告乘务长。

秦钰臻坐在旅客旁边对其进行安慰后，看到她哭得更厉害了，就想稍微转移一下她的注意力，询问后得知旅客因为心里很难过，从早上到现在都没有吃东西。秦钰臻马上起身把飞机上能提供的食物送给旅客，然后坐到旁边和她聊了聊。

"观察旅客情绪稍微平稳后，她说想自己待会儿，我说可以按呼唤铃随时叫我们，想到通过手写卡片向旅客表达安慰，于是回到后舱写了卡片，下飞机前送给她时，旅客主动要求抱一抱，说今天是她的生日，那一刻心里特别触动。"乘务员秦钰臻说道。

与此同时，机上服务程序结束，乘务长刘雅琴也走到后舱安抚旅客，旅客表示很难过，安慰她会更难过，乘务长便在旅客旁坐了一会儿，之后就悄悄离开回到服务间。

"因为怕当面说太多会让旅客心情更难过，就想通过写信的方式表达安慰。落地后送客期间把那封信交给了旅客，旅客说想要抱一抱，抱我的时候告诉我，今天是她的生日，谢谢乘务组的安慰，也祝我们身体健康，听到这句话的时候心里很难过。"乘务长刘雅琴回忆当时的场景。

航班落地后，乘务员秦钰臻和乘务长刘雅琴交流了机上情况，才知道不约而同地手写卡片（见图 5-1）安慰旅客。

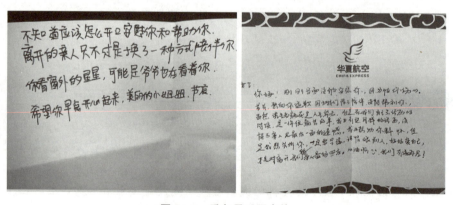

图 5-1　乘务员手写卡片

11 月 1 日，旅客将这一细节发至社交媒体，网友纷纷留言评论："还是手写的信，真是超级温暖了！""这就是人文关怀，女孩儿们真棒！""真的有人关心你的感觉好好，而且察觉你的情绪。"

华夏航空方面表示，在细微之处更加用心，把想到的多做"一点点"。华夏航空始终相信与旅客的这份惺惺相惜和相互尊重，会是服务中最触动人心的善意与温暖。这次的服务仅仅是华夏航空众多服务细节中的一个缩影，华夏人将始终秉承真情服务理念，立足平凡岗位，以精雕细琢的精神，做好每一件事，以行动践行初心使命。

资料来源：双向奔赴里的善意 华夏航空真情服务获旅客点赞. 中国民航网，2023-11-03.

■ 案例情景要点

1. 因至亲去世的旅客情绪激动，担心自己产生应激反应会晕倒，寻求乘务员的帮助。

2. 乘务员了解情况后，帮旅客调整到安静的位置，对旅客进行安慰，知道旅客已经长时间未进食后，贴心地为旅客拿取食物。

3. 乘务长收到乘务员的情况汇报后，也对旅客进行了陪同和安抚。

4. 乘务长和乘务员不约而同地把温暖的安慰话语写在了纸上交给旅客。

5. 该旅客下机前告诉了她们，当天是自己生日，并主动要求与她们拥抱。

6. 事后，该旅客充满感激地在社交媒体上点赞华夏航空的服务。

■ 理论应用

1. 在民航服务中，旅客的情绪变化会影响旅客的行为。要让旅客满意，在整个服务流程中，民航服务人员必须关注服务中的细节，做到细心、细致、细微地为旅客提供服务，让旅客同时获得功能服务和心理服务的满足。

2. 不同的旅客会有不同的需要。需要是情绪产生的主观前提，需要得不到满足，旅客就会产生消极情绪。民航服务人员应及时了解旅客的需要，根据旅客的需要来提供服务。

3. 根据旅客的不同情绪状态，民航服务人员应做好观察或判断，掌握提供服务的节奏和方式，使旅客感受到服务的温暖。如案例中的乘务员和乘务长适时的陪同安慰、送上食物、手写纸条和下机前的拥抱都恰如其分地让旅客感受到了关怀和照顾。

4. 民航业应认真学习贯彻落实党的二十大精神，始终坚持"以人民为中心"的发展理念，践行"真情服务"的工作要求，致力于不断提升服务品质，让人民群众对民航服务有更多的安全感、获得感和幸福感。

■ 头脑风暴

航班服务中，除了在旅客情绪不佳时进行安慰和支持外，你觉得乘务员在客舱服务有限的资源中可以采用哪些方式缓解旅客的情绪？

实训练习

一、学习总结

1. 用至少 10 个词总结本项目令你印象深刻的学习收获（包括但不限于学习到的理论

知识、案例体会、行业信息等）。

2. 请绘制本项目学习内容的思维导图。

二、实训任务——为服务流程"体检"

提前收集并整理旅客从开始订机票到航班落地离开机场的整个服务流程包含的所有服务环节及相关资料，分组进行头脑风暴，讨论各个环节中可能导致旅客产生消极情绪的"疾病"点，并提出可能的解决办法，然后用表格形式按顺序将服务环节罗列出来，再填上对应的"疾病"点以及解决办法，可参考示例（见表5-4），完成后各组交换答案讨论并互评。

表5-4　为服务流程"体检"

序号	服务环节	"疾病"点	可能导致的旅客消极情绪	解决办法
1	机场大巴	大巴到达乘车站点的时间不明确	焦虑、紧张、急躁	在各站点醒目位置张贴机场大巴乘车时刻表、在机场大巴的相关服务App上提供乘车时刻表查询服务
...	...	...	...	...
5	机场问询台	服务人员不能准确说出某航空公司值机柜台的具体位置	失望、急躁、厌恶	在机场问询处配备机场内各服务单位的导览图；服务人员加强业务培训

任务思考：民航服务人员可以从哪些方面努力来避免旅客产生消极情绪？

三、思考实践

1. 思考题

（1）什么是情绪？

（2）情绪有哪几种类型？

（3）影响旅客情绪的因素有哪些？请举例说明。

（4）民航服务人员应如何调节旅客的不良情绪？

2. 案例题

扬泰机场春运服务再升级 守护旅客回家路（节选）

根据预测，2024 年，扬州泰州国际机场（以下简称扬泰机场）春运预计运送旅客 42.5 万人次。面对如此庞大的客流量，扬泰机场积极应对，采取一系列措施来保障旅客的出行体验。尤其是五"心"服务——"随心""舒心""顺心""贴心""安心"，不仅提高了机场的服务效率，而且让旅客在出行时充分感受到了家的温暖。

为了满足旅客多样化的出行需求，扬泰机场从 1 月 26 日起新增深圳、兰州、太原等多条航线，并加密深圳、福州、长春、揭阳等热门航线的航班频次。后续机场计划引进深航、南航等航空公司的过夜运力，以恢复早班深圳、广州航线，换季后还将恢复三亚、西双版纳等旅游航线，进一步丰富旅客的出行选择。

在航班保障方面，扬泰机场将国内航班截载时间缩短至航班计划起飞前的 35 分钟，登机口关闭时间也做出相应调整，减少旅客因等待时间过长而产生的焦虑和不适，有效提升了航班准点率和旅客满意度。扬泰机场开展了"情满旅途，护航春运"志愿服务活动，志愿者们身着统一服装，在候机楼内为来往旅客提供问询导乘、分流指引、行李运送和照顾老幼等便民服务，使旅客出行更加顺畅无阻。

为深入打造"暖洋扬，泰贴心"服务品牌，扬泰机场发布了一系列服务举措。

针对孕妇旅客，扬泰机场推出特色产品"妈妈爱心贴"，为其提供优先值机、优先安检、优先登机等便利，还在候机区域设置了专门的休息区，为孕妇提供舒适的休息环境。针对无陪儿童旅客，扬泰机场提供"可视化登机服务"。在值机、安检、登机等各个环节，机场工作人员会全程陪伴并照顾无陪儿童，记录其从"家门到舱门"的全过程，以缓解家长对孩子独自乘机的担忧与焦虑。

针对首次乘机的旅客，扬泰机场推出了"首乘"引导服务。机场工作人员会全程协助"首乘"旅客办理值机手续，安排其快速安检、优先登机、提取行李等。此外，扬泰机场增设停车场引导维序人员，为残疾人、无陪老人等行动不便的人群提供协助停车等帮扶工作。一站式的服务举措，从细节入手入脑入心，让旅客充分感受到了浓浓的"人情味"。

作为智慧机场建设的重要一环，扬泰机场在"安心"服务方面不断引入新技术，努力提升旅客的出行体验。

春运首日，机场航站楼便全新上线"行李智能测量机"，以贯彻落实民航局"三超"行李进客舱专项行动。这款智能设备能够在短短5秒钟内准确测量旅客的随身行李尺寸和重量，判断其是否符合航空公司的随身行李规定。利用这一技术，旅客能及时了解自己的行李情况，避免因超出航空公司上机规定而在登机口被拦下。

龙年新年首日，机场航站楼更是增加了"小飞"实体机器人。这款可爱的机器人不仅可以为旅客提供航站楼内的导航、问询等基本服务，而且能参与对对联、猜灯谜、有奖问答等现场互动活动。在现场旅客的一阵叫好中，"小飞"展示了唱歌、跳舞等才艺，并为旅客送上新年祝福。旅客通过与机器人的互动，既享受到了科技带来的便捷，又感受到了机场的温馨与关怀。

紧紧围绕"人文机场"建设，扬泰机场不但在技术和服务上创新，更是在人文关怀上下足了功夫。

扬泰机场在航站楼内精心布置，营造了温馨祥和、忙而有序的春运氛围。走进航站楼，映入眼帘的便是悬挂在问询柜台、值机柜台、候机区休息大厅的拉花、贴纸和红灯笼等充满年味的装饰品，让旅客瞬间感受春节的喜庆祥和。而在航站楼的城市书房，机场更是别出心裁地布置出"新年角"，为旅客提供一个可以静心阅读、感受文化气息的休闲空间。

值得一提的是，扬泰机场大力助推非遗文化，在航站楼城市书房举办了第六届年画展暨"福满旅途迎新春"志愿活动。来自扬州市的书法名家及非遗雕版印刷家为旅客和机场职工带来了丰富多彩的非遗互动展示。红彤彤的年画、精湛的书法技艺、古老的雕版印刷术，使传统文化与现代航空旅行相结合，为旅客归途更添一份独特的文化韵味。

资料来源：扬泰机场春运服务再升级 守护旅客回家路．中国民航网，2024-02-26.

问题：扬泰机场的春运服务体现了哪些影响旅客情绪的因素？

3. 问答题

从前，有一位老奶奶，她有两个儿子，大儿子卖雨伞，小儿子卖布鞋。天一下雨，老奶奶就发愁说："哎！下雨了，我小儿子的布鞋还怎么卖呀！"天晴了，太阳出来了，老奶奶还是发愁说："哎！看这个大晴天，哪还会有人来买我大儿子的伞呀！"就这样，老奶奶一天到晚老是愁眉不展，吃不下饭，睡不好觉。邻居见她一天天憔悴下去，便对她说："……"老奶奶一想，也对！从此以后，老奶奶就不再发愁了。

根据情绪发生的强烈程度和持续时间，老奶奶的情绪属于哪一种状态？你觉得邻居说了什么让老奶奶不再发愁？

4. 讨论题

航班上有旅客因气流颠簸非常恐惧，脸色发白，手脚发抖，一直冒冷汗等，你觉得乘务员可以怎样安抚他的情绪？

5. 视频题

请观看电影《中国机长》，分析机组人员在安抚旅客情绪时，运用到了本项目所学的哪些知识。

四、拓展阅读

服务人员最惹顾客生气的行为是什么？

根据《华尔街日报》的一项调查，当问及服务人员最惹顾客生气的行为是什么，约1 000位顾客毫不费力地说出了他们主要的抱怨。顾客最常提到的答案如下：

1. 服务人员说他们会在某一特定时间出现，但他们完全没有出现；

2. 服务技能不精通；

3. 当有顾客等待时，接待人员仍然打着他们的私人电话；

4. 用"这不属于我们部门的事"一句话把顾客打发走；

5. 反驳顾客的意见；

6. 不能解释产品如何使用。

在《服务在美国》这本书中，最惹恼顾客的服务人员行为反映了相似的主题。这些令人讨厌的行为分成七类：

1. 漠不关心；

2. 打发走；

3. 冷淡；

4. 摆出一副恩赐的态度；

5. 动作机械；

6. 死守规章制度；

7. "踢皮球"。

资料来源：K. 道格拉斯·霍夫曼，约翰·E. G. 彼得森. 服务营销精要［M］. 胡介埙，译. 大连：东北财经大学出版社，2009.

项目六
民航旅客的态度

【课前导读】

本项目主要介绍了态度、态度与行为的关系、服务交往中的态度转变等知识。通过学习这部分内容，学习者能明确态度在民航服务交往中的重要作用，民航服务人员不仅要注重自身的态度，还要学会转变旅客态度的策略。

【学习目标】

1. 了解和掌握态度的构成。
2. 了解态度的作用、特点和形成。
3. 掌握态度与行为的关系。
4. 掌握影响态度转变的因素。
5. 熟悉和掌握转变旅客态度的策略。

案例导入

温州机场春运故事："说真的，我这耳环十几万，丢了很可惜……"

近日，温州机场安检护卫部旅检科吕鸥平收到了旅客寄来的一封感谢信和一面锦旗，锦旗上写着："廉明高效，热心服务"。说到这封信和这面锦旗的由来，故事就得追溯到几日前的一只钻石耳环。这只钻石耳环，见证了吕鸥平对旅客的真情服务与温暖相助。

"我的耳环不知道是落在家里还是落安检通道了。"1月26日，旅客钟女士在完成安检收拾行李时，发现自己的一对钻石耳环不见了一只，她一时间无法确定耳环是落在家中还是丢在了安检通道，便与吕鸥平随口一说。

"您先赶飞机，耳环我来帮您找"，吕鸥平回应道，并立即查看监控录像，还在关闭通道后查找安检区域的每一个角落和缝隙。由于钻石耳环比较小，因此很难搜索。但吕鸥平并没有敷衍放弃，一遍找不到他就找第二遍，第二遍找不到就第三遍，终于在通道玻璃墙和微型消防站之间的缝隙里找到了钟女士的钻石耳环。

在找到钻石耳环后，吕鸥平立刻联系了钟女士，在沟通中得知耳环的价格十分昂贵。"说真的，我这耳环十几万，丢了很可惜。自己又比较迷糊不确定有没有从家里带出来，本来以为你们只会随便找找的，没想到我这耳环真的被找回来了，真的太感谢你了！"电话里的钟女士连声感谢。

原本双方商量通过快递方式将耳环寄回给钟女士，但是吕鸥平觉得钻石耳环比较昂贵，快递有遗失的风险。在得知钟女士第二日会乘机回温州后，吕鸥平便约定了第二天晚上等钟女士抵达温州机场后将耳环亲手交给她。

其实第二天是吕鸥平的休班时间，但为了安全地物归原主，他还是提前赶到机场等待钟女士。

不巧的是，钟女士的航班延误了，抵达温州已是夜里12点多，吕鸥平却一直坚持在公安值班室里等待钟女士，并当面把耳环交还给钟女士。钟女士在收到耳环后感动万分，想送现金却被拒绝，便特意寄来感谢信和锦旗表明心意。

资料来源：温州机场春运故事. 中国民航网，2024-02-19.

由上述材料可见，在日常的生活和工作中，态度对人们的行为有着深刻的影响。人们对工作的反应以及对工作的喜爱程度，都或多或少与态度有关。同样，人们对服务产品的选择及评价，不仅受知觉、动机和兴趣等心理因素的影响，还会受到对服务产品、服务人员持有的态度的影响。显然，在民航服务过程中，旅客的态度是影响其选择和评价服务的重要心理因素之一。同时，不管是旅客的态度还是民航服务人员的态度，都会对服务过程产生直接的影响。因此，了解态度的特点、影响和转变态度的条件等，对于提升民航服务的质量有着重要意义。

任务一　了解态度

一、态度的含义及其构成

态度一词的出现，最早可以追溯到 18 世纪的西方文学作品中，但直到 19 世纪 60 年代才被引入心理学。态度是个体对待他人或事物的稳定的心理倾向。个体的态度是在适应环境的过程中形成的。人们生活在社会中，由于个性、生活条件、周围环境、教育、文化等方面的差异，对社会上的各种事物必然产生不同的看法，这些看法用赞成或不赞成的方式连续表现出来，就形成了不同的态度。日常生活中，我们常常听到这样的话："他们的服务态度太差了，下次不来了""这家的设施不行，服务也不好"等。这就是人们对所面对的人或事物做出的行为反应的心理倾向，即态度。

从构成看，态度主要包括三种成分，即认知成分、情感成分和意向成分。

（一）认知成分

认知成分是个体对态度对象的知觉、理解、判断和评价，即通常所说的印象。认知成分是态度形成的基础。态度的形成首先要有其特定的认知对象，认知对象既可以是人、物，也可以是某一事件或代表具体事物本质的抽象概念。例如：对某航空公司的态度、对某种服务方式的态度等。

（二）情感成分

情感成分是个体在评价基础上对态度对象产生的情感反应或情感体验。它是态度的核心并和人们的行为紧密联系，如是否喜欢某个航空公司、某个服务项目或某个民航服务人员等。

（三）意向成分

意向成分是个体对态度对象以某种方式行动的倾向。意向成分不是行为，而是行动之前的思想倾向，即行为的准备状态。意向取决于认知与情感，如想订某航空公司的机票、想坐头等舱等。意向是需要向行为动机转化的中间环节。

在态度的三种成分中，认知成分是基础。由认知成分所形成的对事物的印象和观点，不仅是人们了解和判断事物的依据，也是形成人们对对象的情感体验、决定人们行为意向的基础。态度中的情感成分占有极其重要的地位，对态度有调节作用。当个体的认知固定下来，演变为一种情绪体验时，它将会长期地支配个体。我们常说"情人眼里出西施"，其实就是情感调节认知的例证。正因为态度包含情感成分，它涉及个体内在的心理结构，所以，改变情感要比改变认知困难得多。认知和情感产生后不会局限于内心，总是会向外显示支配行为，从而产生一种潜在的行为倾向。这种潜在的行为倾向，表现为行为的准备状态和持续状态，就是意向因素。意向因素具有外显性，它制约了人们对某一事物的行为方向，因此意向成分是可以测量的，并可以进而推测到态度的认知成分和情感成分。

态度是人们的一种内心的心理体验，因此它不能直接被观察到，只能通过人们的语言、表情、动作表现等进行判断。例如：旅客对航空公司的服务感到满意，常常表现为温和、友好、礼貌、赞赏等；如果旅客不满意，就可能表现出烦躁、易怒，容易发生冲突。在民航服务中，如果发生旅客投诉或产生矛盾、冲突，民航服务人员在查找原因时不能仅仅着眼于当前具体事件上，很可能这只是旅客不满意态度的一个表现而已。

二、态度的作用与特点

（一）态度的作用

态度对一个人的心理和行为的影响是多方面的，主要体现在以下几点。

1. 决定对外界影响的判断和选择

人们在生活条件、教育、文化、个性等方面都存在一定的差异，这种差异使人们对社会上各种事物的看法不同，并表现出各自的认知和行为模式。国外的心理学家曾经做过实验，将 A 和 B 两所大学校足球队的比赛录像分别放给两校的学生观看，结果 A 大学的学生发现 B 大学球队犯规次数是裁判指出的犯规次数的两倍，而 B 大学学生则指出 A 大学球队多次犯规而未受罚。造成这种判断偏差的原因在于两校学生在观看比赛时的态度，他们各自站在维护学校荣誉的立场，都期望本校球队获胜。

2. 对个体的行为具有指导性和动力性的影响

态度形成以后，又会反过来帮助个体更好地适应环境。在社会生活中，态度对个体的学习效果和工作效率的影响是非常大的。如果一个人对某项活动感兴趣，在参与时就会采取认真、积极的态度，能够更好地感受和理解其中的内容；反之，如果个体对该项活动不感兴趣，就会以敷衍、消极的态度应对，效果就会不理想。

3. 调控个体对外界刺激做出的反应

一个人如果对自己所属的群体有认同感、荣辱感、责任感，并被激发效忠态度，就会表现出巨大的能量和惊人的耐力。如果一名乘务员对自己所在的航空公司有很高的认同感和效忠心，那么他的挫折忍耐力就会比较强，工作中就比较能吃苦，而且遇到困难时会积极主动地想办法克服。

（二）态度的特点

人们的态度一旦形成，通常具备以下特点。

1. 对象性

态度必须指向一定的对象，若没有对象，就谈不上态度。态度是针对某一对象而产生的，具有主体和客体的相对关系。人们做任何事情时，都会形成某种态度，在谈到某一态度时，就会涉及某一对象，如对某个机场的印象如何、对民航服务人员有什么看法等。没有对象的态度是不存在的。

2. 社会性

态度是个体通过学习获得的，不是生来就有的。态度不是本能行为，虽然本能行为也有倾向性，但这是个体无须学习就拥有的；而态度不是遗传来的，是后天获得的。例如：旅客对航空公司的态度，是他自己在接受服务的过程中亲身观察、体验得来的，或是他通过广告宣传、其他客人的评价等形成的。

3. 内隐性

态度是一种内在结构。一个人究竟具有什么样的态度，我们只能从他的外显行为中加以推测。例如：一个员工在业余时间里总是抱着各种专业书在看，那么我们可以从他的行为来推测他对学习抱着积极的态度。

4. 稳定性与可变性

稳定性是指态度形成后可以保持相当长的时间不变。态度是个性的有机组成部分，它使个体在行为反应上表现出一定的规律性。例如：民航服务中的"回头客"的多少反映了旅客对民航服务的态度。长期稳定的肯定态度是经常光顾的旅客的重要心理因素。

当然，态度并非一成不变，当各种主客观因素发生变化时，态度也会随之改变。如果在服务过程中，如因某些新来的民航服务人员对旅客的态度不够热情友好，或服务项目发生了变化，旅客不太接受，旅客就会改变原来积极肯定的态度，而产生消极不满的情绪，不再是"回头客"。

5. 价值性

态度的核心是价值。价值是指作为态度的对象对个体所具有的意义。个体对于某个事物所具有的态度取决于该事物对个体的意义的大小，也就是事物所具有的价值大小。事物的主要价值有六种：理论价值、实用价值、审美价值、社会价值、权力价值和宗教价值。

事物对个体的价值大小，一方面取决于事物本身，另一方面受到个体的需要、兴趣、爱好、动机、性格、信念等因素的制约。同样一件事，由于个体的价值观不同，因而产生不同的态度。为此，对能满足个人需要、符合兴趣爱好、与价值观念相符的事物，个体会产生积极的态度；反之，则会产生消极的态度。

6. 调整性

态度的一个重要特点就是它具有调整功能。调整是指个体在社会奖惩或亲朋意见及榜样示范作用下改变自己态度的情况。这种功能有助于人们在心理上适应新的或困难的处境，使自己不必亲身经历或付出代价而达到态度的转变。

三、态度的形成

态度的形成与一个人的社会化过程是一致的。例如：父母的言行举止以及对孩子的要求和期望，往往对孩子形成某种固定的行为习惯具有决定性意义，从而使其按照一定的规范形成自己对待各种事物的态度。

心理学家认为，态度形成后，个体便具有了种种特有的内在心理结构，这种结构使个体行为产生一定的倾向性。如果形成的态度是正确的，它会促使个体与外界保持平衡；反之，则会阻碍个体在社会上的适应性。个体总是根据自己已经形成的态度来对待他人、自己以及社会生活中的其他事物，从而对外界的影响表现为接受或拒绝。例如：有的旅客形成了"顾客就是上帝"的态度后，就会觉得不管何时何地，民航服务人员都要无条件地满足旅客的要求，一旦遭到拒绝，就会理所当然地认为是民航服务人员做得不好，甚至对他们恶语相向。

态度不是与生俱来的，而是在后天的生活环境中，通过自身社会化的过程逐渐形成的。在这个过程中，影响态度形成的因素主要有以下几个。

（一）欲望

态度的形成往往与个体的欲望有着密切的关系。实验证明，凡是能够满足个体欲望或能帮助个体达到目标的对象，都能使个体产生满意的态度；反之，对于那些阻碍目标，或使欲望受到挫折的对象，都会使个体产生厌恶的态度。这实际上是一种交替学习的过程，它说明欲望的满足总是与良好的态度相联系。例如：在民航服务中，民航服务人员能够按照旅客的意愿提供服务，旅客就会感到满意，也愿意再次购买民航服务；反之，就会产生负面态度。这说明态度中的情感和意向成分与欲望的满足有着密切的关系。

（二）知识

态度中的认知成分与个体的知识密切相关。个体对某些对象态度的形成，受其对该对象认知程度的影响。例如：有的旅客具有航班起降条件要求的知识，当航班因条件限制不能按时起飞时，能保持冷静等待的态度；而有些不具备相关知识的旅客就会质疑为什么同一时间别的航班起飞了，自己所乘坐的航班却延误。这说明态度的形成与知识背景有关。但是，并不是说态度的形成，仅受知识的影响。

（三）个体的经验

个体的经验往往与其态度的形成有着密切的联系。生活实践证明，很多态度是由于经验的积累与分化而慢慢形成的。例如：四川人喜欢吃辣椒、山东人喜欢吃大葱的习惯，就是由于长期的经验而形成的一种习惯性态度。当然有时也会出现只经过一次戏剧性的经验就构成了某种态度，如经历过航班迫降或强烈颠簸的旅客很可能从此对乘坐飞机形成惧怕的态度。

任务二 掌握态度与行为的关系

个体和社会都是复杂的，态度与行为之间也不总是表现为简单的一一对应的关系，很多情况下，态度与行为是不一致的。

一、态度与行为一致

传统的心理学观点认为态度与行为一致，个体有什么样的态度，就会做出对应的行为。态度是行为的准备状态，因而既可以通过态度来预测行为，又可以根据个体的行为表现来推断其态度和心理需要。在民航服务中，民航服务人员对工作持有积极态度，其必然会在为旅客提供服务时转化为积极的行为，主动热情地为旅客服务，形成态度与行为的一致性。民航旅客亦然，当旅客对民航持有积极的态度时，往往表现为愿意配合民航服务人员的工作。

📄 **案例 6-1**

航班 10 次延误 1 次取消 乘客机场骚乱表不满

据 CTV News 报道，在经历了航班 10 次延误、1 次取消，大约 27 小时后，加拿大航空的乘客们终于从劳德代尔堡起飞，顺利抵达多伦多，其中一位乘客将这次旅程称为"地狱之旅"。

当地时间 2 月 18 日晚上，从劳德代尔堡-好莱坞国际机场起飞的 AC1029 航班原定于晚上 9 时 15 分飞往多伦多。但在起飞前一小时，乘客收到了当晚的第一个延误通知，称航班将于晚上 10 时 30 分起飞，理由是"机场限制"，工作人员并未直接解释该航班延误的详细原因。

随后，晚上 9 时刚过，乘客又收到了第二次航班延误通知，航班被推迟到晚上 11 时起飞。晚上 10 时前几分钟，航班被推迟到 11 时 50 分。晚上 11 时过后不久，该航班又被推迟到 19 日 0 时 30 分。

0 时 20 分刚过，加拿大航空直接取消了该航班。CTV News 记者看到的取消邮件写道："我们非常抱歉，由于出发机场、目的地机场或途中的天气状况不佳，本次航班取消。"

"人们都失去了理智。"一位乘客告诉 CTV News。女性乘客赖利表示，她感到慌乱，因为她怀孕 32 周了，正独自飞回家。该航班又被重新安排在 19 日下午 4 时 15 分起飞，乘客表示，航空公司没有提供任何酒店代金券。赖利在机场与加拿大航空的一名工作人员交谈，试图得到解决方案。其表示，后来她得到了两张 15 加元的餐券，只在机场餐厅有效。"跟我一起旅行的朋友都已经走了，所以你希望我去哪里？如果我想睡在机场，我甚至不能回到登机口，因为安检已经关闭了。"

一连串的航班延误一直持续到 19 日，在上午 10 时 30 分左右，乘客收到了当天的第一个延误通知，航班延误至下午 5 时 15 分。

赖利表示："从那时起，我就开始担心了，因为我在想，谁知道我们又会再延误多少个小时，就像前一天那样。"至于周一发生的事情，一名乘客表示，他们看到了"几乎完全相同的事情发生"。

直到下午 3 时 25 分，乘客再次收到航班进一步延误的通知，当时他们都已经到了机场，并被告知航班要到下午 6 时 15 分才会起飞。

所有接受 CTV News 采访的乘客都表示，餐券只有在乘客索要时才会发放，而且大家收到的餐券价值并不相同，有些人得到了 15 加元的餐券，有些人得到了 60 加元的餐券。乘客表示，加拿大航空的其他航班也从劳德代尔堡机场起飞，但似乎都没有出现问题。

一名乘客在 D4 登机口询问加拿大航空的一名员工，为什么餐券之间存在差异，该名员工没有给出明确答复。当乘客试图在机场与加拿大航空公司的一名工作人员交谈，询问他们什么时候可以离开时，其表示受到了"极大的侮辱"。

该航班之后又延误了 4 次，最后一次延误是在晚上 9 时 26 分，距离原定于 18 日起飞的时间过去了 24 个小时。

乘客罗宾逊表示："参与机场骚乱的还有另一航班的乘客，他们在我们出发之前就应该起飞了。延误消息一宣布，人群就疯狂了。"赖利说："乘客们开始尖叫着跑向航空公司的柜台，大约有三名警长到达了登机口。"

布劳沃德警长办公室的一位发言人表示，警员们在晚上 9 时 15 分左右对机场 2 号航站楼的"骚乱"做出了回应，但没有提供进一步的细节。

加拿大航空发言人在一份声明中表示："周一机场持续拥堵，并且机场只有一个登机口可供我们使用以容纳宽体飞机。一旦我们获得可以容纳我们飞机的登机口，我们就能够登机并起飞。"

这架飞机终于在午夜起飞，20日凌晨3时左右降落在多伦多皮尔逊国际机场。

为什么航班严重延误？

加拿大航空发言人表示："由于'恶劣的天气条件'，周日晚上的航班被取消，当天下午有四场龙卷风席卷了迈阿密。周一增加了AC2129航班，以接载所有周日旅行计划中断的乘客。周末的恶劣天气导致周日飞往劳德代尔堡的航班取消，其中包括飞往多伦多的AC1029航班。"

至于周日晚上为何不向乘客提供酒店代金券，该发言人表示："由于当天晚上劳德代尔堡机场的情况影响了所有航空公司，房间很稀缺。"他还指出，当航班因天气原因中断时，航司无须提供酒店代金券。"虽然我们会在这种情况下尽最大努力，由于这是我们无法控制的天气状况，航空乘客保护规定并不强制航空公司提供酒店。"

乘客罗宾逊表示："就个人而言，我想要航司公开道歉。我希望每人至少获得1 700加元的取消费用，我不想要代金券，我想要回我的钱。"

CTV News多次联系劳德代尔堡-好莱坞国际机场，仍未收到回复。

资料来源：航班10次延误1次取消 乘客机场骚乱表不满.民航资源网，2024-02-23.

上述案例中的乘客经历了航班多次延误和取消后，对航空公司形成了否定的态度，也表现出拒绝接受代金券的态度，其态度与行为具有一致性。

二、态度与行为不一致

虽然大量的研究证实态度与行为具有一致性，但越来越多的人认为，在生活与工作中，态度往往和行为有不一致的关系。例如：民航服务人员热情地为旅客提供服务，但旅客态度冷漠，甚至不理不睬，这时民航服务人员心里肯定不舒服，形成消极态度，但并没有转化为消极行为，以同样冷淡的态度回应，而是继续热情对待旅客。

心理学家从自身经验出发，对态度与行为不一致的问题进行了深入研究和探讨，得出了态度和行为之间有时存在很大的不一致性的结论。导致态度与行为不一致的原因有以下几个。

（一）态度构成要素之间的矛盾和冲突

态度由认知、情感、意向三个要素构成，当三者之间发生矛盾和冲突，特别是认知与情感之间不协调时，将导致态度与行为的不一致。例如：一位旅客本来不喜欢坐飞机出行，但由于事态紧急、时间有限，还是选择了飞机作为出行工具。

（二）社会规范

行为受个人、社会等多重因素影响，社会规范是社会因素中一个比较重要的方面。有时候，个体对某一对象持有一种正面或负面的态度，但表现为行为时，由于社会规范的影响而不得不采取相反的行为。由于每个人都有一定的社会角色，这种角色要受到社会规范的制约，因此每个人的行为必须符合其角色，而不管他的态度是否也支持这样的行为。很明显，在某些社会规范起作用的场合，个体行为和态度是不一致的。

（三）情境压力

情境是影响行为的因素之一，也是导致态度与行为不一致的原因之一。情境中存在各种无形的压力，这些压力会约束人的行为，成为行为的决定因素。例如：强有力的群体舆论压力与个体已有的态度不一致时，将会在一定程度上影响态度和行为之间的一致性。

（四）对同一对象的态度冲突

态度对象通常是由多个部分构成的统一体。个体可能对其中某些部分持有肯定态度，而对另外部分持有否定态度，从而使个体的态度和行为有时一致、有时不一致。例如：某旅客认为某航空公司的服务很好，可是航线不够丰富，所以航线合适时就会选择该航空公司的航班，航线不合适时就选择其他航空公司的航班。

（五）动机、能力、个性等个人心理因素

态度作为行为的心理准备，对行为具有推动力，即它具有类似动机的作用。但当某种态度与原本存在的动机发生冲突时，可能会破坏态度与行为的一致性关系。在影响态度与行为不一致的个人因素中，能力是一个重要的方面，我们经常说的"心有余而力不足"就属于这种情况。另外，性格也会产生影响，如性格内向含蓄的人，即使内心非常高兴激动，在行为上仍然表现得较为冷静、自持。

（六）价值与代价

有时候，个体对某对象并不喜欢，但因为其具有很高的价值，个体会做出一些违背自己态度的行为。例如：一些药物很苦，人们不喜欢吃药，但药能治愈疾病，为了治病，人们会接受吃药。个体做出某种符合态度的行为时需要付出代价。如果代价高于个体愿意接受的程度，个体的态度与行为就会出现不一致。例如：因为赶时间，某旅客本来打算乘坐飞机，但发觉票价比火车票高出许多，权衡后选择了乘坐火车。

态度与行为之间并不完全是一一对应的关系，有时两者会产生不一致的现象，但不能因此认为态度对行为没有影响。只要把握其中的规律，就可以预测或解释个体的行为。

任务三　理解服务交往中的态度转变

一般而言，态度是比较稳定、不会轻易改变的，但这并不意味着态度是不可改变的。当个体所处的社会环境发生变化时，态度也必然有或大或小的变化。民航服务人员应意识

到，在服务交往过程中，不管是旅客还是民航服务人员，其态度都不是一成不变的，而是会随着服务过程主客观条件的变化而变化。

一、态度转变的形式与过程

（一）态度转变的形式

1. 一致性转变

一致性转变即态度强度的转变。态度发生一致性转变时仍会保持原来的方向，只是改变了原有的强度，也就是增加积极（或消极）态度的强度，使之成为一种更强烈的积极（或消极）态度。例如：旅客对一些新的服务项目从比较喜欢到非常喜欢，就是一致性转变。

2. 不一致性转变

不一致性转变即方向上的转变。态度发生不一致性转变时，其方向与原有态度的方向完全相反，积极的态度会转变为消极的态度，或者消极的态度转变为积极的态度。例如：某旅客原本对乘坐飞机出行持否定态度，后来由于亲友的影响及切身体会，对乘坐飞机持肯定态度。

我们通常所说的态度转变更多的是指不一致性转变。对个体来说，态度的转变实质上是一种新态度的形成。态度从一个极端到另一个极端，既是方向的改变，也是强度的改变，而且表明强度变化很大。态度转变的形式如图 6-1 所示。

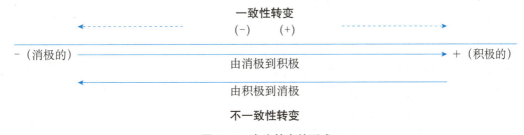

图 6-1　态度转变的形式

（二）态度转变的过程

在现代社会生活中，每个人都面临被说服的可能，面临被他人不同程度地转变态度的情境。态度转变的过程实际上是一个沟通、劝导的过程。在特定的社会情境中，说服者通过各种方法有意识地向被说服者传递经过精心组织的信息，让被说服者接受。同时，这个说服过程是在一定的客观情境中进行的，情境也会影响说服的效果。另外，说服效果还受到被说服者特点的影响。每个人都有自己独立的意识，被说服者已有的态度和特质将影响其对说服信息的接受程度。

📖 **案例 6-2**

航班旅客突现险情 东航乘务组冷静处置获点赞

2022 年 10 月 19 日，由东方航空西北分公司执飞的 MU2154 虹桥—西安航班正在平飞供餐阶段，一位旅客按呼唤铃，乘务员赶紧上前了解情况。乘务员发现旅客一直捂着左半边面部，表情非常痛苦。旅客自诉左半边脸没有任何知觉，因而急切地寻求帮助。乘务员一边安抚旅客情绪，一边呼叫其他乘务员报告乘务长。

乘务长王琳接到讯息后，迅速安排广播员通过机上广播寻找医生，然后随同乘务员第一时间赶到现场查看病人身体状况。"先生您不要害怕，我是本次航班的乘务长，我们已经为您广播找医生，乘务组会全力帮助您……"乘务组了解到，该旅客没有病史，但由于担心自己面部麻木恐怕引发脑梗或中风问题，希望飞机尽快落地前去就医。乘务长将患病旅客的情况报告给机长，随后对整个乘务组分工进行了重新调配。为方便救治该旅客，乘务组暂时调整了周围旅客的座位，给该旅客预留出最大限度的救助操作空间。机上安全员通过记录仪全程实时记录，维持客舱秩序，避免旅客大面积移动和围观。

在乘务员的积极询问下，旅客中一名医生和一位护士来到了现场，在乘务长确认其医护身份后，乘务组协助两位专业人士利用机上应急医疗箱的血压计对该旅客进行了初步的检查。通过测量，数据显示旅客血压、心率一切正常。该旅客暂时放下了思想负担，情绪逐渐好转，并表示自己似乎恢复了一些知觉。

乘务长及时将旅客的身体状况报告机长，机长也表示会为旅客落地就医争取最佳时间。飞机下降前，乘务组再次为患病旅客测量了血压和心率，显示一切正常。乘务组始终陪伴在旅客身边，记录旅客测量数据，并在医生的指导下给旅客进行了面部冰敷以缓解症状。在不影响配载平衡的前提下，乘务组决定将旅客调整到经济舱第一排，做好报备工作，以方便旅客第一时间下机就医。

坐在患病旅客旁边的旅客目睹救助旅客全过程后，一直夸赞乘务组："今天亲眼看到航班上处理患病旅客，咱们的乘务组很专业，乘务长处理问题清晰、果断，坐这样的航班怎么会不安心呢？"航班中很多旅客也向乘务员表示赞许。"感谢咱们乘务组对我的帮助，你们辛苦啦！"MU2154 航班提前落地，下机时这位旅客走到乘务长王琳面前，十分感动地说道。

东方航空始终坚持"人民至上、生命至上"的重要指示精神，筑牢安全运行防线，真情服务广大旅客，为每一架次航班、每一位旅客生命安全保驾护航。

资料来源：航班旅客突现险情 东航乘务组冷静处置获点赞. 中国民航网，2022-10-21.

案例中乘务组的积极、专业、果断、团结协作都在很大程度上缓解了旅客的焦虑情绪，帮助旅客恢复了知觉，改变了当事旅客的态度，同时，也对周围的其他旅客产生了积极的影响。

二、影响旅客态度转变的因素

态度的转变会受到诸多因素的影响。民航服务人员想要有效地改变旅客的态度，必须充分把握影响态度的因素，针对各种因素采取行之有效的方法，制定相应的对策。影响态度转变的因素主要有以下几个：

（一）旅客本身的因素

1. 需要

态度的转变与旅客当时的需要密切相关，如果民航服务人员能最大限度地满足其当时的需要，则容易使其转变态度。

2. 性格特点

从性格上看，依赖性较强的旅客信服权威，缺乏判断能力，容易转变自己原有的态度；反之，独立性强、自信心强的旅客，不容易被他人说服，因而不容易转变态度。社会赞许动机的强弱也是影响态度转变的因素，高社会赞许动机的旅客易受他人及公众影响，易于接受说服。

3. 学识水平和自身能力

一般而言，学识水平和自身能力强的旅客能准确分析各种观点，具有较强的判断能力，进而根据自己的认识主动地转变自己的态度，不容易受他人左右；反之，学识水平和自身能力弱的旅客难以判断是非，容易被说服暗示，常常人云亦云，因而较易被动地转变态度。

4. 自尊心

自尊心强的旅客，心理防卫能力较强，不容易接受他人的劝告，因而态度转变也比较难；反之，自尊心弱的旅客则敏感易变。

其他因素如受教育程度和社会地位也会对旅客的态度转变产生影响。对于受教育程度高的旅客，民航服务人员要想改变他们的态度是比较难的。

（二）态度本身的特点

态度的强度、态度形成的因素、构成态度的三种成分之间的关系、态度的价值性，以及原先的态度与要转变的态度之间的差距等都会对旅客态度的转变产生影响。

1. 态度的强度直接影响旅客态度的转变

旅客态度的强度是指旅客对某一对象赞成或反对、喜爱或厌恶的程度。一般而言，旅客受到的刺激越强烈、越深刻，态度的强度就越大，因而形成的态度越稳固，也越不容易转变。例如：旅客曾在旅途中遭遇过重大交通事故，或遭遇过贵重物品被损或丢失等，这些都会使旅客产生强烈的恐惧或不满，因而对某种出行方式形成强烈的否定情绪，这种态度一经形成就难以改变。

2. 态度形成的因素越复杂，越不容易转变

例如：一名旅客因为某件事对某航空公司形成否定的态度，那么只要证明这件事是偶然因素造成的，旅客就相对容易转变态度。如果态度是建立在很多事实的基础上的，那么旅客转变态度就比较难。

3. 构成态度的三种成分一致性越强，越不容易转变

如果三种成分之间直接出现分歧、不一致，则态度的稳定性较差，个体就比较容易转变态度。

4. 态度的价值性影响旅客的态度

态度的价值性是指态度的对象对个体的价值和意义的大小。如果态度的对象对旅客的价值很大，那么对他的影响就会很深刻，因而一旦形成某种态度后，就很难转变；反之，态度的对象对旅客的价值较小，则他的态度就容易转变。例如：对于大多数旅客而言，航班的准点率对于旅客的价值大于航班餐食质量对于旅客的价值，因此航班的准点率低导致旅客对航空公司的负面评价态度不容易转变，而航班餐食质量不高导致的负面态度则相对容易转变。

5. 旅客原先的态度与要转变的态度之间的差距

态度转变的难易程度还取决于旅客原先的态度与要转变的态度之间的差距。要转变一个人的态度取决于他原来的态度如何，如果两者之间的差距太大，往往难以转变。如果民航服务人员强行转变反而会使旅客更加坚持原来的态度，甚至形成对立情绪。正如要让一个恐高症患者或在一次空难中死里逃生的人再次乘飞机旅行几乎是不可能的事。

（三）外界因素

除旅客和态度本身的特点影响态度的转变以外，一些外界因素也能转变旅客的态度。这些外界因素有：

1. 信息的一致性

任何态度的转变都是在接收的信息与其原有态度存在差异的情况下发生的。旅客接收到的信息是他们态度形成和转变的基础。信息一致性越强，形成的态度就越稳定，越不容易转变。

2. 旅客之间态度的影响

态度具有相互影响的特点。这在作为消费者的旅客之间表现得尤为明显。因为旅客之

间的沟通与交流，不会被认为出于个人利益或带有劝说的目的，所以一位旅客对于其他旅客不会有戒备心理；此外，由于旅客之间角色身份、目的和利益的相同或相似性，因此彼此的意见也容易被接受。事实证明，一个人如果认为某种意见源自与其利益一致的一方，就乐于接受这种意见，有时甚至主动征询他人的意见作为参考。

3. 团体的影响

旅客的态度通常是与其所属团体的要求和期望是一致的。这是因为团体的规范和习惯力量会无形中形成一种压力，影响团体内成员的态度。如果个人与所属团体内大多数人的意见相一致，他就会得到有力的支持；否则，他就会感受到来自团体的压力。

三、转变旅客态度的策略

在信息社会，由于经常会受到各种信息的轰炸，因此旅客逐步累积了很多经验，以维持已形成的态度。旅客态度的转变会涉及多种因素。民航服务人员应通过适当途径，针对各种各样因素的变化，采取正确的方法，以有效地转变旅客的态度。

（一）改变或更新服务产品

服务产品是旅客态度的客观对象，是旅客态度形成的客观前提。虽然旅客态度的产生同时受主观因素的影响，但主要还是取决于客观对象的条件。只有服务产品具有满足旅客需要的功能时，才有可能使旅客产生积极的态度。航班总是延误、民航服务人员总是粗暴对待旅客，旅客当然会形成消极态度。因此，改变或更新服务产品是使旅客转变不良态度的首要前提。例如：因空难事故的影响，马来西亚航空公司的形象和旅客的信心都受到一定程度的损害。2014 年 12 月 5 日，马来西亚航空公司正式停牌，退出交易；2015 年 7月，马来西亚航空公司执行重振方案；2015 年 9 月 1 日，马来西亚航空公司官方正式宣布公司换用全新的名称——新马航（MAB），以求能够通过这种改变或更新重新获得市场信心。

（二）重视信息传递的方式，把握宣传技巧

态度的形成和转变与信息的传播有关。民航服务人员应当采取各种对个体有较大影响的信息传递方式来增加信息传播的广度，从而影响旅客态度的转变。

1. 注意选择传播信息的媒介和方式

传播信息的渠道是多种多样的，如广告、报刊的评论、橱窗和柜台的设计，以及口头传播等。不同的渠道在旅客态度形成的各个阶段上的作用是不同的。一般而言，广告媒介传播渠道给旅客提供了最初的信息，但旅客相互之间的口头传播等则在旅客行动前起决定性作用。研究表明，口头传递信息的效果好于广告媒介传递信息的效果。面对面的人际传播效果要优于广告媒介的传播效果。

2. 适当重复所传递的信息

研究表明，对于较复杂的事物，重复可以增加人们的好感。而对于较简单的事物，重复则没有积极的效果，过度的重复还会增加人们的厌恶感。在信息传递中，叠加式重复宣传会使旅客产生印象积累，使之获得积极的熟悉感，从而倾向于认同和选择。例如：航空公司定期播出系列主题广告等，让旅客能一而再、再而三地加深印象。当然，进行叠加式重复宣传必须有变化的成分，因为简单的重复会成为单调的刺激，降低旅客的注意力与接受程度，所以广告商总是以丰富、不同的广告画面与创意强调同一主题。

3. 根据具体情景选择传递信息的明确程度

在传递信息时，民航服务人员既可以提供资料，让旅客自己得出结论，也可以直接向旅客明示结论。一般而言，对于比较难以理解的信息，传递者有较高的威望，而旅客难以下结论的，明示结论的效果较好；反之，则让旅客自己得出结论较好。例如：旅客办理登机手续时，行李超重却不愿付费，值机人员耐心向其讲述民航的相关规定，旅客仍坚持己见。这时，值机人员可以适当暗示旅客："如果不付超重行李费的话，就不能办理登机手续，错过了办理登机时间，您的出行计划可能会被耽误了。"行程如期顺利是旅客所看重的，旅客接收到值机人员的暗示，自然也明白只有补交超重行李费才能顺利办理登机。

4. 传达信息的意图尽量不让对方发觉

如果旅客发觉信息传递者的目的在于使他转变态度，往往会产生警惕，从而尽量回避传递者，因而效果会降低。如果旅客没有发觉传递者在有意说服他，他就比较容易接受其意见而转变态度。

5. 注意提供材料的顺序

材料提供的顺序会影响态度的形成和转变。心理学对记忆的研究证明，个体在识记过程中存在"前摄抑制"和"倒摄抑制"两种作用，识记材料的中间部分不如首尾部分材料记得清晰牢固、印象深刻。而记忆清晰牢固、印象深刻的材料会对态度的形成和转变产生较大的作用。因此，民航服务人员在需要提供正、反面材料时，应首先提出正面材料和观点，将反面材料和观点放在中间，最后用新的事实论证正面观点，这会对旅客转变不正确的态度、形成对正面观点和材料的肯定态度产生较大的作用。

6. 把握宣传时机

一般而言，在旅客对所宣传的信息内容比较感兴趣时进行宣传比较合适。在对方没有准备接受说服之前，不要急于说服对方。如果对方没有丝毫兴趣，无论民航服务人员说得如何动听，他都听不进去。遇到这种情况，民航服务人员可以先谈论一些比较次要的话题，并弄清楚对方拒绝的原因，然后选择另一个成熟的时机再继续进行说服工作，将自己真正想要表达的内容传达给对方。

7. 注意说服者的影响力

在说服的过程中，还要注意说服者对被说服者的影响。通常而言，说服者越可靠、权威，与被说服者相似性越大，被说服者对说服者就越信任，那么由该说服者传达的信息就越容易被理解和认同，进而被说服者就越容易改变他们的态度。例如：航班延误中有些旅客情绪激动，甚至与民航服务人员发生冲突时，机场工作人员进行协调的效果往往不好，因为旅客总是觉得与他们是对立的，自然就不肯接受；而由其他的旅客劝说的效果就明显好很多，因为同为旅客，他们有着相似的利益和立场。

案例 6-3

巴彦淖尔机场：开展航班延误群体性事件处置演练

随着春节假期的临近，2019 年春运已正式拉开帷幕。为有效促进巴彦淖尔机场各部门、各驻场单位在突发事件应急处置过程中联勤联动工作机制的作用，1 月 29 日，机场派出所组织机场安检、地服、消防等部门开展了航班延误群体性事件处置演练。

本次演练模拟的场景设置为：1 月 29 日 11 时 30 分许，极端天气与流控导致 GS1234 航班取消，次日补班。航班延误致使旅客不断聚集在候机楼二楼 1 号登机口要求给予说法，为首的两名旅客情绪激动，声称今天必须飞回到目的地，不顾机场工作人员的劝阻煽动其他旅客堵塞 1 号登机口，要求给予高额赔偿，协调无效后声称要见机场负责人，否则堵塞登机口，干扰其他航班正常登机。随着事态的发展，围观旅客不断增多。

机场派出所接到现场工作人员的报警后，指派民警立即到达现场处置。因事态逐步升级，机场派出所迅速启动航班延误群体性事件处置预案。民警果断将闹事旅客与工作人员隔离开，向旅客开展法制宣传教育，并将两名挑头闹事旅客强制带离现场。在地服工作人员的协调下，旅客代表与航空公司就延误赔偿问题达成了一致意向，闹事旅客向机场员工道歉，机场配合航空公司将受困旅客安置在酒店休息，改签下一班航班。因航班延误引发的旅客群体性事件得到妥善处置。

演练全程历时 15 分钟，参演人员分工明确、密切配合；整个演练过程流畅迅速，贴近实战。此次演练有效地提高了各一线部门处置突发事件的能力和水平，使公安民警与地服、安检人员的协同配合更加默契、高效。

上述案例中，虽是演练，但仍能看出多名旅客作为利益一致的团体表现出共同的态度，处置民警通过隔离当事人，开展法制宣传教育，让旅客明白应以合法手段维护权利，最终顺利解决事件。

（三）引导旅客积极参加实践活动

心理学研究表明，要转变一个人的态度，最好能够引导他积极参加有关的实践活动，在活动中扮演一定的角色，或是在活动中让其发挥主动性。这些都有利于个体态度的转变。一些实验证明，积极地参加有关实践活动，能推动一个人态度的转变，其原因在于某种特定的环境气氛能够使人们受到感染。情境中的各种因素能够对人们的情感产生综合性影响，其间往往有一种无形的力量推动参与者产生某种感情上的共鸣。因此，对那些持消极态度的人，与其口头劝说，还不如带他们到现场去转一转，经过亲身体验并产生良好感受后，其态度往往容易发生改变。

2018年民航局发布的《关于进一步提升民航服务质量的指导意见》中提出：引导民航企业提升服务附加值，形成独有的比较优势。民航企业要弘扬劳模精神和工匠精神，营造精益求精、爱岗敬业的良好风气，注重服务质量精细化管理，对标国际标准，加强品牌建设。民航局支持优秀企业申报国内外权威服务质量奖项，着力打造中国民航的世界级服务品牌。

因此，民航服务人员积极引导旅客参加各种实践活动，不仅有利于改变旅客的态度，而且有利于民航企业在此过程中形成独有的优势，打造服务品牌。

案例 6 - 4

深航邀请旅客体验中华优秀传统文化

一边是闲情逸致、仙姿佚貌的舞者，一边是行色匆匆、南来北往的旅客，传统文化与民航出行在深航尊鹏阁来了一次激情碰撞，深航"尊鹏阁文化日"中华优秀传统文化展演活动使得旅客驻足停留观赏，茶道、古典礼仪、民乐、书法等精彩节目引得现场旅客不时发出阵阵惊呼和赞叹。

深航"尊鹏阁文化日"中华优秀传统文化展演活动计划每周三在深圳机场深航尊鹏阁2号厅举行。自2020年11月开展以来，中华优秀传统文化展演活动已连续举办了5场，表演者为旅客现场弹奏《映山红》《我们正年轻》《梁祝》等乐曲，演绎古典礼仪，展示诗词、绘画、茶道、古典发饰手作等内容。

"我去过很多候机休息室，但还是第一次看到这样的传统文化展演，既有服务的创新，又有文化的传承。"从深圳出发前往成都的旅客李先生评价道。

优秀传统文化是一个国家、一个民族传承和发展的根本，如果丢掉了，就割断了精神命脉。民航业要善于将弘扬中华优秀传统文化和发展现实文化有机统一、结合起来，在继承中发展，在发展中继承。深航在春节、端午、中秋、国庆等传统节假日品牌对客活动基础上，以"礼、乐、茶、舞、墨"五种中华优秀传统文化为主题，结合中国二十四节气文化内涵，创新推出"尊鹏阁文化日"活动，一方面是为旅客提供更加丰富多元的出行体验；另一方面是为了创新中华优秀传统文化展现形式，传承和弘扬中华优秀传统文化，让中华优秀传统文化融入现代生活。

深航在深圳、沈阳、南京、无锡、西安、广州、泉州、南宁、南昌九个城市的机场设置了尊鹏阁，无论在哪座城市，旅客都可以体验到尊鹏阁带来的无差异高端服务。深航将不断完善服务细节，持续服务创新，用心真情服务旅客，以细节彰显品质，践行"任何时候、自然体贴"的服务理念。

党的二十大报告指出，"中华优秀传统文化得到创造性转化、创新性发展，文化事业日益繁荣"。党在新时代不断强调"没有高度的文化自信，没有文化的繁荣兴盛，就没有中华民族伟大复兴"的内在逻辑，彰显出中国自身特有的文化魅力和实践逻辑，展现了可信、可爱、可敬的中国形象。深航每周开展的中华优秀传统文化展演活动既有服务的创新，又有文化的传承，可以说是讲好中国故事，传播好中国声音，推动中华优秀传统文化更好地走向世界的积极举动。

（四）利用门槛效应（逐步转变）

心理学研究表明，在一般情况下，人们都不愿接受要求较高、较难完成的任务，因为费时费力又难以成功；相反，人们却乐于接受要求较低、较易完成的任务，在完成了较低要求的任务后，才慢慢地接受要求更高的任务。这就是"门槛效应"对人的影响。所以要转变一个人的态度，首先必须了解他原来的态度和立场，然后估计与想要改变的态度之间的差距是否过于悬殊，若差距过大，反而会发生反作用；如果逐步提出要求，不断缩小差距，则他比较容易接受。民航服务人员若要转变旅客的态度，不能操之过急，最好逐步转变，否则会使其产生逆反心理而更加坚持原来的态度。

态度立场的差距对于态度的转变是十分重要的因素，但是并不是唯一的因素，因为一个人态度的最后转变，还要看个体自身的心理状态。如果一个人迫切要求改变现状，则差距虽大，他也会转变原来的态度。在一些情况下，如果个体不转变态度将直接损害其切身利益，此时虽然态度立场的差距较大，个体也会不得已转变态度。例如：因航班延误，有的旅客不满意航空公司的赔偿数目，霸占飞机不肯下去，当机场公安人员到现场执法时，这些旅客知道自己有可能被处以最高 15 天的拘留，就会转变态度，离开飞机，转而考虑其他索赔方式。

（五）利用团体对个人的影响

团体的影响来自团体的规范和准则，这种规范和准则对团体成员具有一种无形的约束力，促使团体中的每个人的一言一行与团体的规范和准则保持一致。无论是正式团体还是非正式团体，它所具有的规范和准则都具有这种约束力。正因为如此，通过将人们组织成一定的团体，并制定相应的规范和准则来影响和约束他们的一言一行，就能够有效地转变他们的态度。

因此，要转变旅客的态度，在策略上必须重视其和团体的关系，而不宜直接否定他的信念，否则旅客容易产生抵触情绪，其态度的转变会更加困难。民航服务人员应该从团体的角度进行劝说和引导，充分发挥团体的作用。如果一个团体的领导者接受了某种意见，这将会对其他成员产生重大影响。

案例分析应用

"尔滨，你让我感到陌生……"（节选）

这个冬天，哈尔滨火了！

龙江大地烟火升腾，冰雪旅游异常火爆，哈尔滨太平国际机场（以下简称哈尔滨机场）迎来最热小长假。元旦假期，哈尔滨机场共保障航班1 413架次，运送旅客20.5万人次，同比分别增长66%、93%，比2019年分别增长22%、27%，创同期历史新高。

自冰雪旅游旺季开始以来，雪博会、冰雪大世界、冰雪嘉年华等冰雪乐园热度持续走高，吸引了众多旅客选择来到冰城欢度新年、赏冰玩雪。元旦假期，哈尔滨机场主要以旅游流、探亲流为主。数据显示，来哈尔滨旅游的游客超过六成，从北京、广州、深圳、厦门、南京、杭州、重庆等城市飞往哈尔滨的航班客座率超过90%，部分航班出现爆满现象。

多家在线旅游平台发布的报告显示，3天假期境内外旅游市场全面开花，其中哈尔滨在境内众多旅游目的地中"脱颖而出"、火爆出圈。面对如此大的旅客热潮，哈尔滨也推出了诸多宠粉手段：从给南方朋友打造专属称呼"南方小土豆""马铃薯公主"、空姐机场跳舞迎客，到城市地铁化身免费摆渡车、市民开私家车接送游客，游客吐槽涨价的哥听后帮忙打投诉电话……哈尔滨究竟准备了多少"大招"？

为了招待好"南方小土豆"，哈尔滨可以说是下足了功夫。

机场快闪迎接下飞机的"马铃薯公主"：12月29日，黑龙江省机场管理集团团委联合驻场单位，开展喜迎2024元旦歌舞快闪活动，欢迎远道而来的"马铃薯公主"们，节目直接号称哈尔滨机场要把"马铃薯公主"宠上天。快闪的节目有空姐走秀、团体操表演、歌唱表演、舞蹈表演等。这段视频发上网后引起轰动，甚至冲上热搜。

哈尔滨机场新增更衣室：哈尔滨机场从旅客需求出发，考虑到南北温差较大的问题，在行李提取区域又增加了12个更衣室，目前航站楼内进出港区域共有32个更衣室，便于旅客在乘机前、下机后更换衣物。哈尔滨机场有多"暖"：哈尔滨机场克服资源紧张现状，旅客乘坐的摆渡车、头等舱车全部暖库停放，改造摆渡车暖风设备，出风口风速由2.5米/秒提升至3.5米/秒，加装加绒扶手套，保障时仅开启1扇车门，避免"穿堂风"使暖空气流失，多措并举提升摆渡车内温度。调整航班位置，尽量保证三亚、海口、大湾区等南方城市和地区航班停靠廊桥，11月入冬以来，南方城市航班靠桥率在80％以上。11月初在航站楼内安装手推门把手套、廊桥扶手套、门帘，每个廊桥安装3个暖风机、20余个地脚加热器、2个热风幕，保暖工作不留死角。机场大巴伴随航班运行，直至最后一个进港航班结束。

哈尔滨机场网约车专用通道：12月31日，哈尔滨机场网约车专用通道正式启用。哈尔滨机场T2航站楼高架桥下服务车道设置网约车专用上客通道，并在机场昼夜停车场设置网约车蓄车场。

哈尔滨机场温柔搬运行李：哈尔滨机场行李转盘处工作人员会小心翼翼地拿取行李，网友称，自己的行李从来没有被这么细心呵护过。

作为"音乐之都"，交响音乐会搬进了商场。

想拍带月亮的雪景，哈尔滨就在圣·索菲亚大教堂上空用无人机升起了一轮圆圆的人造月亮，极致的浪漫梦幻，仿佛照进现实；在广场建起了"温暖驿站"，提供了一个温暖的休息场所；想看雪后的飞马踏冰，直接整出了带翅膀的飞马，一秒穿越到"凛冬之城"。飞马不够，极地馆的"逃学企鹅"、鸵鸟……都给安排上。你以为这就完了吗？松花江冰面升起热气球，让哈尔滨秒变"浪漫土耳其"；火树银花耀新年，"非遗"打铁花这就来了……

只有你想不到，没有哈尔滨做不到，哈尔滨市民和网友不禁感叹："你还是那个'尔滨'吗？""尔滨，你并非无声的海，只是不为我澎湃……""尔滨"成为网友对哈尔滨的昵称。

网友调侃笑称哈尔滨像极了家里来客，把家里好东西都往外掏，生怕怠慢了客人。

《2023年国内冬季旅游市场趋势报告》指出，冬游产品多样化、冰雪运动大众化、出游价格普惠化，是国内冬游市场的三大特点。事实上，这也很好地解释了哈尔滨今年爆火的原因。

"南方小土豆""马铃薯公主"火了，背后体现的是南方人高涨的冰雪游热情。飞猪数据显示，元旦假期该平台冰雪游预订量同比增长126％。同程数据显示，元旦假期该平台国内冰雪旅游热度环比上涨216％，哈尔滨旅游热度同比上涨240％。

首先，与过去单纯的赏雪、逛景区不同，如今游客可以在哈尔滨享受到更加个性化的旅游体验。无论是哈尔滨异域风格的建筑，还是冰雪大世界都让旅拍生意十分红火。而像是此前较难被南方游客接受的澡堂泡澡，在近两年互联网的助力下，如今也变为不少南方游客的必选项目。

其次，在 2022 年北京冬奥会的带动下，包括冰雪运动、冰雪旅游在内的冰雪产业迎来了高速发展期。哈尔滨拥有国内最大的滑雪场——亚布力滑雪场。数据显示，11 月末时，哈尔滨亚布力滑雪场就在"马蜂窝国内热门滑雪场"榜单中位列第一。

专家表示，旅游航线具有一定的特殊性，为民航业在时间和空间上创造了多样的新增机遇的可能性，尤其值得航司加强在这方面的敏感度和产品开发与交付的能力和效率，从而推动整体收入的增长。从这个意义上讲，精准捕捉各个旅游时节的窗口机遇，就能创造众多新的增收机会。虽然可能有一定的季节性（如冰雪旅游），但对于全国性的网络型航空公司，则有可能配合网络内各地的旅游热点机会，提前进行产品的开发和预热，一旦进入销售窗口，就以最佳的效率推向市场，从而实现最好的供给需求匹配。这也是民航服务百姓多样的出行需求的一个极好的体现。

于占福指出，目前中国民航业在旅游机遇的捕捉上仍然有很多可以精进之处：不但有大量的热点旅游机会并未被便捷的航线覆盖，而且很多航空公司在大热的旅游线路上仍然只扮演一个简单的承运人角色，没有在整个旅游出行链路上进行上下游产品的关联和打包，从而损失了可观的潜在收入。

春有百花秋有月，夏有凉风冬有雪。大量的沿海居民前往新疆，大量的南方旅客前往东北，大量的北方旅客前往海南……广袤的中国国土之上，巨大的季节和景观反差为航空出行尤其是远程航空出行带来了巨大的机会，非常值得航空公司尤其是全国性的网络型航空公司，将其视为一项战略性业务，以全新的思路和产品体系展开深耕。

资料来源：尔滨，你让我感到陌生. 民航资源网，2024 - 01 - 03.

■ 案例情景要点

1. 面对如此大的旅客热潮，哈尔滨也推出了诸多宠粉手段：从给南方朋友打造专属称呼"南方小土豆""马铃薯公主"、空姐机场跳舞迎客，到城市地铁化身免费摆渡车、市民开私家车接送游客，游客吐槽涨价的哥听后帮忙打投诉电话……

2. 黑龙江省机场管理集团团委联合驻场单位，开展喜迎 2024 元旦歌舞快闪活动，欢迎远道而来的"马铃薯公主"们，节目直接号称哈尔滨机场要把"马铃薯公主"宠上天。快闪的节目有空姐走秀、团体操表演、歌唱表演、舞蹈表演等。这段视频发上网后引起轰动，甚至冲上热搜。

3. 哈尔滨机场从旅客需求出发，考虑到南北温差较大的问题，在行李提取区域又增加了 12 个更衣室，目前航站楼内进出港区域共有 32 个更衣室，便于旅客在乘机前、下机后更换衣物。哈尔滨机场有多"暖"：哈尔滨机场克服资源紧张现状，旅客乘坐的摆渡车、头等舱车全部暖库停放，改造摆渡车暖风设备，出风口风速由 2.5 米/秒提升至 3.5 米/秒，加装加绒扶手套，保障时仅开启 1 扇车门，避免"穿堂风"使暖空气流失，多措并举提升摆渡车内温度。调整航班位置，尽量保证三亚、海口、大湾区等南方城市和地区航班停靠廊桥。

4. 哈尔滨机场 T2 航站楼高架桥下服务车道设置网约车专用上客通道，并在机场昼夜停车场设置网约车蓄车场。

5. 哈尔滨机场行李转盘处工作人员会小心翼翼地拿取行李，网友称，自己的行李从来没有被这么细心呵护过。

6. 只有你想不到，没有哈尔滨做不到。网友调侃笑称哈尔滨像极了家里来客，把家里好东西都往外掏，生怕怠慢了客人。

7. 与过去单纯的赏雪、逛景区不同，如今游客可以在哈尔滨享受到更加个性化的旅游体验。

8. 大量的沿海居民前往新疆，大量的南方旅客前往东北，大量的北方旅客前往海南……广袤的中国国土之上，巨大的季节和景观反差为航空出行尤其是远程航空出行带来了巨大的机会，非常值得航空公司尤其是全国性的网络型航空公司，将其视为一项战略性业务，以全新的思路和产品体系展开深耕。

■ 理论应用

1. 态度是人们的一种内心的心理体验，它不能直接被观察到，只能通过人们的语言、表情、动作表现等进行判断。

2. 态度对个体的行为具有指导性和动力性的影响。

3. 凡是能够满足个体欲望或能帮助个体达到目标的对象，都能使个体产生满意的态度。

4. 态度的转变会受到诸多因素的影响。民航服务人员想要有效地转变旅客的态度，必须充分把握影响态度的因素，针对各种因素采取行之有效的方法，做出相应的对策。

5. 态度的转变与旅客当时的需要密切相关。如果民航服务人员能最大限度地满足旅客当时的需要，则容易使其转变态度。

6. 态度转变的难易取决于旅客原先的态度与要转变的态度之间的差距。要转变一个人的态度取决于他原来的态度如何，如果两者之间的差距太大，往往难以改变，不仅如此，反而会更加坚持原来的态度，甚至形成对立情绪。

7. 旅客接收到的信息是他们态度形成和转变的基础。信息一致性越强，形成的态度就越稳定，越不容易转变。

8. 服务产品是旅客态度的客观对象，是旅客态度形成的客观前提。虽然旅客态度的产生同时受主观因素的影响，但主要的还是取决于客观对象的状态条件如何。只有服务产品具有满足旅客需要的功能时，才有可能使旅客产生积极的态度。

9. 心理学研究表明，在一般情况下，人们都不愿接受要求较高、较难完成的任务，因为费时费力又难以成功；相反，人们却乐于接受要求较低、较易完成的任务，在完成了较低要求的任务后，才慢慢地接受要求更高的任务，这就是"门槛效应"对人的影响。

■ 头脑风暴

你能想到哪些做法可以帮助你的家乡吸引更多的游客？请详细说明这些做法在飞机上或者机场内如何实施。

实 训 练 习

一、学习总结

1. 根据本项目所学，将关键词整理成至少 10 张学习卡片，同学之间或学习小组之间互相随机抽取关键词后，互向对方解释对关键词的理解。

2. 请绘制本项目学习内容的思维导图。

二、实训任务——说服旅客转变态度挑战

[任务步骤1] 各小组收集民航旅客服务的相关案例资料，综合案例资料编写剧本，剧本内容包括服务时间、服务地点、服务背景、服务人员、旅客、事情经过、任务挑战等，任务设计要围绕转变该旅客的态度。

[剧本示例]

服务时间：航班准备起飞。

服务地点：客舱内。

服务背景：空中乘务员进行航班起飞前安全检查。

服务人员：空中乘务员。

旅客：航空公司的 VIP，坚持继续进行手机通话，不肯把手机调至飞行模式。

事情经过：空中乘务员一再提醒旅客把手机调至飞行模式，旅客坚持这个通话非常重要，涉及数额巨大的交易，继续妨碍他通话的话，乘务员将无法承担这一重大损失，而且作为 VIP 非常不能忍受这样不礼貌的服务态度，甚至表示以后将不再乘坐该航空公司的飞机。

任务挑战：空中乘务员应如何说服旅客停止手机通话，把手机调至飞行模式并继续认可航空公司的服务。

[任务步骤2] 各小组完成步骤1后分别交换剧本接受挑战，讨论应对挑战的方案并写下来。

[任务步骤3] 各小组完成步骤2后再次进行方案交换并评分，注意此次交换应避开任务挑战的提出小组，由另外的第三方小组进行评价。

任务思考：说服旅客转变态度的难点在哪里。

三、思考实践

1. 思考题

（1）态度由哪些成分构成？

（2）态度的作用有哪些？

（3）影响态度形成的因素有哪些？

（4）态度与行为不一致的原因是什么？

（5）态度转变的形式有哪些？

（6）有哪些因素影响态度的转变？

（7）转变旅客态度的策略有哪些？

2. 案例题

某航班关闭舱门，推出停机位，进入起飞准备阶段，机上旅客刘某称不小心将自己

的钱包掉落在自己的座椅下面，要求乘务员帮忙寻找，乘务员在旅客座位下方和周围座椅下方并未找到旅客的钱包，此时飞机即将进入滑行阶段，乘务员安慰乘客先不要着急，一会儿飞机平飞后会继续帮他寻找，也会联系地面服务人员帮助寻找。旅客情绪突然失控，不断捶打飞机电烤箱，将热水器开关掰掉、用头撞击飞机舱门、殴打前来维序的安全员，还扬言"信不信让飞机走不了"。再三劝告无果后，机长将此事反映给市公安局机场分局，"机上有一名旅客不适宜乘机，航班机长已取消了这名旅客的乘机资格"。几分钟后，廊桥重新接驳飞机，已在舱门外等候的公安民警进入机舱，在查明当事人身份并了解相关情况后对这名旅客宣布机组的决定，并将其带离飞机。这件事导致该航班延误一个多小时。

问题：案例中的旅客为什么不肯转变态度？

3. 问答题

航班延误时，航空公司和旅客之间经常发生纠纷，就旅客的态度和行为表现而言，通常有哪些因素可能导致旅客的态度与行为不一致？

4. 讨论题

有的旅客出于各种原因不愿意选择廉价航空公司，请分组讨论，尝试转变这类旅客对廉价航空公司的态度。

5. 实践题

设计一份调查问卷，调查旅客对航空公司推出的"随心飞""任性飞""无限飞"等产品的了解程度、购买意愿、使用情况等，并说明你认为这类产品可能会给航空公司带来哪些好处。

四、拓展阅读

偏见（节选）

偏见在每个人的生活中都会出现，但不管其形式和侧重点如何，偏见始终真实地存在，并且对个体社会生活的协调与和谐产生了许多消极的影响。

1. 偏见的定义

社会科学家从各种不同的角度对偏见作出定义。从理论上来说，偏见有积极和消极之分。这里所使用的偏见的工作定义只限于消极态度。偏见是根据错误或不完全的信息概括而成的对特定的社会群体及成员所具有的不公正、不合理、敌对否定的态度。例如：当我们说某个人对某人有偏见时，是指他（她）的行为会导向对该人的敌意，他（她）所认定的该人的特征并不完全正确，或只是个别情况，而他（她）却认为整个群体成员都是如此。每个人或多或少都存有偏见，不管是民族偏见、国家偏见、种族偏见，还是对某个居住区的偏见或是对某种食物的偏见。

2. 偏见与歧视的区别

偏见是一种不公正的、否定性的态度，因而也包括态度的三个主要成分，即情感、认知、意向。歧视主要指基于偏见而做出的不公平、不合理的行为方式。偏见与歧视两者间是态度与行为的关系。但是，两者又常常相互分离，有偏见不一定会表现出歧视的行为。

3. 偏见的特征

（1）偏见以有限或不全面的信息来源为基础。偏见的信息来源往往不全面。例如：听到某地区的人很富有，就认为该地区所有的人都很富有，该地区遍地黄金。

（2）偏见的认知成分是刻板印象。人们在认识事物时，往往根据其共同特征加以分类，这是人类思维发达的表现，但如果把这种分类固定化，就会刻板化。刻板化是将同一个特征归属于团体的每一个人，而不管团体成员实际的差异。

（3）偏见含有先入为主的判断。人们在了解到一些信息后往往会过早地下结论，如果这个结论是错误的话，尽管多数人在经过认真了解后会改正，但也有很多人即使面对事实也不愿改正原来的错误判断，而是固守偏见。

资料来源：华红琴. 社会心理学原理和应用［M］. 2 版. 上海：上海大学出版社，2012.

项目七

民航服务中的人际交往

【课前导读】

本项目主要介绍了人际沟通的概念、特点、条件、方式，客我交往的含义、特点、心理状态、形式、技巧，服务中发生冲突的主要原因和处理原则等知识。通过学习这部分内容，学习者能掌握民航服务人员在为旅客提供服务时，应采用多种沟通方式，运用多种沟通技巧，处理好与旅客的关系。

【学习目标】

1. 了解人际沟通的概念与特点。

2. 理解人际沟通的方式。

3. 了解客我交往的含义与特点。

4. 掌握客我交往的心理状态和形式。

5. 了解客我交往的原则和分寸。

6. 掌握客我交往的技巧。

7. 掌握服务中发生冲突的主要原因和处理原则。

南航新疆高娉：面对的是生命，耕耘的是心灵，收获的是希望（节选）

作为南航新疆分公司乘务长、乘务教员，拥有 8 年党龄的高娉在工作中不断发挥自己的双重岗位优势，带飞航班、开发新课程，从业 14 年，多次获得先进个人和服务明星称号。2020 年，她还获得南航新疆分公司"十大优秀青年"称号。这一年，她 35 岁。

专心倾听，善于观察，让人与人的距离更近一点

表情坚定，双目炯炯有神，这是高娉从新乘学员时期就保留下来的优点——善于倾听。2006 年，在高娉还是一名新乘务学员的时候，她在课堂上认真倾听的样子，给她现在的师父，也是她之前的教员张方芳留下了深刻的印象。从飞向蓝天，到做一名乘务学员的引路人，高娉在自己 14 年的职业生涯中，一点一点地努力，不断地进步。

对于部分相对宽泛的服务节点，高娉在一点一滴中观察。2019 年除夕，她带领航班乘务组利用飞机平飞的几个小时，开展客舱节庆活动。一件并不算大的事，却在春节里给往返的旅人带来了意外的温暖。

在观察和倾听中，高娉逐渐摸索出了工作的新办法。在客舱内，她细心倾听并收集不同旅客的诉求；而在课堂上，她习惯上身前倾，侧耳静听，倾听学员的陈述，循循善诱，解决学员的疑问，还会时不时伸出大拇指，为他们点赞。她成为学员们心中坚定的榜样。

沉稳细致，让职业化传递更深入一点

2012 年，南航承担的维和包机从郑州始发，中间在乌鲁木齐、沙迦、内罗毕经停，空中飞行时间长达 90 小时。高娉承担了最后一个航段的接力棒。执行这种特殊航班，作为乘务长的高娉沉稳、细致、温暖，她和组员们为战士们精心准备了 120 多份贺卡，让战士们写满了对祖国、对亲人的思念，并帮助他们寄回家乡。

在执行航班外，她也将这份沉稳和细致融汇到了培训之中。在给新乘学员讲授服务礼仪课程时，她以身示范，讲解仪容仪表的规范，分步骤讲解站、走、蹲、坐四种仪态，还结合中外文化的差异，讲解了各类肢体语言的不同含义。谈到自己耕耘已久的服务培训，高娉曾说："服务培训不仅仅是技能或者规章制度的宣贯，在课堂上，教员们更要将它作为一种意识进行传递。"在客舱服务中，有标准化的流程，但更有亲和精细的个性化服务。高娉教授学员时，不仅要求她们做到"十步微笑，五步问候"，更对她们提出了八字气质要求：沉稳、细心、胆识、大度，既要热情服务，也要保留人际交流尊重，给予旅客更多耐心与理解。

不断努力,才能离成功更近一点

将自己比作园丁,这也是高娉最朴素的愿望。2018年12月,在新疆维吾尔自治区高校职场精英大赛上,高娉作为礼仪导师,给学员指导了职场的种种礼仪。言行举止,她将培训事业的一束光传递到了社会层面,从以往的新乘学员、乘务长到现在的大学生,甚至是未来的企业员工。高娉不断研发新课程,根据不同的受众更新课程,用最用心的努力支撑着自己最朴素的愿望。

2020年,南航新疆分公司空勤训练中心即将投用。面对这拔地而起的建筑,以及即将来临的学员和繁忙培训,高娉立即投身前期的手册编制和设备调试中。6月2日,当她从波音787训练舱滑梯滑下时,规范性制度编制的工作暂告段落。而在这之后,她立即投入即将开展的服务提升培训中。工作的14年,是她不断进步的14年,用她自己的话说:"我们的职业,面对的是生命,耕耘的是心灵,收获的是希望。"

资料来源:南航新疆高娉:面对的是生命,耕耘的是心灵,收获的是希望.民航资源网,2020-06-05.

对于民航服务人员而言,每天要面对形形色色的旅客,每一位旅客都有不同的需求,这就要求民航服务人员在服务过程中与旅客进行良好的沟通,为旅客提供贴心的服务,保证服务工作的顺利进行。良好的人际交往能力也是服务素养的必要组成元素。

理 论 探 究

任务一 认识民航服务人际沟通

一、人际沟通的概念与特点

人际沟通是指人与人之间信息、思想、感情的传递和反馈的过程。在民航服务工作中,民航服务人员需要与旅客进行各种不同层次的沟通,在沟通的过程中,与旅客进行信息的交流、思想与感情的互动。

人际沟通具有以下特点。

(一) 沟通主体的积极互动性

在人际沟通中,沟通双方都有各自的动机、目的和立场,都设想和判定自己发出的信息会得到什么样的回答。因此,沟通双方都处于积极主动的状态,在沟通过程中发生的不是简单的信息运动,而是信息的积极交流和理解。例如:航班上的旅客因为突然发病向乘务员求助，乘务员马上应答并采取救护措施，这时患病旅客发出信息的出发点无疑是希望自己得到帮助，乘务员的回应是对旅客信息理解后的积极反馈。

（二）沟通影响的相互性

人际沟通是一种动态系统，沟通双方都处于不断的相互作用中，刺激与反应互为因果。例如，前排座的甲旅客让后排座的乙旅客小声点说话，乙旅客回话说："关你什么事？"这样的回答虽回应了甲旅客，但也刺激了甲旅客，从而可能导致进一步的激烈争执。

（三）沟通双方的符号共识

人际沟通借助语言和非语言两类符号，这两类符号往往被同时使用。二者既可能一致，也可能矛盾。因此，在人际沟通中，沟通双方应有统一的或近似的编码系统和译码系统。这不仅指双方应有相同的词汇和语法体系，而且要对语义有相同的理解。语义在很大程度上依赖于沟通情境和社会背景。沟通场合以及沟通者的职业和地位等的差异都会对语义的理解产生影响。例如：竖起大拇指，在有些国家和地区表示夸赞或请求搭车，但在某些国家和地区，是对他人极大的不尊重。

二、人际沟通的条件

（1）人际沟通可以是个人与个人之间，也可以是群体和群体之间，但必须涉及两人以上。

（2）人际沟通必须有一定的信息情报，即传递和交流的内容。

（3）人际沟通必须借助一定的媒介才能进行，如口头语言和文字。

（4）人际沟通中信息只有被接收和理解，沟通过程才算完整。

（5）人际沟通中不同意见之间的争论也是一种有效的沟通方式。

三、人际沟通的方式

沟通可以分为正式沟通和非正式沟通、单向沟通和双向沟通、上下行沟通和平行沟通、口头沟通和书面沟通、语言沟通和非语言沟通等多种方式。在民航服务人员为旅客提供服务的过程中，以上的沟通方式都会有不同程度的运用，其中最常见的是语言沟通和非语言沟通两种方式。

（一）语言沟通

语言沟通是人类特有的一种非常高效的沟通方式，是人际沟通的主要手段。语言沟通包括口头语言、书面语言、图片或者图形。

口头语言的形式包括面对面的谈话、开会、广播等；书面语言的形式包括信函（电子邮件）、文件、手册、杂志等；图片或者图形则包括图片、图形、幻灯片、视频片段、电影等。在沟通过程中，语言沟通更有利于传递信息。

语言文字运用得是否恰当直接影响沟通的效果。利用语言交流信息时，参与交流的各方对情境的理解越一致，所交流信息的损失就越少。因此，民航服务人员在与旅客进行语言沟通时，使用语言文字要简洁、明确，叙事说理要言之有据、条理清楚、富于逻辑性，措辞得当、通俗易懂，不要滥用辞藻，不要讲空话、套话，少用专业性术语，同时可以借助手势语言和表情动作，以增强沟通的生动性和形象性，使对方容易接受。

案例 7-1

2019 年民航传播奖候选案例：
"济南旅游版"《安全乘机须知》（节选）

为了让更多旅客了解济南，爱上济南，也为了增加旅客乘机安全须知的观看体验，2018 年 8 月，山东航空携手济南文旅局打造了"济南旅游版"《安全乘机须知》创意视频，安全须知＋美景体验，打造万米高空上的"泉城济南"旅游大片，每年将有效覆盖山东航空全航线 3 000 万旅客。

"济南旅游版"《安全乘机须知》结合标志性景点特色，配上不同节奏音乐，实景模拟救生衣如何穿、飞机迫降后如何撤离等，在宣传安全的同时，也实现了旅游文化与航空文化的融合。

济南旅游资源丰富，济南文旅局也有宣传城市的需求和计划，每年往来游客也是山东航空发展的最大客源，"航空＋旅游"发展模式在各地快速兴起，济南旅游立足航空高端媒体资源，塑造旅游品牌形象，是旅游精准营销的重要部分。航空媒体是旅客了解一座城市的窗口之一，透过机上电视，人们能够看到、感受到城市的底蕴和魅力。如今，航空和旅游两个行业已进入优势互补、合作共赢的发展新格局。

对于航空公司来说，一段出彩的飞行安全演示视频，不仅有助于普及航空安全知识，达到寓教于乐的目的，更有助于航空公司品牌宣传和品牌推广。近年来，为了吸引旅客对飞行安全知识的重视，大部分航空公司每年都会推出新版飞行安全演示视频，绞尽脑汁地将原本乏味的安全须知制作成喜剧片、动画片，甚至科幻大片，并通过社交媒体平台、视频网站向人们传播。

"济南旅游版"《安全乘机须知》宣传片是济南旅游和山东航空客舱安全须知栏目的完美结合，是济南旅游与山东航空跨界联名宣传方式的重大突破，通过在安全须知的播放平台中完美展现济南旅游的精华，面向全国乘坐山东航空航班的旅客传播济南旅游的魅力，并让全国超过 3 000 万名航空旅客在了解乘机安全的同时，对济南的明星旅游目的地产生美好的憧憬和向往。

项目的核心创意：

济南素有"泉城"的美称，汩汩清泉如同跳跃的音符滋润着这里，成为游客眼中的"网红"城市。此次创意宣传片主要结合趵突泉、环城公园、黑虎泉、大明湖、船游泉城、复古铛铛车、九如山、灵岩寺、曲水亭街、泉城广场、泉城夜宴等标志性景点，再配上不同节奏音乐，实景模拟救生衣如何穿、飞机迫降后如何撤离等，向受众展现不一样的乘机安全须知宣传片，面向国内外打出一手漂亮的济南旅游宣传牌。

项目的视频亮点：

一是实现场景多元，涉及的济南特色景区有 10 余处，多采用航拍和地面拍摄相结合的方式；

二是人物多元，打破以往专业人员亲身演出的套路，还增加了旅客代表、孩童等角色，如在大明湖畔，从清朝"穿越"而来的两位游客就被告知"飞机上严禁吸烟"；

三是模拟多元，安全须知的多条讲解与不同的景区完美融合，像如何在飞机上放置行李，就是在环城公园游船上进行演示的。

为了给旅客提供更好的乘机体验，机上"安全须知"一直在以更好的方式呈现。山东航空从最开始的空乘版，简洁明了，加入手语形式；到之后的动漫版，更加生动活泼；再到如今的济南旅游版，开创与城市旅游相结合的先河，每一次创新都为更好地服务旅客。

创新，不仅仅是济南旅游，也是厚道山航的服务。山东航空通过资源高效整合，为国内游客呈现与众不同的"安全课"，未来也将不断前行，利用自身优势，提升品牌价值，展现厚道山航社会责任与不断追求卓越的品牌形象。

资料来源：2019 年民航传播奖候选案例. 民航资源网，2019 - 09 - 30.

乘坐飞机的旅客中认真关注安全须知的一般不多，因此航空公司希望旅客接收到的乘机必备安全知识信息通常损失不少。上述案例中，山东航空不断更新安全须知的呈现形式，同时不断丰富传递手段，吸引旅客的关注，达到让旅客更好地掌握乘机安全知识和技能的目的，使安全演示的交流意义损失更少的同时也优化了旅客的乘机体验。

（二）非语言沟通

非语言沟通是语言沟通的补充形式，有时也单独使用，主要包括体态语言和副语言两大类。体态语言主要有面部表情、身体语言和手势语言、人际距离、衣着等。副语言指人们说话的语调、音量、语速、停顿等，可以成为人们理解语言表达内容的线索。与语言沟通相比，非语言沟通更善于传递思想和情感。

民航服务人员在与旅客进行语言沟通的同时，往往也运用非语言沟通。除了前文提到的副语言，民航服务人员还应注意自己的体态语言。体态语言的具体要求体现在以下几个方面：

1. 面部表情

面部表情在很大程度上显示了一个人的态度。大多数人在沟通时会注意对方的表情。面部表情不总是与语言一致，出现不一致时，人们往往相信面部表情，而不是语言。由此可见，面部表情在沟通过程中起着很重要的作用。

同时，同一种表情可以有不同的含义。例如：微笑可以是幸福和喜悦的表示，也可以是友好的表示，有时甚至可以表达歉意。某种表情的具体含义在很大程度上依赖沟通情境和沟通者的习惯特征。

所以，民航服务人员首先要了解和控制自己的面部表情，在多数情况下面带微笑、和蔼可亲；其次要善于观察和判断旅客的面部表情，了解旅客的情绪反应，为他们提供优质服务。

2. 身体语言和手势动作

身体语言和手势动作在人际沟通中不仅可用来传达信息或强调所说的话，还能反映出一个人的自身修养程度及心理素质是否良好。例如：民航服务人员站立或行走时，含胸驼背、无精打采，会使旅客认为其疲倦、缺乏自信或是感到无聊，这些都将给旅客留下不良印象，影响整体服务形象。表7-1归纳了部分容易产生消极意义的体态动作。

表7-1 部分容易产生消极意义的体态动作

体态动作	可能产生的消极含义
跷小拇指	贬低
掌心向上招呼人	看不起，贬低
伸出一两根手指指人	似有戳脊梁骨之嫌
捂嘴	撒谎
频繁摸鼻子	撒谎
揉眼睛	看到讨厌的东西
挠耳朵	阻止逆言入耳
挠脖子	怀疑、犹豫
室内踱步	怀疑、犹豫、焦虑
把手指、钢笔放在嘴中	遇到困难、感到威胁
双臂交叉	防御心态
腿交叉	紧张、防御心态

当然，身体语言和手势动作的含义受到多种因素的影响，主要有沟通情境、沟通者的习惯以及沟通者所具有的文化背景等。

📺 **小知识**

人体部位可信度

英国某心理学家发现了一个十分有趣的现象，即人体中离大脑越远的部位，其可信度往往越大。脸离大脑中枢最近，因而最容易撒谎。在与别人交往中，我们总是最注意对方的脸，而且我们也知道，别人也以同样的方式注意我们。再往下，手位于人体的中下部位，诚实度居中。而脚离大脑最远，绝大多数人都容易忽略这个部位，所以脚比脸、手的可信度更高。

资料来源：唐华山. 受益一生的情绪控制课［M］. 北京：人民邮电出版社，2011.

3. 目光接触

在民航服务中，民航服务人员与旅客保持目光接触是对旅客的尊重。沟通过程中的目光注视，是身体语言沟通方式中最有力的一种。当民航服务人员在交流过程中使用目光接触时，实际是在表达"我对您感兴趣，我在关注您"；反之，当民航服务人员避免与旅客的目光接触时，旅客就会认为民航服务人员对自己没有把握、在说谎或者对旅客毫不在意等，因此会产生负面影响。

一般而言，在为旅客提供服务时，民航服务人员应面带微笑，以温和的目光注视旅客，注视的部位是旅客的两眼和嘴之间的三角区域，这样的信息传递会被正确、有效地理解。民航服务人员在与旅客目光接触的同时，还需要主动地随机应变。例如：如果民航服务人员需要回答旅客问题，可以大方自信地凝视对方，表明诚心诚意的服务意愿；如果民航服务人员不知道旅客为什么看自己，就要稍微留意对方的面部表情和目光，便于制定对策；如果民航服务人员和旅客交谈时，对方漫不经心而又出现闭眼姿势，就要识趣暂停。

📖 **案例 7 - 2**

空姐刘欣丹：传递阳光的"满天星"

从事乘务员工作后，刘欣丹开始慢慢学习与人交流的技巧，试图带给旅客一种零距离的亲切感。在服务工作中，她总结出了两个关键点：眼神的交流和微笑的力量。刚刚入职的时候，一位主任乘务长曾经对她说过："你给别人的第一印象，一定是从你的眼睛里流露出来的。"一开始，她对这种眼神的交流并不能立即心领神会，但随着工作的深入，她渐渐明白这种眼神的交流源于尊重和真诚，用她的话说就是"把每一位旅客都当作自己的家人",这样才能得到旅客真正的回应和认可。还有一点,就是微笑的力量,乘务员要始终对旅客报以真诚的微笑,传递善意。"当看到旅客下机时同样回馈一个微笑,那就值了!"她这样描述。一位旅客曾在微博上给她这样的留言:"她是我见过的笑容最真诚的国航空姐,很喜欢这个女孩子带来的温暖、热情和积极的感觉。"

4. 人际距离

在人际沟通过程中,双方之间的距离有一定的含义。一般而言,关系越密切,距离越近。人类学家爱德华·霍尔将人际距离分为亲密距离、个人距离、社交距离和公众距离 4 种。他认为,父母与子女之间、爱人之间、夫妻之间的距离是亲密距离,小于 0.45 米,可以感觉到对方的体温、气味、呼吸;个人距离是朋友之间的距离,一般是 0.45~1.2(不含)米;社交距离是认识的人之间的距离,一般是 1.2~3.7(不含)米,多数交往发生在这个距离内;公众距离指陌生人之间、上下级之间、演讲者与听众之间的距离,一般是 3.7~7.6(不含)米。

人际距离与文化、地位、居住环境等多种因素有关。民航服务人员与旅客之间的人际距离属于社交距离。当然如果在客舱内,空中乘务员和旅客之间因客舱的客观条件所限,有时人际距离会小于 1.2 米,这时空中乘务员要注意把握尺度,以免让旅客产生不安的感觉。

5. 衣着服饰

衣着服饰本身不具备沟通功能,但和具体人、具体场合结合在一起,就具有了一定的沟通功能,可以作为非语言沟通的手段。有研究者认为衣着至少可以给别人传递 10 种信息:经济水平、教育水平、是否值得信任、社会地位、是否庸俗、经济背景、社会背景、教育背景、成功水平和道德品质。服饰还表现出一个人在沟通交往中的态度。民航服务人员通常都需要穿着统一的制服,除了注意制服的整洁之外,还应注意与之搭配的发色、发型、妆容、装饰物等。这些不仅体现了个人的职业形象和职业素养,还无声地向旅客传递了企业的服务形象。旅客会根据民航服务人员的衣着服饰不自觉地预先判断和评价企业的服务水平。

由于各种人际交往都是多种线索相互作用的结果,因此语言沟通和非语言沟通都非常重要,在人际沟通中往往是相互依存和补充的。根据沟通情境的不同,有时语言沟通发挥的作用大一些,有时非语言沟通更有效果。

任务二 如何进行与民航旅客的客我交往

民航服务工作从本质上说,是一种与人打交道的工作,是通过人际交往实现的。民航服务中主要的人际交往是客我交往，它是民航服务的先决条件和存在方式。优质服务是民航信誉的保证，只有正确对待和处理民航服务中的客我关系，才能真正实现优质服务。

一、民航服务中客我交往的含义与特点

（一）客我交往的含义

客我交往是民航服务中服务人员与旅客之间为了沟通思想、交流感情、表达意愿，解决旅途中共同关心的某些问题，而相互施加各种影响的过程。它是民航服务人员与旅客相互作用的一个动态过程。

（二）客我交往的特点

客我之间的交往，从宏观上讲是大量的、频繁的、每日每时都在进行的。但是，具体到客我个人之间的交际，却大多数是偶然的、短暂的、纯事务性的。在较短暂的交际中，旅客会认为，无论哪位民航服务人员接待都无所谓，只要达到目的、满足需要即可；民航服务人员则认为，为哪位旅客服务都一样，没有选择的可能和必要，服务就是目的。因此，客我交往具有以下一些特点。

1. 短暂性

高效、快捷的服务是许多旅客选择飞机作为交通工具的原因之一，无论是购票、候机、登机、途中飞行直至到达目的地，占用旅客的时间相对都较少，同时也因为旅客数量庞大，所以每一位民航服务人员与旅客接触的时间也就较短。

2. 及时性

民航服务的高效率、时间短决定了客我交往的及时性。当出现问题时，双方都要及时沟通，使问题得到及时的解决，以免延误行程。例如：旅客违规携带物品或行李包装不符合规定，应在民航服务人员的指导下及时做出调整，以免耽误自己的行程；遇到航班延误，不论因何种原因引起，民航服务人员要及时向旅客说明情况，做好解释工作，否则会引起旅客的猜疑和不满，给他们带来损失，也有损民航企业的形象。

3. 目的性

客我交往带有很强的目的性。对于民航服务人员来说，客我交往的主要目的是更好地为旅客服务。因此，从某种程度上来说，民航服务人员不能以个人的感情、兴趣和喜好为依据，与旅客之间的接触也只限于具体的服务项目。对于旅客来说，其主要目的是快捷、安全地到达目的地并享受期望中的服务。因此，旅客有对民航服务人员提出要求的权利，可能会凭自己的意愿、兴趣、爱好等进行服务交往。

4. 结果的不稳定性

由于民航服务人员在个人素质、性格能力等方面存在差异，以及旅客的社会地位、经济实力、文化背景和情绪变化也各有不同，再加上受到当时情境的影响，因此客我交往的结果往往具有不确定性。即使同一位民航服务人员用同样的方式为旅客提供服务，也可能会产生不同的服务效果。

二、客我交往的心理状态和形式

（一）客我交往的心理状态

在民航服务的过程中，旅客和民航服务人员的心理状态表现为以下三种。

1. 家长型心理状态

家长型心理状态以权威和优越感为特征，具体表现为两种行为模式。

（1）命令式：通常表现为命令、训斥、责骂等，这种人讲起话来总是习惯使用"你应该……""你不能……""你必须……"等。

（2）慈爱式：通常表现出关怀和怜悯，如"请不要着急，我们会想办法的"。

2. 儿童型心理状态

儿童型心理状态以情感为特征，具体表现为两种行为模式。

（1）服从式：具体表现为顺从或服从，如旅客表示想要看报纸，民航服务人员立即回答"请稍等，马上为您送来"，随即为旅客送上一份报纸。

（2）自然式：具体表现为自然和任性，感情用事、喜怒无常、不加考虑，这种人讲起话来总是习惯使用"我猜想……""我不知道……"

3. 成人型心理状态

成人型心理状态以注重事实根据和善于进行客观理智的分析为特征，具备这种心理状态的民航服务人员能够根据过去存储的经验估计各种可能性，然后做出决策。他们待人接物冷静，慎思明断，尊重别人，具体表现为以下几种行为模式。

（1）询问式，例如："给您安排一个靠窗口的座位，可以吗？"

（2）回答式，例如："不好意思，没有靠窗口的座位了！"

（3）建议式，例如："能不能把您的座位安排在紧急出口旁边？"

（4）赞同式，例如："没问题，我可以坐在紧急出口旁边。"

（5）反对式，例如："不，我不想要紧急出口旁边的座位。"

（6）道歉式，例如："对不起，打扰一下。"

（7）总结式，例如值机员在为客人办理好登记手续之后，总结说"六位旅客，三位头等舱，三位商务舱"。

（二） 客我交往的形式

旅客与民航服务人员之间的客我交往，主要有平行性交往和交叉性交往两种形式。

1. 平行性交往

当旅客提出要求之后，民航服务人员如果能够顺从旅客的意愿，并符合旅客的期待，这样的交往称为平行性交往。也就是说，平行性交往是一种融洽性交往和顺从性交往，这样的交往使客我双方关系融洽、情绪愉快。具体来说，平行性交往又可以表现为以下三种类型。

（1） 成人型与成人型的交往。这是平行性交往中常见的一种交往形式。例如，旅客对服务人员说："请帮我把行李放进行李舱中，谢谢。"服务人员立刻回答："好的，不用客气。"

（2） 家长型与儿童型的交往。例如，旅客对服务人员喊道："马上给我倒一杯水来，要冰的。"服务人员回答道："请稍等，马上给您倒。"

（3） 儿童型与家长型的交往。例如，一位旅客不慎丢失了自己的行李，求助于服务人员时焦急万分、情绪激动，服务人员轻声细语地安慰这位旅客："我们会尽量帮助您的，先不要着急，仔细回忆一下您是在哪里丢的行李……"

2. 交叉性交往

与平行性交往相反，交叉性交往是指民航服务人员的行为不符合旅客需要或者未能达到旅客期望的一种交往形式。交叉性交往容易导致双方关系紧张、发生冲突，具体表现为以下四种类型。

（1） 成人型与家长型的交往。例如，旅客向服务人员提出要求说："麻烦你帮我倒一杯热水。"服务人员不耐烦地说："我现在正忙，你自己去那边倒吧。"

（2） 家长型与家长型的交往。例如，旅客大声说："帮我倒一杯热水。"而服务人员则不耐烦地大声道："我现在正忙，你自己去那边倒吧。"

（3） 成人型与儿童型的交往。例如，旅客对服务人员说："请帮忙看管一下行李。"服务人员回答说："看管可以，万一少了什么东西我可不负责啊！"

（4） 儿童型与儿童型的交往。例如，旅客因找不到行李而非常着急，服务人员不仅不帮忙，还推卸责任地说："你自己不小心有什么办法。"

（三） 客我交往形式的运用

在民航服务人员与旅客交往的过程中，双方不可避免地会出现问题、产生分歧。尽管解决问题的方式方法有很多种，但是在一般情况下，民航服务人员应通过沟通和商讨的方式来解决问题，避免冲突，让旅客满意。

> **案例 7-3**
>
> ### 旅客出行计划受阻 乌海机场真情服务暖旅途（节选）
>
> "我们都没有收到航班取消信息，而且刚从宁夏坐车过来，现在告诉我们取消了，我们怎么办？"一句怒气冲冲的质问声，吸引了在地服办公室正在整理资料的当日值班经理。
>
> 地面服务部值班经理耐心细致地与旅客沟通与交流，从询问中了解到旅客原本是 7 月 25 日计划乘坐航班，由于公共安全原因该航班被临时取消，旅客却没有收到航班取消的通知，导致旅客按计划到达乌海机场乘坐航班却被告知航班取消，无法按时返程。该旅游团与航空公司沟通得到答复称，航空公司可以将机票改签至次日航班，但旅客当日食宿、交通费用需要自理。
>
> 考虑到滞留旅客为老年旅游团，人数达到 22 人，平均年龄超过 70 岁，无法按时返程的现实让旅客无可奈何，滞留期间费用自理的答复让旅客情绪激动、无法接受。乌海机场工作人员以旅客需求为导向，以旅客愿望为目标，多番与航空公司商谈，说明滞留旅客群体类型、年龄结构、情绪和身体状况等实际情况，通过坚持不懈的努力争取，成功地说服航空公司为旅客提供航延食宿服务，并帮助滞留旅客将机票改签至次日航班，安排专人逐一核对滞留旅客机票是否改签成功，并安排机场车辆将旅客安全护送至酒店。
>
> 为持续提升真情服务品质，深挖旅客潜在需求，改善滞留旅客乘机体验，让没有按时回家的遗憾，转变成与乌海这座城市偶遇的美好，乌海机场积极协调某酒庄免收景点门票费，抽调专人陪同滞留旅游团免费参观了酒庄红酒地下贮藏区、配装现场，酒庄工作人员详细为旅客讲解了红酒酿造全流程。酒庄参观获得了大爷大妈们的一致好评，他们意犹未尽地交换着参观感受。"塞翁失马，焉知非福。虽然航班取消耽误了我们回家，但是从昨天的问题解决和今天陪同我们参观体验，让我们真切地感受到了乌海机场的热情和负责！"滞留旅客黄大爷竖着大拇指真切地说道。
>
> 资料来源：旅客出行计划受阻 乌海机场真情服务暖旅途．中国民航网，2022-07-26.

上述材料中，民航服务人员始终保持客观理智的"成人型"心态与旅客进行沟通，真诚的服务态度得到了旅客的肯定，也使服务能顺利完成。

三、客我交往的原则、分寸和技巧

（一）客我交往的原则

人际交往一般有四种结果：我胜你败，你胜我败，两败俱伤，双胜共赢。客我交往亦然。

如果出现了一胜一败的结果，失败方有三种选择：屈服且口是心非，怀恨在心而伺机报复，疏远而不再来往。民航服务中，无论失败方做出哪一种选择，都不会给胜利方带来幸福，最终导致两败俱伤。在客我交往中，失败方如果是旅客，民航企业可能会声望受损、客户流失；失败方如果是民航服务人员，旅客可能享受不到真诚的服务态度，而民航企业可能会遭受员工失去工作热情甚至流失率升高的结果。因此，应按双赢原则进行客我交往，双赢才是最好的状态，双方都得到自身所期望的，或虽然没有得到自身期望的全部，但都得到了自身最想要的或该得到的，兼顾了双方的利益和尊严。

（二）处理客我关系的分寸

要确保旅客对服务工作满意，同时对服务保持热情与积极性，民航服务人员应按照双赢原则来处理客我关系。在具体的服务工作中，民航服务人员要掌握处理客我关系的分寸。

1. 服务而非亲密

一般情况下，民航服务人员与旅客的接触只限于旅客需要服务的地点和时间。民航服务人员在为旅客提供服务时，要注意公私有别。在服务工作中，出于礼貌或者创造气氛的需要，民航服务人员可以和旅客进行一些简短的交谈，但不能影响正常的工作，也不能涉及隐私话题。

2. 服务而非雇佣关系

民航服务人员与旅客之间是服务与被服务的关系，而非雇佣关系，服务者和服务对象都有自身权利和义务。服务对象接受服务就是为了满足自己物质、精神等方面的需求，所以，服务对象具有选择服务者、是否接受服务、随时中止所接受的服务的权利。服务者本身也有自己的权利和需求，其从事民航服务工作会有各种各样的内在动机和需求，但服务工作的特点决定了只有旅客向民航服务人员提出需要，而民航服务人员只能对旅客进行引导，不宜提出需要（安全保障工作要求除外），这就决定了在服务过程中民航企业是满足旅客需要的主体，民航服务人员是实现满足旅客需要的客体，一切应服从于尊重旅客价值、体现旅客的主导地位。

3. 礼貌而非卑躬

在民航服务人员与旅客交往的过程中，双方在人格上是平等的，交往的双方都是受益者。因此，民航服务人员在旅客面前应保持平和的心态，服务热情有礼，言行从容得体，既不需要表现得低人一等，也不能表现得傲慢无礼。

4. 助人而非索取

尽自己最大的努力为旅客做好服务工作，满足旅客的需求，是民航服务人员应尽的义务，民航服务人员不应也不能向旅客索取任何形式的回报。帮助他人有助于民航服务人员克服自卑、抑郁、焦虑等消极情绪，是自我能力的一种体现，是获得友情、改善人际关系的积极途径。服务工作获得旅客的肯定也会给民航服务人员带来成就感和尊重需要的满足。

5. 重点关照而非谄媚

民航服务人员对所有的旅客都应一视同仁，不能因旅客身份、地位、年龄、健康状况的不同而产生不同的态度。对于部分需要民航服务人员重点照顾的旅客，如老年旅客、行动不便的旅客、无人陪伴的儿童旅客、初次乘机的旅客、VIP 旅客等，民航服务人员应注意提供个性化服务且更细致周到。

（三）客我交往的技巧

1. 良好的心态

民航服务人员要能够充分意识到自己的职业角色，调整心态，懂得自觉地调控自己的行为和情绪。在每天走上工作岗位前，民航服务人员应先调整好自己的心态，准确地进行个人角色认定，杜绝带着消极情绪上岗。上岗前，民航服务人员若发现自己情绪状态不好，应主动对不良情绪进行自我调控。通过角色转换与定位，民航服务人员应充分认识到自己的服务、形象直接代表企业的形象。

2. 亲和力

民航服务人员要在日常生活中注意培养自己的亲和力。首先，在深入了解自己的基础之上，在最普通的人际交往中，将别人作为一面镜子，随时修正自己。其次，提升对他人的理解能力，在人际交往实践中，不断地放下自己固有的价值观，耐心地倾听与理解他人。最后，防止烦躁情绪的干扰和破坏，当人们处在高度的压力下，就会出现焦虑的情绪，许多内在的情感需求得不到满足，就会不断地从潜意识中浮现出来，便会变得烦躁不安。虽然每个人都懂得人际交往和亲和的原则，但是受限于生理状况，很多人会不由自主地发脾气，因为一点鸡毛蒜皮的小事而生气，渐渐地无形中便会给人际关系增添许多麻烦，亲和力就会下降。民航服务人员只有做到劳逸结合，工作和生活兼顾、紧张和松弛并存，保持良好的心情，才能有良好的亲和力。

3. 微笑

微笑是一种特殊的情绪语言，是服务工作的润滑剂，是民航服务人员与旅客建立感情的基础，也是服务行业的职业道德的重要内容。它可以代替语言上的欢迎词，对旅客的情绪产生主动诱导的作用。当然，这里的微笑，不仅指民航服务人员的表情，还包括"心灵的微笑"，即民航服务人员积极的态度。在整个服务过程中，民航服务人员应持一种态度，那就是竭力为顾客服务、让其满意的积极态度。

为旅客提供服务时，民航服务人员不仅要注意自己的服务态度，而且要学会转化旅客的态度。对于少数旅客的一些不当言行，民航服务人员主动把"对"让给对方，并做到有礼有节，用自己的微笑和良好态度感化消极的态度，消除双方的偏见和隔阂，这将有助于旅客和民航服务人员关系的融洽，有利于服务过程的顺利进行，从而实现服务质量的提高。

4. 倾听

倾听是一种非常重要的沟通技能，是尊重的表现。倾听是通过听觉、视觉媒介来接收和理解对方思想、情感的过程。有效的倾听不是一言不发，也不是只微笑着听，而是一个需要民航服务人员积极参与并不带主观判断的接受过程。面对旅客的疑问与不解，民航服务人员应抛弃成见、主观判断和以自我为中心的思想，以为旅客服务的意念来指引，站在旅客的角度思考问题，耐心倾听旅客的陈述，同时利用恰当的时机精准地回答问题，提供服务。

在倾听时，民航服务人员首先应创造一个平等、安全、不被干扰的倾听环境；其次要注意肢体语言，使用积极的肢体语言有助于提高倾听的效果和表达乐于为旅客服务的意愿，如微笑、点头和友善的表情，良好的目光接触，张开双臂、身体前倾等动作，都能表明在用心地倾听；最后要"听"旅客的身体语言，如旅客不断看表，不时变换站立姿势，就说明他很着急，这时应尽快为其提供服务。民航服务人员倾听时使用旅客喜爱的语言回应，能更好地与旅客沟通，让旅客感到被理解，消除沟通障碍，让接受服务的旅客如沐春风。学会倾听、善于倾听有助于民航服务人员与旅客之间保持良好的沟通效果。

5. 关怀

随着民航业的进一步发展，选择飞机作为出行交通工具的旅客，其要求已不再仅仅局限于对航班的安全保障，优质、细致的服务成了旅客的关注点。看似微不足道的细节，都会在无形中打动旅客。

首先，民航服务人员应细心。旅客的一个动作、一个眼神都是服务需求的信号。如果民航服务人员不够细心，不注意观察细节，就很难准确接收信号，当然也就不能实现旅客所期望的满意回应和反馈。

其次，民航服务人员应有耐心。若想要用服务来赢得旅客满意，民航服务人员与旅客接触时，就需要保持耐心。由于旅客具有不同的性格特点和生活习惯，因此在接触过程中，难免会出现问题。可能某些问题的原因在于旅客自身，但民航服务人员必须耐心地与旅客交流，全面了解他们的需求，站在旅客的立场上处理好问题。当旅客发出抱怨的声音时，民航服务人员应耐心寻找原因，理解旅客的异议并将其排除。

最后，民航服务人员应有责任心。责任心是对待工作忠诚度的体现，有了责任心方能敬业、尽职、进取，自觉把岗位职责、分内之事铭记于心，及早谋划该做什么、怎么做。由于服务工作的关联性，民航服务人员应时刻想着自己的工作牵涉不同的部门和同事，一言一行代表了整个企业。只有以长期的责任心对待每一件事、每一个旅客，服务工作才会更加完美。

四、服务中发生冲突的主要原因和处理原则

（一）冲突的概念

冲突是一种对立的状态，表现为两个或两个以上的相互关联的主体之间的紧张、不和谐、敌视，甚至争斗关系。冲突发生的原因多种多样，可能是各方的需要、利益不同，对问题的认识、看法不同，价值观、宗教信仰不同，或者是行为方式、做事风格不同等。总之，当相互关联的两个或者多个个体之间的态度、动机、价值观、期望或实际行动不兼容，并且这些个体同时也意识到他们之间的矛盾时，个体间的冲突就会发生。

人际冲突有不同的层次。第一层次是特定行为冲突，即双方对于某个具体问题存在不同意见，如后排旅客不满前排旅客将座椅靠背向后放倒，认为被挤压了个人空间，前排旅客则觉得这是个人应有的权利，于是双方发生冲突。第二层次是关系规则或角色冲突，即双方对于如何处理两个人的关系，在关系中各自的权利、义务有不同的理解。在人际关系中，有些角色规范比较明确，而也有一些角色规范比较模糊，如果两个人对于规则看法不同，就难免发生冲突。如航班延误时，旅客要求地面值机人员准确承诺航班起飞的时间，但实际上地面值机人员的工作职责并不包含安排航班起飞时间，于是当旅客得不到想要的回答时，就会认为自己被敷衍对待从而发生冲突。第三层次是个人性格与态度冲突，这往往涉及双方人格与价值观的差异，因此是比较深层次的冲突。例如：有的人会觉得对于小事无须计较太多，谁对谁错都无所谓，解决了就好；但也有的人认为即使是小事，分清对错和责任也十分重要，所以对于小事他也要"死磕到底"。在人际交往中，这三个层次的冲突有可能交织在一起。特定行为分歧可能引起关系规则的矛盾，并进一步导致个性冲突。一般而言，冲突层次越深，涉及因素越多，情感卷入程度越深，矛盾就越复杂，解决起来也就越困难。

（二）服务中发生冲突的主要原因

当自己的需要没有得到满足时，旅客就会对民航服务人员所提供的服务表示不满，从而导致冲突的发生。旅客的需要不能得到满足的原因有很多，比较常见的原因有以下几种：

1. 航班延误或取消

航班延误或取消的原因包括航空公司自身原因和非航空公司原因。因航空公司自身原因造成的延误，包括机务维护、航班调配、商务、机组等。因非航空公司的原因造成的延

误，包括天气、突发事件、空中交通管制、安全检查等。无论哪一种原因，可能都会导致航班延误甚至取消，而此时如果后续服务做不好，就极易引起旅客的情绪激动，从而引发冲突。

2. 行李或货物出现问题

航空业对于旅客乘坐飞机时携带的行李有着严格的规定。例如：乘坐国内航班时，旅客随身携带物品的重量，每位旅客以 5 千克为限；持头等舱客票的旅客，每人可随身携带两件物品；每件随身携带物品的体积均不得超过 20 厘米×40 厘米×55 厘米；超过上述重量、件数或体积限制的随身携带物品，应作为托运行李。因此，很多旅客都需要托运行李。而在运输过程中，可能因各种原因出现行李丢失或者损坏，这样会给旅客的出行带来极大的不便，容易导致民航服务人员与旅客之间的冲突。

3. 服务原因

如果民航服务人员不能及时发现旅客的需求，服务时不主动、不周到、不细致、不及时，就会引起旅客的不满，甚至引发与旅客之间的冲突。

4. 旅客自身原因

旅客因身体状况不佳、自身情绪低落或情绪激动、饮酒过度等其他一些因素而导致的情绪问题，也会导致与民航服务人员之间的冲突。

5. 旅客之间发生矛盾

不同的旅客具有不同的性格喜好、文化背景、生活习惯、修养素质等，再加上在服务过程中，因座椅问题、行李放置问题、排队次序问题等的刺激和影响，旅客之间难免发生矛盾和纠纷。

（三）服务中发生冲突的处理原则

1. 尽量避免争论，耐心倾听

在旅客情绪激动时，民航服务人员应尽量保持平静，不打断旅客的倾诉，专心于旅客关心的问题。面对口头的人身攻击时，民航服务人员应避免采取对抗姿态，而应排除干扰，耐心地听完旅客陈述后再做出回应。同时，民航服务人员应表现出对旅客情绪的理解，让旅客知道自己乐于提供帮助。语调宜自信而殷勤，不使用会火上浇油的措辞，避免指责自己的同事或公司。这种做法往往能让旅客的情绪平静下来，愿意配合民航服务人员下一步的工作，也减少了对其他旅客的影响。

2. 向旅客表示歉意，积极解决问题

如果旅客不满的对象是航空公司或民航服务人员，不管冲突发生的原因是什么，民航服务人员都要在第一时间向旅客表示歉意。这种歉意不仅仅体现在语言方面，更表现在积

极行动方面。为旅客解决问题是化解冲突最有效的办法。如果在自己的能力范围之内无法解决，民航服务人员一定要向旅客做好解释工作，并及时上报并告知旅客进展情况，确保信息渠道畅通。

3.公平对待，不偏不倚

民航服务人员在劝阻旅客之间的矛盾或冲突时，要注意方法，态度上要尊重对方，措辞适当，不要介入纠纷中，不要评判谁是谁非。当然，如果旅客之间的冲突严重影响机场或客舱的秩序和安全，民航服务人员应马上报告安保人员或公安人员，请他们采取适当措施。

4.做好后续工作，积极思考冲突发生的原因

当问题解决之后，民航服务人员应控制自己的情绪，不对其他的同事反复讲述所发生的不愉快的事件，而应能够分析哪些环节做得还不够、哪些环节还应该加以改进，思考冲突产生的原因，就这些原因提出一些好的建议和意见，为企业更好地向旅客服务提供参考，使服务工作进一步完善。例如：因航班延误导致冲突，建议航空公司或机场及时为旅客提供航班延误的信息，包括延误的原因、等待的时间、解决的办法等，避免因信息不畅而造成的冲突。又如：因行李问题导致冲突，建议航空公司在旅客购票时就向旅客详细说明行李托运的相关规定，避免旅客因不了解情况而在行李托运时出现问题。

📋 案例 7-4

航空服务不可忽略旅客间的冲突

航空公司为了追求差异化服务而绞尽脑汁时，可能忽略以下事实：影响旅客乘机体验的已经不再只是航空公司的飞机餐是否可口，或者乘务员是否笑容可掬。事实上，在航空服务达到标准化和专业化之后，乘务员锦上添花的努力对提升旅客感受的作用微乎其微。如果换个思路，就会发现影响旅客乘机心情的"主要矛盾"，已经不只发生在旅客与乘务员之间，而是旅客之间的隐形冲突。

靠窗旅客频繁进出，会引起同排其他旅客的不适；前排乘客座椅过于靠后，后排旅客也难以一直宽容。这些细节会给旅客原本快乐的旅途蒙上阴影。相对于乘务员的礼貌贴心，其他旅客反而是影响乘机体验的重要因素。登机时，恐怕普通旅客不会担心乘务员对自己的服务态度不好，反而是对自己的未知邻座隐隐担忧：但愿不是吵闹不停的熊孩子，但愿不是大声喧哗的人，也千万别遇到霸占两边扶手还倚靠着睡觉的自私鬼。如果不幸遭遇到这样的邻座，哪怕飞行时间再短都会让人忍无可忍，飞机餐再可口也不免食之无味。

心理学中有一个有趣的"安全距离"之说，陌生人之间的距离如果小于 1.2 米，就会带来焦虑、紧张的情绪。而在机舱、影剧院和咖啡馆等公共场所中，安全距离只能被打破。邻座间一旦产生不满或者矛盾，一路上的好心情很可能就此泡汤。

对于飞行途中个别旅客自私的言行，并没有人及时提醒改正，这是空乘服务中较容易忽略的环节。对那些不注意别人感受、习惯将座椅后仰过度的旅客，与其让后排旅客一再隐忍、在沉默中爆发，不如乘务员出言提醒。作为客舱内的秩序维护者，乘务员的言语会更加冷静和友善，调节效果也会更好。而要扮演好一个仲裁者的角色，还需要乘务员多关注客舱中的细节，及时提醒言行不当者规范自己的行为，让旅客始终保持一条礼貌的界线，营造更加舒适、愉快的航程。

以上案例材料说明了服务交往中的冲突不仅限于旅客和民航服务人员之间，还常发生于旅客之间，这也会严重影响旅客的服务感受。因此，民航服务人员和航空公司都不能置身事外，须想方设法营造友好的人际交往环境和气氛。

案例分析应用

评论：以旅客视角"装点"安检服务

近日，乌鲁木齐机场安检总站开展了形式多样的服务培训，增强安检员的服务意识，提升服务技巧。此次培训有典型案例分析和模拟情景再现。每一位安检员都参与其中，从旅客视角观察安检服务，改进安检服务，以期让旅客安全过检、高效过检、愉快过检。

民航空防安全的基础在地面、关键在安检。安检是保障旅客、机组人员和飞机安全所进行的一种强制性的空防安全技术性检查，也是展示机场服务水平的重要窗口。然而有时，面对强制性的安检流程，旅客容易有一些不耐烦。一方面，安检员要严格执法、确保空防安全；另一方面，要为旅客提供优质的服务，中间的压力不言而喻。2018 年全国民航工作会议提出的九项重点任务，明确提出了"改进安检手段，完善安检设施，提高安检效率，让旅客乘机更顺畅"的任务推进要求。在这种情况下，安检环节的工作方式和方法就显得格外重要了。

在改进安检手段方面，安检员要学会以柔克刚，用旅客容易接受的方式进行安全检查。那么，在不影响其他旅客正常过检的情况下，如何最大限度地将安全风险查控在地面呢？这就需要安检员增强"察言观色"的能力，提高安检的针对性和有效性。广西南宁机场前不久开展了一次针对旅客异常行为识别和处理的培训。这次培训为安检员提供了民航旅客异常行为识别知识、行为特点及分析、总结的思路和方法。机场安检工作可以从此入手，尝试结合行为心理学、微表情视频等，为安检员提供更多观察旅客、与旅客沟通的技巧，以及观察后的处置技巧。这些技巧可以帮助安检员不动声色地辨别旅客行为，避免与旅客发生不必要的冲突。

从旅客视角来看，机场安检员应努力提供个性化的服务。随着乘机出行的旅客数量不断增加，旅客的结构也越来越多样化，每位旅客期待的安检服务是不一样的。每年多次乘机出行的旅客对安检规定较为熟悉，一般能够主动配合、顺利过检。晚到旅客时间紧张，急客通道就得真正"急"起来、快起来。而许多初次乘机的旅客不熟悉安检规定，就需要安检员多花费一些耐心和精力。当这些旅客过检出现问题时，安检员应多为他们提供一些人性化的服务建议，如寄存或快递无法带上飞机的昂贵物品等。在帮助他们更好地了解安检规定的同时，也使其对民航服务留下一个好印象。

此外，安检环节还应该大力应用和推广新技术，运用新技术提高安检效率。人脸识别技术在深圳宝安机场、重庆江北机场已经成功上线应用，极大提高了安检效率。自助登机服务、无纸化验证等新技术也已经在多地机场推行。银川河东机场 T3 航站楼建设还以人脸识别技术为抓手，以平台数据分析为核心，推出了 VIP 识别等多种机场服务功能。在新技术、新流程的推广上，各地机场应该步子迈得大一些，根据各地区实际情况进行拓展和再创新。

在此，也呼吁各位旅客随时关注安检注意事项，提前做好各方面的准备，别让任何一个乘机环节影响了行程。

资料来源：以旅客视角"装点"安检服务．中国民航网，2018 - 05 - 30.

■ 案例情景要点

1. 安检是保障旅客、机组人员和飞机安全所进行的一种强制性的空防安全技术性检查，也是展示机场服务水平的重要窗口。

2. 一方面，安检员要严格执法、确保空防安全；另一方面，要为旅客提供优质的服务，安检环节的工作方式和方法就显得格外重要了。

3. 随着乘机出行的旅客数量不断增加，旅客的结构也越来越多样化，每位旅客期待的安检服务是不一样的，机场安检员应努力提供个性化的服务。

4. 机场为安检员开展了形式多样的培训，增强安检员的服务意识，提升服务技巧和异常行为识别和处置技巧等，避免与旅客发生不必要的冲突，让旅客安全过检、高效过检、愉快过检。

5. 安检环节还陆续大力应用和推广新技术，运用新技术提高安检效率。

■ 理论应用

1. 民航服务中主要的人际交往是客我交往，只有正确对待和处理民航服务中的客我关系，才能真正实现优质服务。

2. 客我交往具有短暂性、及时性、目的性、结果的不稳定性等特点，这要求民航服务人员用心把握客我交往的过程。

3. 客我交往中双赢才是最好的状态，应按双赢原则来进行客我交往，并通过客我交往的技巧处理客我关系，真正实现优质民航服务。

4. 案例中的安检员接受形式多样的培训以及安检新技术的应用和推广，目的就是提升服务技能，从而确保在短暂的客我交往中，及时、高效地完成服务，尽可能地满足旅客的个性化需求，在确保安全的前提下实现融洽、愉快的客我交往。

5. 改善服务工作是民航精神文明建设的重要内容，民航服务人员应不断学习提升自身服务素养，通过创新服务满足旅客的各种个性需要，提高广大国内外旅客对民航的认可和支持，这是中国民航孜孜不倦、持之以恒追求的目标。

■ 头脑风暴

民航服务人员遇到因不清楚民航有关管理规定而坚持己见不肯配合的旅客时，应该怎么办？

一、学习总结

1. 根据本项目所学，将关键词整理成至少 10 张学习卡片，同学之间或学习小组之间互相随机抽取关键词后，互向对方解释对关键词的理解。

2. 请绘制本项目学习内容的思维导图。

二、实训任务——客我交往心态实践对比

[服务场景] 甲旅客登机后，要求乘务员拿两条毛毯给他备用，乘务员说因为今天航班上旅客较多而毛毯数量有限，先发一条毛毯，等下如果还有再帮他拿过来，后续又给这位旅客一条毛毯，甲旅客表示不满。后来，他要求乘务员帮他扔掉已经用过的口罩，乘务员表示可以扔进座椅前方的垃圾袋中，甲旅客表示不理解，更加不满意；飞机落地还在滑行时，他就起身打开行李架拿行李，乘务员提醒他飞机还在滑行，为了安全，此时旅客不能拿行李，而甲旅客就把他的行李放在了过道中，还说他没有影响别人，表示对乘务员的服务非常不满意，要投诉。后来甲旅客在某社交媒体上发视频，要求乘务员道歉，要求乘务员帮他去某国免税店购买一些物品后才能下架视频。

[任务步骤1] 全班同学分小组后，由教师指定一半的小组扮演乘务员角色，另一半的小组扮演旅客角色。各小组分别按"家长型""成人型""儿童型"心态准备相应的对话内容。

[任务步骤2] "家长型旅客"小组和"家长型乘务员"小组配对；"儿童型旅客"小组和"儿童型乘务员"小组配对；"成人型旅客"小组和"儿童型乘务员"小组配对；"成人型旅客"小组和"成人型乘务员"小组配对等，轮流向全班同学演绎服务场景，演绎后大家一起讨论哪种配对情形下客我交往更加愉快、融洽。

[任务说明] 演绎服务场景时，每小组轮流由一名组员进行对话；教师应适当协调小组的配对。

任务思考：在客我交往过程中，民航服务人员应如何及时调整自己的心态使服务顺利完成？

三、思考实践

1. 思考题

(1) 人际交往（沟通）有什么特点？

(2) 客我交往有什么特点？

(3) 客我交往的心理状态和形式有哪些？

(4) 民航服务人员应如何处理与旅客的关系？

(5) 服务中发生冲突的原因有哪些？应怎样处理冲突？

2. 案例题

暖心！东航武汉地服的"值机小能手"们（节选）

细心照顾残疾旅客

这天一早，东航武汉的姜欣看见一位穿着明黄色艳丽长裙的女子在办理 MU2611（武汉至成都）值机的柜台前，手舞足蹈地跟值机员说着什么，一会儿指指嘴，一会儿又指指耳。出于职业的敏感，姜欣估计该旅客可能需要帮助。果断，走近一看，姜欣了解到这名旅客是一位年轻的聋哑孕妇。值机员与该旅客沟通许久，也不明白她的意思，十分着急，该聋哑孕妇感到沟通无望，也急得满头大汗。平时学过一点手语的姜欣，对孕妇的比画略知一点大概，但仍不清楚她需要帮助的服务内容究竟是什么。

为了满足旅客的服务需求，姜欣认为必须将聋哑孕妇的意思领会清楚，这是做好暖心服务的前提。为旅客提供满意暖心的服务，必须做到任何一个旅客不落下，哪怕是一名残疾旅客，这是东航武汉地服保障的庄严承诺。经过一番费劲的沟通，姜欣虽大致领会到了聋哑孕妇的服务需求，但仍担心服务留有缺憾，于是干脆拿出一张纸写上"需要引领服务吗？""需要全程陪同送到航班上吗"等 5 个问题，与该旅客进行沟通。该名孕妇用"点点头""摇摇头"的行动作答。通过一系列费劲的"动作翻译"，姜欣终于知道了旅客的需求，立即通知服务室指派专人进行引导服务，直到将该聋哑孕妇全程护送到航班上为止。终于顺利登上航班之际，已感动得热泪盈眶的旅客，给服务引导员一个真情的拥抱，同时用手比画一个"感谢"的动作，引得同舱旅客一片赞许的目光和会心的微笑。

精心保障军人依法优先

细微之处见真情。走近东航武汉值机柜台前，"军人依法优先爱心柜台"的"灯牌"字样闪闪发光、十分醒目。这天，一位军人在办理 MU2623 值机手续时，将行李放置一旁，并十分焦急地拨打着电话，平时训练有素的周菁瞥见了这一幕，猜测可能有急事求助，于是主动上前询问。

原来，这位军人在买票填写证件号码时少写了一个数字，出于职业的责任感和对旅客负责的态度，值机员必须仔细核对身份信息后才可放行，为此不得不联系售票点更改信息。周菁眼见军人临近登机时间，立即充当"紧急救援"的角色，帮助军人拨打东方航空官方电话95530更改。五分钟左右证件号改好了，她又帮助军人托运行李走加急通道，并指派专人引导登机，让该军人感到十分的暖心、贴心。

像这样的暖心的事例不胜枚举，每一位值机员都眉眼含笑、站立服务，他们轻声细语的问候语让军人们不仅有种宾至如归的感觉，也让他们体验到东航武汉地服人的精细服务和责任担当。

东航武汉公司的"值机小能手"们正以良好的职业操守和暖心服务架起一座座通向广大乘客心田的连心桥，也以往来穿梭到候机厅划过的美丽弧线和"搭把手"的纯洁善举，构筑起东航地面服务那一道亮丽的风景。

资料来源：东航武汉地服的"值机小能手"们．中国民航网，2020 - 10 - 28.

问题：

(1) 请具体指出案例中体现了哪些客我交往的技巧。

(2) 请结合案例中残疾旅客或军人服务的服务过程，解释客我交往的特点。

3. 问答题

民航服务人员要提高人际交往能力，应从哪些方面努力？

4. 讨论题

结合实际情况（实习经历、兼职经历或被服务经历等），讨论民航服务人员与旅客交往时通常存在哪些沟通问题，以及如何改进。

5. 游戏题

人际沟通中的忌用语

材料：纸、笔。

场地：教室。

游戏过程：

(1) 每4名学生组成一个小组，每两组进行一场游戏，游戏的场景内容是与旅客的沟通（如问询、服务、解释说明等）。

(2) 每个小组在3分钟内运用头脑风暴法写出尽可能多的会令对方生气的询问，但需注意用语文明，如"不行""怎么可能"等，每一个小组都要注意不让其他小组事先知道自己小组列举的语句。

(3) 每个小组在10分钟内撰写一个时长为1分钟的剧本，剧本中要尽可能出现那些让人生气的语句。

(4) 公布评分标准：

每个让人生气的语句给 1 分；

每个让人生气的语句视生气的程度给 1 至 3 分不等；

如果表演者在使用这些让人生气的语句时表演得很"入戏"，另外加 5 分。

（5）让一个小组先开始表演，另一个小组的学员在纸上写下他们所听到的让人生气的语句。

（6）表演结束后，让表演小组确认他们所说的那些让人生气的语句，必要时可进行解释；然后另一个小组进行表演，重复上述过程。

（7）第二个小组表演完后，大家一起分别给每一个小组打分，给分数最高的那一组颁发"火上浇油奖"。

讨论：在客我交往的过程中，哪些词句最容易引起旅客愤怒？怎样避免使用容易引起旅客愤怒的言辞？

四、拓展阅读

人类最少有 21 类表情

美国俄亥俄州立大学研究人员于 2014 年 3 月发表了一项研究成果，他们利用一款名为面部运动编码系统的计算机软件，对 230 名志愿者约 5 000 张面部表情照片一一分析，识别被用于表达情感的面部肌肉。结果发现，人脸独特且可辨识的情绪表达比以前通常认为的 6 种要多得多，最少有 21 种。

研究人员要求这 230 名志愿者在参与测试时不戴眼镜、不戴帽子，将刘海梳起，剃掉脸上的须发，而且在测试前，还要先自行练习，做出各种表情拍照……结果发现，几乎所有参与测试者，都能做出最少 21 种表情，而且表情特征几乎相似。

图 7-1、图 7-2 所示是其中的 20 种表情。

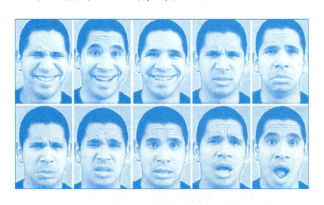

图 7-1 面部表情 1

图 7-1 从左至右按顺序：上排为幸福＋厌恶、愉快＋惊讶、幸福、憎恨、难过

下排为难过＋愤怒、难过＋厌恶、难过＋害怕、难过＋惊讶、非常惊讶

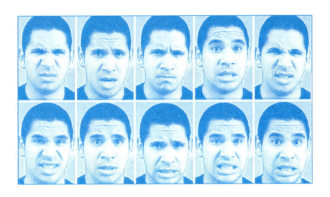

图7-2　面部表情2

图7-2从左至右按顺序：上排为愤怒＋厌恶、愤怒＋惊讶、生气、畏怯、厌恶

下排为厌烦、惊讶、担心、非常生气、非常厌恶

　　研究人员称："我们的表情显然远远不止通常认为的那样，只有高兴、吃惊、悲伤、愤怒、厌恶和恐惧这6种。我们发现其实人类的表情至少有21种。"人们有时还会把两种情绪结合起来表现。例如：悲伤与愤怒、高兴与吃惊，高兴与吃惊的表情结合了高兴与吃惊时的特点。高兴是嘴角向后方拉伸、面颊往上伸展；吃惊是眼睛睁大、嘴张大；而惊喜则是眼睛睁大、面颊向上抬，嘴张大的同时嘴角也会向后拉。

　　研究人员认为这一成果能让人们更好地了解心理疾病病理，帮助治疗创伤后应激障碍等。

项目八

民航服务过程中的旅客群体心理

【课前导读】

本项目主要介绍了群体的知识以及旅客群体理论。通过学习这部分内容，学习者能认识并掌握服务过程中，旅客群体对服务工作的影响，并能应用于实际服务工作。

【学习目标】

1. 了解群体的概念和特征。

2. 理解影响群体形成的因素。

3. 了解群体分类。

4. 掌握群体意识、群体心理、群体情绪和群体行为。

5. 熟悉和掌握旅客群体对服务工作的影响。

6. 掌握群体理论对服务工作的意义。

男子打开紧急出口走上机翼 机上乘客竟集体声援

墨西哥航空航班上的一名男乘客在飞机等待起飞时打开紧急出口，冒险走上机翼，事后被警方逮捕，机上至少 77 名乘客签字声援该名乘客的行动。

据美联社报道，墨西哥城国际机场 1 月 26 日发表声明指出，25 日一名飞往危地马拉城的乘客在飞机停在停机坪等待起飞时，打开紧急逃生门走上机翼，事后重新回到机舱内，没有影响飞机或其他任何人，而男子依国际安全规定向当局投案，已交由警方处理。

不过，机上至少 77 名乘客签署了一项声明，支持男子的行为。他们指航空公司在航班延误期间，让他们在没有通风且缺水的情况下等待了 4 小时，危及乘客的健康，认为该名男子的行为"是为了保护大家，且获得所有人的支持"。

事后提交给机场当局的事故报告证实了这一说法。根据报告，这趟 AM672 航班原定在早上 8 时 45 分起飞，飞往危地马拉城，但因飞机出现维修警示，机长不得不返回登机口进行维修。

机舱内拍下的画面显示，有乘客向空乘索要饮用水，还有人热到拿出扇子扇风，几乎所有乘客都从座位上站起。长时间延误及不适的环境令乘客十分不满，其中一人因此打开逃生门走上机翼，要求换一架飞机。但机场当局未公布男子身份，也拒绝透露他是否仍被警方拘留或面临指控。

据悉，这趟飞往危地马拉城的 AM672 航班延误了 4 小时 56 分钟。墨西哥航空尚未针对美联社的询问做出回应。

资料来源：男子打开紧急出口走上机翼 机上乘客竟集体声援 . 民航资源网，2024 - 01 - 28.

上述案例反映了在民航服务过程中，旅客看似是分散的个体，但在一定的场合和条件下可以形成群体，给民航服务工作带来积极或消极的影响。在服务过程中，旅客群体的形成、群体意识、群体心理、群体情绪、群体行为等群体理论对做好民航服务工作有着十分重要的指导意义。

任务一　认识群体

群体是社会分工与协作的产物，是人类最普遍的社会现象，人们都在一定的群体中工作和学习，任何个体都不可能彻底脱离群体而单独活动。一个人也不能孤立地生活在社会之中，他往往有要求"介入"或被认同于所期盼的群体的愿望。群体可以使单个个体无法完成的工作得以完成，可以满足个体的归属需要、同事关系的需要和地位的需要。

一、群体的概念和特征以及影响群体形成的因素

（一）群体的概念和特征

群体不是个体的简单结合，几个偶然一起乘坐电梯的人、几十个乘坐公共汽车的人、大街上围观的人群都不能称为群体。群体应该是一个整体，群体应该建立在其成员的相互依赖、相互作用的基础上，并且有其特定的群体目标。因此，群体是为了达到特定的目标，由两个以上的人所组成的相互依赖、相互影响的人群结合体。群体一般应具有心理上的相互意识、行为上的相互作用、目标上的共同需要和追求三个基本特征。三个基本特征互相融合，不存在独立表现的可能性，具体表现如下：

（1）各成员相互依赖，在心理上彼此意识到对方的存在；

（2）各成员间在行为上相互作用、彼此影响；

（3）各成员有"我们同属于一群"的感受，实际上也就是彼此间有共同的目标或需求的联合体。

（二）影响群体形成的因素

1. 共同目的

心理学家米德尔·布鲁克提出，在人们意识到自己一个人无法完成任务时，或者通过多个人的共同努力才能顺利完成任务时，个体就倾向于组成群体。共同的目的是群体形成的直接原因。例如：航班延误时，旅客想得到自己认为合理的赔偿额往往会联合起来形成群体，再一起向航空公司提出要求。

2. 归属需要

归属需要是指个体认同于他人或群体的行为方式，并与群体的行为相一致，从而获得安全感的需要。个体的自我认知感常常是在社会比较下进行的，也就是个体常常需要有一个对自己进行评价与认知的参照标准，既满足社交需要，又满足安全需要。因此，个体需要归属于自己所认同的群体，这就是归属需要。

3. 共同兴趣

共同兴趣常常将不同的个体联系在一起，因此，共同兴趣是群体形成的又一个影响因素。生活中常可见到，群体成员由于兴趣的不同，最终导致群体的分化。例如：学校里经常组织不同的兴趣小组，同学们因为兴趣而分化成一个又一个小群体。

4. 压力情境

大量的社会心理学研究显示，高压力的情境会直接促进人们形成群体或加入群体。心理学家夸伦泰利等人对现实生活进行了观察与研究，发现灾祸的受害者会主动与邻居或朋友组成群体从而寻找庇护或救援其他受害者。也有实验表明高压力明显增加了个体参与群体行为的倾向，因为高压力使个体的安全感受到了威胁，他们会组成或加入群体，这是个体获得安全感的最佳途径。

5. 群体的工具作用

个体加入某一群体，有时是为了达到某种功利性目的，是个体为实现目的而采取的手段。心理学家罗斯调查研究了工会成员加入工会的目的，成员表示自己之所以要加入工会，是因为拥有工会成员身份后更有可能得到高薪和更大的工作保障。

二、群体的分类

群体的分类方法有很多，可以按不同的标准将群体划分为许多种类，这里略做介绍。

（一）正式群体和非正式群体

这种划分方式最早由美国管理学家乔治·埃尔顿·梅奥在霍桑实验中提出，是根据构成群体的原则和方式而划分的。

正式群体是指由组织结构确定的、职务分配很明确的群体，如企业部门、学校班级、机关科室等。在正式群体中，一个人的行为是由组织目标规定的，并且是指向组织目标的。非正式群体是自发产生的，无明确规章，成员的地位与角色、权利和义务都不确定的群体。他们以共同利益、观点、兴趣为基础，以感情为纽带，有较强的内聚力和较高的行为一致性。非正式群体的主要功能是满足人们某种生活需要。形成非正式群体的原因主要有以下三种：有共同的价值观念和兴趣爱好，有相似的经历或背景，有共同的利益。

非正式群体普遍存在于正式群体中，特别是在正式群体的目标与其成员的需求与愿望不一致、正式群体不能发挥正常的功能、缺乏合理的领导机构时，非正式群体更容易产生。

（二）大群体和小群体

按照群体的规模大小，可以把群体分为大群体和小群体。群体规模与群体凝聚力密切相关，它会影响成员的感情和行为。

大群体是指群体成员人数较多、成员间以间接方式取得联系的群体，常通过群体的共同目标或各层组织机构等使成员建立间接的联系。大群体可进一步分为不同形式、不同层次的群体，如国家、民族、性别等群体，社会职业群体、人口群体、社区群体、观众群体、听众群体等。

小群体是指相对稳定、人数不多，为共同目的而结合起来，成员直接接触的联合体。小群体人数一般在 2～40 人，如家庭、工作小组、班级等。小群体还可细分为小小群体。小小群体是由 2～7 人组成的群体，它可能是一个独立的共同体，同时还属于某个小群体。

在大群体和小群体的比较中，有两点是关键的，即群体规模和群体成员的交往方式。从这两点来看，大群体与小群体主要有以下四点差异：

（1）群体规模影响群体成员的参与程度。一般情况下，群体越大，成员平均参与群体活动越少。同时，群体规模的扩大，还会增强成员的拘束感，促使成员收敛自己的行为，进一步影响成员的参与程度。

（2）群体规模的扩大，不仅使成员参与机会减少，还将导致机会分配的不平衡。

（3）群体规模扩大超过一定限度，将影响群体功能的发挥。成员人数太多，可能导致彼此间差异扩大、摩擦增加，群体内人际关系难以协调，群体难以正常发挥功能。

（4）群体规模越大，成员间沟通的机会越少，人际关系开始转向群内小小群体的沟通，成员间更多以间接方式交往。

任务二　认识民航服务过程中的旅客群体

一、旅客的群体意识、群体心理、群体情绪和群体行为

民航服务过程中出现的旅客群体问题，现在已经成为民航服务的一个难点。民航旅客本来是一个个独立的个体，相互之间没有联系。但在乘机过程中因各种情况的变化，尤其是当航班不正常或服务出现问题时，旅客共同的利益一致性使原来各个独立的个体演变成一个群体。一旦分散的旅客形成群体，它就具有群体的特点。

旅客群体的形成是旅客内部因素与外界因素共同作用的结果。旅客的内部因素是指旅客的自身利益。旅客的外界因素是指机场或航空公司方面的原因，如航班不正常、服务环境差、服务不周到等。这些因素导致旅客由原来分散的个体先演变成小型群体，再由小型群体演变成大型群体。小型群体有两种情况：一种是在航班中的旅游团队，它实际上就是一个群体，无论外界情况如何，其已经具有一些群体的特征；另一种是由于民航服务的原因，旅客成员之间直接接触，谈论航班或服务情况，从而建立起情感和心理上的联系，逐步达成认识上的统一，继而形成的群体。如果民航服务人员不及时干预、解决问题，这些小型群体可能会逐步发展成大型群体。所以，分散的旅客会在内外因素共同作用下形成旅客群体，形成的根本原因在于旅客之间有共同的利益。旅客群体一旦形成就具有群体意识、群体心理、群体情绪和群体行为。

（一）群体意识

旅客的群体意识是指旅客群体中多数成员所共同具有的价值与规范。群体意识反映了群体成员的态度。一般而言，旅客的群体意识的形成须具备三个要素：（1）合理、自觉地了解自我的群体利益，即旅客自身的利益；（2）为了维护自身的利益决定否定或拒绝机场或航空公司的利益；（3）准备用集体的手段达到或维护自身群体的利益。当这三个要素基本具备以后，旅客的群体意识也就逐步形成了。在实际服务过程中可以看到，旅客维护自身的利益几乎是一种本能反应，促使旅客群体意识的形成，这种意识一旦形成以后就很可能演变为旅客群体行为，这是民航服务人员最不愿意看到的。

（二）群体心理

旅客的群体意识形成后还会逐步发展为旅客共同的心理，称为旅客的群体心理。旅客的群体心理是指旅客群体中成员共同的心理现象，如从众、模仿、暗示、感染、牢骚等心理。旅客群体心理具有明显的特点：（1）整合性，即旅客群体大多数成员的心理整合，在服务过程中这一心理整合成为群体凝聚力的基础；（2）自发性，即旅客群体是自发产生的，自发地反映群体的社会存在；（3）感染性，即旅客群体心理对成员的情绪影响；（4）暗示性，即旅客群体中大多数人或其中有威望的人的心理与行为对其他成员的影响，表现为其他成员无批判地接受其所提供的信息。在服务过程中常常可以看到，某个旅客或少部分旅客具有很强的煽动性，结果导致大部分旅客跟随其一起闹事。

（三）群体情绪

当旅客形成群体以后，随之而来的是群体的情绪，称为旅客群体情绪。旅客的群体情绪是指旅客在基于认识、评价及利益的一致性的基础上而建立的情绪上的特殊联系。它会使旅客群体中某个人（或一部分人）的情绪体验传给其他的成员，其产生共同的感受并转变成行为动机而组织全部群体成员的活动。旅客群体的情绪认同有两种情况：一是自觉的、积极的认同，即每个成员都在情感上把自己与整个群体融为一体，对群体所确立的目标有明确的认识，并有与群体成员同甘共苦的情谊，如遇到航班延误的情况时，有些旅客说"要走大家一起走，要不走大家一起不走"；二是被动的情绪认同，它只是由于"群体压力"（为避免受群体成员的歧视或被抛弃）而产生的从众行为。民航服务人员在工作中一定要注意旅客的群体情绪，要知道旅客激动的情绪在一定的条件下可能演变为群体过激的行为，会给服务工作带来极大的麻烦。

（四）群体行为

旅客群体行为是指旅客在外界条件的刺激下，压抑在心里的情绪转变为外在的行为。它有以下特点：（1）自发性，在服务过程中，旅客群体行为不是预先有计划的，而是情绪激动的人群受到某种刺激后一哄而起的行为；（2）非理性，群体行为中的每个成员都处于情绪激动的状态中，缺乏理智的考虑，完全为激情所支配，盲目行动，有时甚至不顾后果；（3）非常规性，由于旅客丧失理智，在行为上往往不受正常社会规范的约束，有的肆意践踏和破坏社会准则，有的甚至触犯社会治安管理条例与相关法律法规，诸如旅客强占飞机、堵住安检门等过激的行为；（4）短暂性，旅客的群体行为是由一时情绪冲动产生的，因此，只要发泄了情绪，减轻了心理紧张，行动就结束了。旅客的群体行为在航班不正常时表现得特别明显。

💻 **小知识**

从众和感染

从众是指个体在群体中不自觉地受到群体压力，从而在认知和行为上表现出与群体中多数人一致的现象。从众可以分为盲从、遵从和顺从三种。通常而言，内聚力较强的群体容易出现从众行为；群体内地位较低的人更容易从众；单纯而自信心较低的人以及重视他人认可和赞美的人也容易从众；女性比男性更容易从众。

感染是指通过语言、表情、动作及其他方式引起他人相同的情绪、反应和行动。感染主要是情绪的传递，人们在相同的情绪控制和维持下发生大致相同的行动。处于相同或相似情境、心境的人彼此间容易感染。感染的方式之一是群体中感染，具有循环反应的特点，一个人的情绪很可能引起他人相同情绪的产生，他人情绪反过来会加深这个人原有的情绪，激起更强烈的情绪爆发，甚至导致非理智行为的发生。这在想要表达不满的群体中很容易出现。

二、民航服务过程中旅客群体对服务工作的影响

通过上面对旅客群体的意识、心理、情绪、行为的分析，我们可以知道旅客群体会对民航服务工作带来不容忽视的影响，可归纳为以下几个方面：

（一）旅客群体认知上的统一性对服务工作的影响

在民航服务过程中，当分散的旅客形成群体以后，旅客群体在认知上往往表现出很强的统一性，成为其行为的基础，这给民航服务人员劝说旅客增添了较大的难度。例如：当航班不正常时，共同的需要和利益促使旅客群体形成认知上的统一性，每个旅客都强烈地意识到自己是群体中的一员，大家都有同属于该群体的心理感受，因此，在认识上往往一致排外，对民航服务人员的劝说采取抵制态度。对此，民航服务人员要有足够的认识，心理上要有充分的准备。

（二） 旅客共同利益的依存性对服务工作的影响

由于种种原因，同一个航班旅客的个体利益会演变成群体利益，群体利益会演变成共同利益，旅客的共同利益是驱动旅客行为的原始动力。一旦旅客群体有了共同利益和为全体成员共同接受的目标，这个目标在服务过程中不仅能使旅客团结一致，而且会形成很强的凝聚力。当旅客共同利益一致时，服务将显得苍白无力，很可能需要法律来解决问题。

（三） 旅客群体行为的联系性对服务工作的影响

旅客的群体意识、群体心理、群体情绪的相互影响导致了旅客群体成员行为联系性的产生。这种联系性使得旅客在行为上相互影响、相互作用、相互补充，形成完整的行为系统，再演变成统一的行为，如遇航班延误时，旅客会集体拒绝登机或拒绝下飞机等。旅客群体行为的出现往往使得服务工作无法正常进行，有时甚至令民航服务人员束手无策。

三、群体理论对服务工作的意义

旅客的消极群体行为对服务工作而言非常棘手，但民航服务人员要意识到任何畏惧和回避心理都无济于事。只有应用群体理论来指导服务工作，才能解决问题。

（一） 正视旅客群体与群体形成是做好旅客群体工作的前提

在服务过程中，旅客群体的形成是服务工作的一大难题，民航服务人员应该正视这一问题。首先，民航服务人员要意识到这是事态发展的结果，对于已经是结果的事件，从某种程度上而言它是无法改变的，只能正视它；其次，民航服务人员要意识到旅客群体形成后必然会形成群体意识、群体心理等，对此，心理上要有充分的准备；最后，民航服务人员要认识到群体的形成不是无缘无故的，它是在一定的条件下形成的，因此在服务工作中，只有正视旅客群体形成的特点，才会有妥善的应对行动和处理方法。

（二） 旅客群体的松散性与临时性是做好旅客群体服务的基础

如前所述，群体有各种各样的类型，如大群体和小群体、正式群体和非正式群体等，民航旅客群体无疑属于非正式群体，它是在特定条件下形成的，具有松散性与临时性的特点，这正是做好旅客群体服务的有利基础。

1. 旅客群体的松散性与临时性为做好旅客群体服务指明方向

一方面，民航服务人员要正视旅客群体的作用；另一方面，民航服务人员要正视旅客群体具有松散性与临时性的特点，这一特点是旅客群体的最大弱点。明确这一弱点，将为防止旅客群体的形成和做好旅客群体服务指明方向。民航服务人员应树立信心，相信自己有能力、有条件做好旅客群体服务。

2. 旅客群体的松散性与临时性是做好群体服务的前提条件

旅客群体的松散性与临时性为做好群体服务工作提供了前提条件。能否做好群体服务工作的关键在于旅客群体的性质。如果旅客群体是正式群体，具有严密的组织机构和条例，那么做其转化工作是非常困难的。旅客群体是非正式群体，其特点正好与正式群体的特点相反，是具有松散性与临时性的群体，这为做好服务工作提供了机会。从辩证法的角度看，内因是变化的根据，外因是变化的条件。因为旅客群体是由一个个松散的个体组成的，其内因有变化的可能，所以民航服务人员应积极做好调节工作，努力防止旅客群体的形成，努力做好群体服务工作。

（三）旅客群体形成的特点是做好旅客群体服务的重要途径

群体的组成是由于个体有了共同的利益和意识，没有旅客的个体就不会有旅客的群体。因此，做好旅客群体服务就应该从旅客个体着手。

首先，民航服务人员一定要有防微杜渐的意识，这是做好旅客群体服务的最佳捷径。民航服务人员要把工作做在前面，尤其在发生航班不正常情况时，更要意识到这一点，对旅客个体的服务应该更加主动、热情，尽可能减少个体的负面情绪。

其次，民航服务人员必须意识到在一定的条件下，旅客个人的需要会演变成个体利益，个体利益在一定条件下又会演变为群体利益。我们常可以看到这样的情况，同一航班的旅客本来各有各的需要，相互之间没有向心力，但一旦出现异常情况，如航班延误等，旅客个体的利益就迅速转变为群体利益。为了群体利益，旅客往往会采取集体行动，这无疑给民航服务带来极大的阻碍。因此，民航服务人员应区别对待旅客个体，在条件允许的情况下尽量地满足个别旅客的需求，采取逐个击破的方法，防止旅客群体的形成。

案 例 分 析 应 用

大面积航延　武汉天河机场地服的坚守与奋战

暑运旺季，客流量激增，湖北空港航空地面服务有限公司（以下简称地服公司）代理国内出港航班旅客日均超过1万人，可与春运匹敌，加之雷雨天气频繁，航班延误已是常态，每一个地服人都面临身与心的极限挑战。

2017年7月6日，因受北方地区天气、流控等严重影响，空管局发布航延预警，全国约18家机场遭遇大面积延误。截至16时30分，武汉天河机场延误航班达11班，延误旅客达1 300人。地服公司启动大面积航延二级响应，周值班领导上前指挥，亲自协调省客大巴等保障资源，关注实时保障进度。当日地服值班经理驻守一线，合理调配保障人员，岗位联动，客运备勤人员进场支援。

值机柜台前黑压压的人头攒动，值机员在柜台上连续工作10多个小时下不了柜台；服务大使一遍一遍不厌其烦地广播告知旅客延误航班的最新动态，提示旅客稍安毋躁，及时关注楼内屏显和广播信息；值机主任多处沟通协调，并协助滞留旅客尽快办理退改签事宜，亲自引领旅客领取托运行李。登机口客运值班经理被旅客层层围住讨要说法，尽管嗓子沙哑还是耐心做好旅客解释安抚工作，面对旅客的愤怒与不满，甚至是挑衅与辱骂，服务人员泪水在眼眶打转，强忍内心的委屈与无奈，继续为旅客发放航延餐食，悉心照顾老弱病残孕等特殊旅客，一遍遍往返于登机口与大巴候车处两点之间，劝服引导一批批情绪激动的旅客前往宾馆休息。行李分拣区的行李堆积如山，分拣师傅们汗流浃背，在每个航班数百件行李中为终止行程的旅客查找行李，豆大的汗珠滴落在行李小票上，粗糙的双手长时间翻找行李已微微发抖……

一天下来，忙碌中不知不觉已是凌晨，大家才依稀记起自己似乎还没有吃饭，中饭？还是晚饭？自己也记不清了，除了累，似乎也不觉得饿了。直至深夜2时18分，地服代理航班才陆续趋于正常，二级响应解除，后续航班保障至天亮，部分员工连轴转继续保障取消航班的补班……

当天，保障航延旅客住宿1 736人次，使用省客车辆35车次。在大家的齐心努力下，全天未发生运行不安全事件，成功避免了群体事件的发生。

航延，是民航人不能言说之痛；而空怒，更是我们不能承受之重。作为地面服务代理，为了每一位旅客能够顺畅出行，每一班航班能够起落安妥，每一个地服人谨记自己的职责与使命，坚守奋战在航延最前线，竭尽所能，尽可能营造旅客与航空公司之间的双赢局面。

资料来源：武汉天河机场地服的坚守与奋战. 民航资源网，2017-07-10.

■ 案例情景要点

1. 当天，因天气、流控等严重影响，武汉天河机场延误航班达11班，延误旅客达1 300人。地服公司启动大面积航延二级响应。

2. 值机柜台前众多旅客聚集，值机员在柜台上连续工作10多个小时下不了柜台；服务大使、值机主任、值班经理等现场服务工作人员持续不停地安抚、劝导、引领、照顾旅客，面对旅客群体的不满、愤怒、挑衅、辱骂，依旧耐心应对。

3. 在地服人员的齐心协力下，全天未发生运行不安全事件，成功避免了群体事件的发生。

■ 理论应用

1. 旅客群体的形成是旅客内部因素与外界因素共同作用的结果。旅客的内部因素是指旅客的自身利益，旅客的外界因素在案例中可见是航班不正常导致的滞留。

2. 当旅客形成群体以后，随之而来的是旅客的群体情绪。它会使旅客群体中某个人（或一部分人）的情绪体验传给其他的成员，其产生共同的感受并转变成行为动机。

3. 在外界条件的刺激下，旅客的群体情绪容易被激化而转变为不理智的群体行为，带来负面后果。

4. 案例中的地服工作人员充分认识到旅客群体形成后必然会形成群体心理、群体情绪、群体行为等，正视事态，积极应对，以主动热情、耐心细心的态度为旅客提供服务，对特殊旅客也给予了悉心的照顾，尽量满足旅客的需求，直至航班情况趋于正常，成功避免了群体事件的发生。

5. 中国民航自创立以来，以"人民航空为人民"为行业宗旨，追求保证安全、改善服务、争取航班正常、满足人民群众需求的民航发展目标，这也是民航强国建设的根本目标。民航服务人员应始终贯彻真情服务的工作要求，克服困难，让旅客真正感受到民航服务的真诚和用心。

■ 头脑风暴

在民航服务的哪些环节出现失误会容易让旅客形成群体意识、产生群体情绪等？

实 训 练 习

一、学习总结

1. 根据本项目所学，将关键词整理成至少 10 张学习卡片，同学之间或学习小组之间互相随机抽取关键词后，互向对方解释对关键词的理解。

2. 请绘制本项目学习内容的思维导图。

二、实训任务——旅客群体应对

从 A 地经 B 地飞往 C 地的某次航班，可谓"命运多舛"：从 A 地出发的时间便已因天气原因推迟了；降落 B 地时又发现机械故障，好不容易修好了，等得不耐烦的乘客因不满赔偿方式，不愿上机。结果，上午 10 时 30 分就该起飞的航班，拖到下午 5 时才出发。

第 1 次延误：大晴天，航班因天气原因延误

在 B 地搭乘这趟航班的乘客约有 100 人，鲁先生是其中之一。他一度很恼怒，认为航空公司两头"欺客"。鲁先生说，航班没有在 10 时 30 分准时起飞时，B 地机场广播的通知是"天气原因"。"我们当然认为是 A 地那边的问题了。"中午 12 时，飞机到了，鲁先生问一个刚下机的乘客："A 地在下雨？"没想到对方回答："没有啊，不是 B 地在下雨？"这名旅客说，他在 A 地机场听到的通知，也是"天气原因"，便以为是 B 地天气不好。

这下鲁先生恼火了："这不是在忽悠我们吗？"消息在滞留的乘客间传开，引起了不小的抵触情绪。还好这只是个误会。记者从航空公司了解到，这趟航班前晚因暴雨，在飞抵 A 地时误点了。因中国民航局有规定，机组人员必须休息满 8 小时才可以再飞，因此第二天早上的航班才推迟起飞。

第 2 次延误：飞机着陆后，发现机械故障

如果只是"天气问题"，航班在 12 时 40 分就能起飞了，可偏偏降落 B 地时，机组又发现了机械故障，这一修，就拖到了下午 3 时。又被"放鸽子"，一些乘客没有耐心了，要求航空公司立即拿出现金赔偿。"我们一下子确实也拿不出这么多现金。"航空公司工作人员表示。

航空公司方面的赔偿程序是：给所有延误乘客发放现金补偿单，留下乘客的银行卡号

和联系方式。乘客只要在到达目的地后，根据提供的地址将单子寄回，公司会在7个工作日内将赔偿金打入乘客账户。

第3次延误：不满赔偿方式，乘客拒登机

一些乘客接受了，陆续登机，但还有一些乘客坚持要马上拿到现金赔偿，与航空公司僵持不下。飞机迟迟无法起飞，以致一些原已登机的乘客，也重新加入要求现金赔偿的"阵营"。

双方最后协商的结果是：所有乘客到达C地后就可拿到现金赔偿。此外，部分有急事的乘客可先搭乘其他航班前往C地。

最后在预计出发时间的6个半小时之后，飞机起飞了。

实训任务：学生分成不同小组，扮演应对的服务工作组，选定一名组长负责组织及指挥，讨论以上案例情景的应对方案，须列出详细工作步骤和组内各人的工作角色及分工任务。完成后各组对比方案的优劣。

任务思考：面对带着不良情绪的旅客群体，民航服务人员可以从哪些方面着手降低群体的影响力？

三、思考实践

1. 思考题

（1）群体的基本特征是什么？

（2）影响群体形成的因素有哪些？

（3）群体的分类方法有哪些？

（4）旅客群体对服务工作有什么影响？

（5）群体理论对民航服务工作有什么意义？

2. 案例题

[案例1] 热闹的餐厅门庭若市，顾客需要排长队才能进去就餐，但人们还是愿意等待；而冷清的、不用排队的餐厅，即使有促销活动，也很少有人愿意光顾。人们总认为大多数人选择的就是正确的，那些热闹的餐厅肯定是因为食物非常诱人，才会吸引那么多顾客。正因如此，有些店铺甚至会花钱雇人排队，营造出一种火爆的状态。

问题：

（1）上述案例讲的是什么现象？

（2）为什么会出现这样的现象呢？

[案例2] 一群幼小的沙鸥无忧无虑地在绿色的湖水中嬉戏。一只勇敢的小沙鸥尝试着、挣扎着，试图展开翅膀飞向蓝天。它一次次不停地扑摔着、挣扎着、失败着，其余的沙鸥只是看着。突然间，那只沙鸥成功了，自由地翱翔于天际。在那只会飞的沙鸥引领下，第二只、第三只沙鸥开始了同样的尝试……突然有一天，所有的沙鸥都学会了飞翔。

问题：在某些场合或条件下，有些从众心理、从众行为有一定积极意义，从众现象的积极意义表现在哪些方面呢？

3. 问答题

为什么说航空公司接待企业单位组团或旅行社旅游团的旅客时要特别注意防止群体事件的发生？

4. 讨论题

民航服务人员应如何调节旅客群体的不良情绪？

5. 实践题

结合所学理论知识，通过案例收集或实地调查了解目前航空公司或其他服务企业处理旅客群体事件的一般工作程序。

四、拓展阅读

模仿

模仿是指个体依照别人的行为样式，自觉或不自觉地进行仿效，做出同样或类似的动作或行为的过程。模仿通常在不受外界控制的条件下，由一定的社会刺激所引发。

为什么人们会模仿、愿意模仿？有以下几种原因。

（1）好奇。个体看到一种新奇的行为，尝试着模仿，会得到一种心理上的满足，即满足好奇心。有人看到别人向天上看，也不由自主地往天上看，就是因好奇而模仿。

（2）消除顾虑，满足需要。为了满足某种需要，个体要采取一定的行为，但个体对行为的正当性有顾虑时，如果有人的行为能使个体消除这种顾虑，他就会模仿。有人曾做过这样一个实验：先让被试吃咸饼干，然后让他们在大厅里等待"实验"，大厅里有个饮水处，却挂着"请勿使用"的牌子，大家都很渴，但没有人去接水喝。后来，一个"假被试"（实验助手）去接了水，大部分人纷纷站起而效仿之。

（3）获得进步，取得成就。具有优良品质、学识渊博、才能很高的人可以成为他人敬慕的对象，其性格、风度、生活方式、工作方式以至行为举止也往往成为敬慕者模仿的对象。这种模仿就是希望获得被模仿者那样的成就和进步。

影响模仿的因素还有年龄、地位和类似特质等。

项目九
民航旅客投诉心理

【课前导读】

本项目主要介绍了民航服务中引起旅客投诉的原因、旅客投诉心理、对待投诉的正确态度及处理投诉的一般步骤。通过学习这部分内容，学习者能理解并掌握服务过程中，如何对待旅客投诉和处理投诉，并为提高服务质量提供借鉴。

【学习目标】

1. 掌握引起旅客投诉的原因。
2. 掌握旅客投诉心理。
3. 掌握如何正确对待投诉。
4. 熟悉和掌握处理投诉的一般步骤。

民航局运输司关于 2023 年 1 月份公共航空运输旅客服务投诉情况的通报（节选）

民航各地区管理局，各运输航空公司、运输机场公司：

根据投诉管理工作要求，现将 2023 年 1 月份公共航空运输旅客服务投诉情况通报如下：

一、投诉受理情况

1 月份，民航局消费者事务中心共受理旅客投诉 18 227 件。其中，国内航空公司投诉 14 328 件，外国及港澳台地区航空公司投诉 261 件，机场投诉 427 件，航空销售网络平台经营者投诉 3 211 件。

（一）国内航空公司投诉受理情况

1 月份受理国内航空公司的投诉 14 328 件，投诉类型排名前三位的是：不正常航班服务投诉 9 141 件，占 63.80%，主要是航班取消后旅客要求提供经济补偿或补偿另购客票差价问题；票务服务投诉 2 768 件，占 19.32%，主要是旅客不认可航空公司退票规则和退票收取高额手续费问题；行李服务投诉 987 件，占 6.89%，主要是旅客不接受行李运输尺寸标准及收费规则问题。

（二）外国及港澳台地区航空公司投诉受理情况

1 月份受理外国及港澳台地区航空公司的投诉 261 件，投诉类型排名前三位的是：票务服务投诉 122 件，占 46.74%，主要是旅客认为退票手续费过高；不正常航班服务投诉 100 件，占 38.31%，主要是航班取消或延误后客票退改签问题；办理乘机手续与登机投诉 20 件，占 7.66%，主要是航空公司因旅客签证等原因拒绝旅客办理乘机手续相关问题。

（三）机场投诉受理情况

1 月份受理机场的投诉 427 件，投诉类型排名前三位的是：办理乘机手续与登机投诉 121 件，占 28.34%，主要是旅客不认可误机原因，并对误机后退改签服务不满；机场商户服务投诉 112 件，占 26.23%，主要是旅客投诉商旅卡商户拒绝退卡退款问题；行李服务投诉 75 件，占 17.56%，主要是旅客对卡控托运行李不满。

（四）航空销售网络平台经营者投诉受理情况

1 月份受理航空销售网络平台经营者的投诉 3 211 件，投诉类型排名前三位的是：票务服务投诉 2 987 件，占 93.02%，主要是旅客对平台客票退改签服务不满；信息告知投诉 199 件，占 6.20%，主要是旅客认为平台未在购票环节准确告知客票使用条件、行李收费等信息；客服问题投诉 23 件，占 0.72%，主要是平台客服渠道不畅通问题。

二、投诉回复合规情况

1 月份，民航局消费者事务中心受理的旅客投诉中回复不规范的有 221 件。其中，国内航空公司 29 件，外国及港澳台地区航空公司 19 件，机场 5 件，航空销售网络平台经营者 168 件。

三、投诉调解情况

1 月份，民航局消费者事务中心共受理旅客投诉调解申请 1 476 件。其中，国内航空公司 1 101 件，外国及港澳台地区航空公司 45 件，机场 13 件，航空销售网络平台经营者 317 件。

资料来源：民航局运输司关于 2023 年 1 月份公共航空运输旅客服务投诉情况的通报，2023 - 03 - 23.

从以上通报材料可以看出，旅客投诉的类型几乎涵盖民航运输服务的各个环节。民航服务过程中，因各种客观和主观原因，航空公司、机场或服务人员等难免出现失误和差错，引起旅客抱怨或投诉，如果处理不当，甚至会形成强烈冲突，引发恶性事件。正确应对和处理旅客投诉是做好民航服务工作、弥补工作漏洞、提高管理和服务水平的一个重要因素。民航服务企业应积极探讨解决办法，消极应对并非良策。

任务一 认识旅客投诉心理

旅客投诉是指因旅客主观上认为未得到满意的服务，或认为他们的利益受损而向有关人员和部门进行反映或要求给予处理的行为，通常有口头投诉和书面投诉两种形式。旅客投诉可能是因为民航服务工作中确实出现了失误和差错，也可能是旅客本身的误解造成的。

一、引起旅客投诉的原因

（一）客观原因

1. 设备设施

引起民航旅客投诉的设备设施原因主要有：航班座位、班次有限而令旅客无法买到机票；航班因天气、机械故障等原因延误或取消，引起旅客的不满等。

2. 服务标准众口难调

在对民航服务的要求上，1 000 个旅客就有 1 000 种标准。面对来自世界各地的旅客，由于语言障碍、自然环境、突发事件、风俗习惯等客观条件的影响，服务很难尽善尽美。

3. 旅客个性差异

服务质量与服务态度的评价常常受到旅客心理感受的直接影响。由于旅客的气质、性格、情绪、需要不同，对于同样的服务，有的旅客满意，有的旅客则不满意。在产生不满意的消极情绪时，旅客处理问题的方法有着明显的差异。一般而言，外向的旅客会选择投诉，内向的旅客可能会选择自我消化。所以，民航服务人员不能武断地认为旅客没有投诉就是服务没有问题。不容忽视的是旅客将不满埋在心里不进行投诉，这意味着公司可能永远失去这位旅客。

（二）主观原因

1. 对旅客不尊重

在接受服务的过程中，旅客都希望得到民航服务人员的尊重，这是旅客的共同心理特点。民航服务人员对旅客不尊重极易引起旅客投诉。不尊重旅客的表现通常有：（1）冷淡对待旅客；（2）语言粗鲁，冲撞旅客；（3）行为举止不文明；（4）对旅客厚此薄彼；（5）不尊重旅客的风俗习惯等。这些都会令旅客反感甚至觉得自尊心受损，严重时会引起投诉。

2. 工作不负责任，服务水平不高

民航服务人员责任心不强、工作时不够细致、对旅客敷衍了事、没有完成旅客交代的事情或该做的工作却不做等都是造成旅客投诉的主观原因。例如：在飞机上给旅客发餐时，遇到睡着的旅客，乘务员忘记放置睡眠卡在他的位置上，旅客醒来就会觉得自己既没有餐食，乘务员也没有提醒，自然会觉得不满；旅客向乘务员提出需要一条毛毯，乘务员应答后却忘记去拿或没有毛毯了却不回复旅客，让旅客一直等待；洗手间的洗手池里有呕吐物或其他垃圾，却没有人清理；旅客询问乘务员航班降落在机场的哪个到达区，乘务员却说不知道……以上种种都会引起旅客的不满甚至投诉。

二、旅客投诉心理的类型

（一）求尊重心理

旅客作为被服务者、消费者，有权利获得价质相符的服务。每个人都有自尊心，都有维护自己利益的本能。当旅客觉得利益受到侵害时，为了维护自己的利益、维持自尊，并证明自己是正确的、民航服务人员是错误的，往往会变成投诉和冲突的主导者。旅客希望得到认同和尊重，希望有关人员、有关部门重视他们的意见，向他们表达歉意等。

（二）求发泄心理

旅客在遇到不称心的事情后，会产生挫折感，继而产生抵触、焦虑、愤怒等情绪。只有通过适当的方式将这些情绪宣泄出来，旅客才能恢复心理平衡。投诉便是一种有效的发

泄方式，通过口头或书面形式，将自己的烦恼、愤怒表达出来以后，旅客的挫折感就会减少，心境会变得平静、轻松。

（三）求补偿心理

旅客在遭受了物质损失或精神损失后，自然希望能够得到一定的补偿，以弥补自己的损失，而且随着维权意识的增强，旅客越来越看重自己的权益。尤其在航班不正常时，旅客求补偿的心理表现得更为突出。旅客对于航空公司常规的免费安排餐饮、车辆、住宿等服务不满足，或因不了解关于航班延误或取消的赔偿标准，往往会提出更高的赔偿要求，有时甚至失去理智地发展为不赔偿就不下飞机的违法行为。

（四）求保护心理

旅客进行投诉也是自我法律保护意识的觉醒，通过合法的途径投诉，使事情得以解决，既是为自己，也是为所有消费者寻求利益保护。投诉会促使相关部门重视旅客的反馈，航空公司不断改进服务，服务质量不断提高，旅客才能在今后得到更优质的民航服务。

🖥 小知识

航班延误与取消时旅客的心理

当航班延误或取消时，旅客的心理需求与客观现实产生矛盾，旅客的心理就会失去平衡，表现为情绪波动。波动的大小与延误的时间长短有关，延误的时间越长，旅客的情绪波动就越大。在航班延误或取消时，旅客的心理主要有以下4种表现。

1. 焦虑

由于航班延误，不能按时到达目的地，旅客所有的事情和计划都会延误，如公务安排需要调整、亲友接不到人而着急、旅游计划取消、商务谈判告吹等。如果旅客无法确定飞机起飞时间、需要等待时间，怎样与同事、客户、家人或朋友调整行程等问题就会困扰旅客，旅客焦虑的情绪自然随着航班延误的持续而逐渐增强。

2. 抱怨

首先，随着飞机起飞时间的推迟，如果旅客不能准确、及时地获得航班延误的信息，或者航空公司不能清楚说明航班推迟的原因，旅客必然抱怨；其次，在航班延误或取消后，民航服务人员如果以简单的"不知道"来答复旅客，或态度不好，就会使本来就不愉快的旅客心态更加消极，抱怨更多。这时，民航服务人员要警惕旅客的抱怨情绪是有扩散性的，会刺激周围人的情绪。如果民航服务人员服务不到位，极容易使旅客产生强烈的情绪爆发，导致旅客的非理智群体行为。

3. 愤怒

随着延误时间的延长，旅客的情绪会不断增强。如果旅客感到极度失望，加上候机的疲劳，就会产生愤怒的情绪。如果延误时间继续加长甚至航班被取消，以至超过旅客的容忍度，旅客的情绪就会爆发。旅客可能会对民航服务人员破口大骂，与民航服务人员争吵，扬言要投诉、要求赔偿损失等，更有甚者会破坏机场设施。

4. 怀疑

旅客的行程计划被打破，如果原因对旅客而言是不确切的，旅客就很可能会对航空公司通报的延误理由持怀疑态度。"天气的原因是可以理解的，但是我们怀疑航空公司没有向我们提供真实的信息。"这是许多旅客在遭遇航班延误时经常说的一句话。旅客的怀疑情绪是接下来诸多服务工作效果不明显的直接原因，也是引发旅客不满的重要因素。

如果旅客能够保持冷静，他们就能够理解航班延误并且接受这一事实，可以理智地对待延误。但是，如果民航企业或服务人员长时间冷落旅客或者粗鲁对待旅客，旅客就会选择以投诉的方式或当场批评的方式表达自己的不满。

任务二　学会正确对待旅客投诉

尽管民航服务人员千方百计地想为旅客提供尽善尽美的服务，但由于各种客观原因和主观原因的影响，有时可能没有满足旅客的需求，导致旅客的不满和投诉。对于旅客的不满和投诉，如果民航服务人员处理不当，将对民航企业的形象和声誉产生不良影响。民航服务人员应正确对待旅客的投诉。

一、理解和接纳旅客投诉

对于民航企业来说，旅客不满意味着旅客将获得的民航服务的实际效果与自己的期望值相比后感到失望，也就是旅客感知的服务效果与其期望值间存在较大的差距。旅客投诉是正常现象，民航服务人员不必气愤、焦急，应当保持平和的心态去面对。

一方面，旅客之所以不满并进行投诉，说明民航企业的工作还有需要改进的地方。旅客提出投诉从侧面反映了旅客对民航企业的信心，认为民航企业可以解决问题并且会重视和关注旅客，是出于对民航企业的信任和爱护，是支持民航企业工作的一种表示。反之，当旅客认为某些服务并不重要，不值得花费时间精力或认为收效不确定，不相信民航企业会愿意并有能力解决问题时，旅客就不会提出投诉，之后旅客不仅可能会放弃该企业，甚至还会将糟糕的服务感受告知他人，从而导致潜在旅客的流失，这对民航企业来说无疑是更大的损失。

　　另一方面，旅客进行投诉是由于自己的利益受损。旅客作为消费者，自然要求消费能够物有所值。旅客一旦认为获得的消费价值与付出不符，就会感到不满意，并希望通过投诉获得他该应得到的价值。例如：民航服务人员的态度恶劣使旅客的自尊心受到伤害，乘坐的飞机设备设施出现问题，旅客没有享受到应有的舒适和方便等。因此，民航服务人员应该将旅客投诉看作旅客维护自身利益的一种表达。

二、认清旅客投诉和抱怨的意义

　　旅客的投诉和抱怨是由于对民航企业工作有所不满而发出的，这或许会让民航服务人员感到受伤或委屈，但对民航企业而言却是极其宝贵的信息来源。

　　（1）旅客投诉和抱怨可以反映民航企业在管理、设备及服务方面的不足，从而使其获得改进、提高的依据。

　　（2）如果旅客的投诉和抱怨能获得满意解决，就既能增加旅客对民航企业的正面评价、降低负面影响，又能使企业重新获得旅客的信任。

　　当旅客认为某些服务并不重要，不值得花时间精力或认为收效不确定，不相信民航企业会愿意并有能力解决问题时，旅客就不会提出投诉，但可能会事后向他人抱怨，从而影响企业口碑。因此，对于那些当面诉说不满的旅客，民航服务人员应予以善待，抱着感谢的心态虚心倾听，接受他们的意见，并迅速采取措施进行改正。

　　不论是民航服务人员还是民航企业本身，都必须认清这样一个事实：旅客投诉和抱怨是民航企业经营中最经常碰到的问题，必须予以重视，并应诚恳接受、妥善处理。旅客投诉和抱怨是一把"双刃剑"，解决得好会使民航企业获得一个改善、提高自己的好机会；解决不好，则会使民航企业的形象和声誉受损。

三、应对投诉和抱怨的 10 种正确态度

　　（1）旅客是民航企业经营的主角，也是民航服务人员的"特色工作合作伙伴"。

　　（2）旅客是民航企业的"上帝"，并不是旅客依靠民航服务人员，而是民航服务人员依靠旅客。

　　（3）旅客到民航企业来是为了享受民航服务人员提供的服务，并不是来"打扰"民航服务人员，更不是来"花钱买罪受"。

　　（4）旅客不是民航服务人员的对抗者，没有哪个民航服务人员能够通过对抗的态度获得真正的胜利。

　　（5）不是因为民航服务人员喜欢旅客才为旅客提供服务，而是因为旅客喜欢民航企业才会光临并接受民航服务人员的服务。

　　（6）民航服务人员的工作能够满足旅客的需要，旅客才来乘坐飞机。

（7）旅客不是干巴巴的统计数字，而是有血有肉、有感情、有需要的活生生的人。

（8）旅客不是民航服务人员争辩和斗智斗勇的对象。

（9）旅客有权利期望为之服务的人表现出整齐、清洁的仪表仪容。

（10）旅客应该从民航服务人员那里得到礼貌、关切、热情、真诚、周到的服务。

📄 案例 9-1

南航珠海柳惠文：真情服务的践行者（节选）

22 年前，19 岁的湘妹子柳惠文怀揣蓝天梦离开家乡来到珠海，成为南航珠海公司的一名乘务员。22 年的磨炼，柳惠文由"灰姑娘"俨然成为"白雪公主"：用 5 年时间从初级乘务员到乘务长，2011 年跻身于乘务长队伍塔尖——成长为五星乘务长；先后担任公司客舱部业务室副主任、分部副经理和公司运行安全管理部安全风险管理/质量监察，兼任全国级青年文明号"明珠示范组"副号长、号长，还是民航局乘务检查员、公司乘务导师、兼职教员和一级服务督导大使；所撰写的服务案例、客舱服务心得技巧入选《南航乘务员标准服务手册》，是大家公认的乘务专业大拿级人物。2013 年，她荣膺"珠海市劳动模范"称号；今年五一前夕，她又摘得"广东省五一劳动奖章"。

投诉回复满意率达 100%

处理旅客投诉是公认的"难啃的硬骨头"，是"费力耗时不讨好"的工作。但柳惠文却"轻车熟路"，在担任客舱部业务室副主任主管投诉工作 4 年多的时间里，她硬是利用繁重的飞行工作之余的时间处理了几百起旅客投诉，实现了所有投诉 100% 回复满意率、0 起重复投诉、0 起升级投诉和 0 赔偿的佳绩。

这一佳绩是怎样取得的？"要心里装着旅客，尽可能满足旅客合理的需求。"柳惠文说，处理投诉工作，经常要向投诉旅客赔礼道歉，有时也会碰到态度强硬、蛮横无理的旅客，也会觉得憋气、委屈，而她常常勉励自己："投诉处理工作对自己而言，可以帮助他人，如果有其他解决办法，旅客是不会选择投诉的。对公司而言也是一个改善服务、提高质量的途径。"但凡接到投诉，她一方面主动联系旅客，竭尽全力缓解旅客与客舱乘务组之间的矛盾，满足旅客合理的需求，尽力维系一种平衡的关系；一方面发现和收集服务中的不足，有针对性地制定并推行改进措施，提升旅客满意度，达到"有礼、有利、有节"的效果。

"晓之以理、动之以情，是惠文这几年处理投诉工作坚持的原则。"公司有关负责人介绍道，多起强烈要求精神赔偿、物质补偿的投诉经过她真诚的沟通都一一化解，而一些遗失物品类的投诉，她总是急旅客之所急，多渠道与客舱乘务组、地服部、勤务队、安检口等工作人员积极联系寻找线索，努力帮助旅客查找物品下落，最终完璧归赵。为提高服务质量，柳惠文认真分析每一个典型投诉案例，将启示、沟通关键节点整理成"20 个技巧""八个方法""三不原则""情绪管理""服务礼仪"等培训课件，向乘务员传授如何处理客舱投诉工作；她撰写的服务案例、客舱服务心得技巧入选《南航乘务员标准服务手册》；有关文章被《人民日报》、《中国民航报》、民航资源网、旅游资源网等媒体刊登、转载，受到关注和好评。

互动式沟通化解服务危机

与其他空乘服务人员一样，柳惠文在工作中也时不时会遇到旅客的误解甚至刁难。但她总是以机智与智慧尽可能巧妙地化解。

一次，珠海遭遇雷雨天气，飞往珠海机场的多架航班不得不备降其他机场，柳惠文执飞的航班也在其中。由于备降机场接待能力不足，100 多位旅客只能在客舱内等待。正值炎热的 7 月，旅客们越等越焦急。尤其是机上有一个 30 多人的商务团队，急着到珠海与客户签署重要合同。

由于等待时间较长，该团队的领队开始向乘务员表达不满，更对珠海的投资环境和服务能力产生怀疑。见状，机上的其他乘客也纷纷失去耐心，顿时，客舱内怨声四起。

"我打心眼里理解旅客们的需求，但作为乘务长，自己只能首先安抚旅客情绪。"柳惠文说。在走向该团队领队时，她发现领队手中拿着一本《红楼梦》，便张口对他说："满纸荒唐言，一把辛酸泪。都云作者痴，谁解其中味？其实我们也常有同感，当天气原因造成航班延误时，许多因素都是我们无法掌控的，却往往要承受诸多误解，谁又能解其中滋味？"领队一听，惊讶一脸，怔了片刻后向柳惠文表示歉意，并当起了调解员给身边的旅客做起了解释工作。躁动的客舱很快恢复了平静。

"卒然临之而不惊，无故加之而不怒，是一名乘务员所应具备的素养。"柳惠文说，因为平时积累的知识在关键时刻派上了用场，并通过与旅客的互动式沟通有效化解了矛盾，"一味地道歉、微笑，会显得苍白无力，互动式沟通或许是成功化解与旅客之间的服务危机的一服良方"。

类似这样的经历，在柳惠文身上不胜枚举。柳惠文说，她希望用自己的"真诚、真心、真实、真情"服务旅客，在将南航"亲切、诚信、专业、个性"的服务传递给每一位旅客的同时，也把珠海"浪漫之城""文明之都"的美好形象印刻在每一位旅客的脑海中。

资料来源：真情服务的践行者. 中国民航网，2019 - 05 - 17.

任务三　如何处理旅客投诉

民航服务人员面对旅客投诉时，应保持沉着、镇静与平和的心态，积极采取相应措施，有条不紊地化解旅客的怨气。

一、迅速行动

如果投诉是在民航服务传递过程中发生的，民航服务人员只有在最短时间内做出回应，才能实现完全补救。如果投诉是在服务后发生的，民航服务人员在 24 小时之内应有回应行动。迅速的回应行动会让旅客觉得自己受到重视，满足了旅客的尊重需要，这是解决问题的良好开端。

二、承认旅客的感受

民航服务人员以诚恳的态度倾听旅客的投诉，对旅客的感受明确表示理解，将助于与旅客重新建立良好的关系。例如：民航服务人员告诉旅客"我能理解您为什么觉得不满意"并表示歉意。当自己的感受得到认同时，旅客就容易对民航服务人员和民航企业产生信任感。信任感的建立会促使旅客更愿意以冷静、理智的态度进行沟通，有助于民航服务人员解决投诉问题。

三、不要与旅客争辩

无论真相如何，发生投诉就意味着服务还存在缺陷或是旅客遇到了困难和麻烦，需要帮助。倾听旅客投诉的目标应是收集事实以获得双方都能接受的解决办法，而不是赢得争辩让旅客觉得民航企业没错。争辩不仅会妨碍倾听，而且无法缓解旅客的愤怒情绪，甚至会增加旅客对民航企业的负面评价。

四、从旅客角度认识问题

民航服务人员只有站在投诉者的立场考虑问题，才能理解为什么旅客要投诉，进而提出最佳解决方案。如果民航服务人员只从自己的角度看待问题，就会思考片面，甚至会认为旅客是故意挑刺。解决投诉并不是为了赶走旅客，而是为了留住旅客，因此接到投诉后，民航服务人员应客观、理智地转换角度进行思考应对。

五、澄清真相，梳理原因

服务令旅客不满可能是服务效率不高、旅客误解或第三方的过失行为引起的。因此，民航服务人员接到投诉时，要尽快核实情况，对旅客的投诉进行分析和梳理，抓住问题核心，确定服务缺陷的发生原因。需要注意的是，对于一些复杂或一时查不清真相的投诉，民航服务人员不要急于表达态度，更不能随便承诺，要立即与有关部门联系后再作答复。

六、给予旅客质疑的权益

并非所有旅客都是对的，并非所有投诉都是有理的，但接到投诉时，即使旅客言辞激烈，民航企业和民航服务人员仍然应该先将旅客的投诉视为合理诉求，而不是第一时间质疑旅客。旅客作为消费者购买了服务，就有权利对服务进行评价和提出不满。如果民航企业或民航服务人员自身确无过错，可以有理有据、冷静耐心地向旅客解释说明。有时投诉的旅客只是需要表明他不满的态度而已，如果马上遭到民航服务人员的质疑，旅客反倒不肯轻易罢休。

七、提出解决问题的步骤

对于旅客投诉属实的问题，民航服务人员应积极道歉，如果能立即解决，在获得旅客同意的前提下快速做出恰当的处理；不事先征求旅客的意见或处理方式不符合旅客的要求，会使旅客的不满情绪加重。如果无法马上解决，民航服务人员应告知旅客处理措施，表明企业正在采取补救措施，同时也令旅客对处理时间心中有数。

八、让旅客知道处理进展

不确定性会令人产生焦虑和沮丧的情绪。在处理投诉的过程中，民航企业或民航服务人员要让旅客知道事情的进展，即使是事后处理的投诉，也应通过各种方式及时通知投诉旅客。若旅客能一直知道事情的处理进展，会更容易接受异常情况。

九、坚持重新获得旅客信任的良好意愿

旅客无论是基于何种心理投诉，在客观上都起到了帮助民航企业改正缺点、改进工作、完善服务的作用。民航企业应正视问题，始终以重新获得旅客信任为目标，以欢迎和接纳为应对态度，让旅客知道本企业正在改进并努力避免同样问题再次发生。旅客感受到民航企业的诚意，自然愿意重新报以信任。

十、吸取教训，完善服务

民航企业应善于利用每次投诉完善自身服务，做好投诉处理记录和报告，定期了解旅客对投诉处理工作的反映，及时总结工作中的疏漏和不足，完善管理制度，形成良好的监督机制，确保正确的补救措施得以执行；否则，补救措施制定得再完美，也只能流于空谈。

案 例 分 析 应 用

温州机场获 2019 年度千万级机场服务质量评价"投诉管理优秀奖"

2020 年 10 月 29 日，由中国民用航空局指导、中国民用机场协会主办，以"聚力四型

机场 助力民航强国"为主题的 2020 年中国民航四型机场建设发展大会暨成果展在厦门举行。会议发布了 2019 年民用机场服务质量评价结果，温州机场喜获"投诉管理优秀奖"殊荣，成为浙江省内唯一一家获奖机场。

近年来，温州机场以航空消费者权益保护为宗旨，认真按照民航局对投诉管理工作的要求，高度重视并正视投诉处理工作，多渠并进、多管齐下，不断优化，及时对接民航旅客投诉集中受理平台，全面完成 96555 客服中心投诉专席与 TOC 其他席位联席运行，逐步构建完善的旅客诉求应对和投诉问责处置体系。

"多倾听"：温州机场各接诉部门和个人专注倾听和感受旅客的诉求、需求及问题，倾听"最多跑一次"监督建言，同理旅客的心理，以"真情服务"安抚旅客情绪、引导旅客认知、澄清消费误解、总结关键线索、记录详细情况、做出合理承诺，积极维护旅客权益，倡导合理维权。

"细诊断"：一诊断责任单位。接诉后针对问题核心甄别和判定责任单位，然后启动投诉处置流程，对于启动机场投诉流程的投诉，机场由部门值班人员、第一投诉专责人、服务质量联络员在 2 小时内开始投诉处理。二诊断标准偏离点。对照规程标准开展投诉事件自查并及时反馈。三诊断问题根源。针对投诉处理过程发现的问题，开展全面、系统的分析，举一反三，诊断问题症结和源头所在，及时动态修订相关手册。

"建机制"：以"第一时间解决"为目标，建立"24 小时接诉""三方联动""队长监听制""跟踪回访""风险预警""绩效考核"六大机制，一个电话，多家同时在线接听，高效解决旅客诉求。及时跟踪回访投诉后续进展结果，定期梳理投诉高发风险点，建立常态化投诉风险预警管理机制，力争把投诉扼杀在萌芽阶段，杜绝人为原因导致投诉事件升级。

"推创新"：温州机场 96555 客服中心积极推行接诉工作管理创新。一是建立一套涵盖服务全流程的知识库和投诉处理数据库，录入各类旅客诉求和应答解决规范，建立投诉受理优秀案例模板库，汇总旅客常见投诉高发问题 700 余条，并保持动态更新，以确保投诉服务的规范性和一致性，使旅客诉求能够在第一时间得到妥善的解决。二是抽取精业务、专服务、懂心理的优秀工作人员组建投诉专席，严格把关，持续质控，不断提升温州机场投诉处置水平。

"严督查"：温州机场质量管理委员会办公室（安全质量部）推行"五个必"投诉过程管理。"必全面审核"——全面认真审核部门提交的自查及投诉处理反馈材料；"必彻底还原"——彻底回放还原投诉事件服务保障全过程；"必剖析深挖"——透彻剖析深挖投诉事件存在的问题根源；"必整改闭环"——出具《有效投诉告知单》或《客户投诉暨意见信息提示单》，并予以跟踪督查，限期完成问题整改闭环，严控投诉升级；"必考核通报"——将投诉指标纳入部门年度服务质量绩效考核，每月跟进，每季通报。

"重培训"：温州机场除"走出去"定期派员参加民航局服务和投诉培训外，还"请进来"，经常性请各方面服务专家授课传教，树立全员正确的服务理念，在思想上彻底转变观念，剔除抵触情绪，变消极为积极、改被动为主动，重视并正视投诉工作，苦练"内功"，不断提升各级员工的应诉处置技能。

"强联动"：温州机场积极争取地方市场监督管理局支持，强强联手，保持良好互动关系，协助其理顺航空消费者投诉工作，借助"3·15""质量月"等活动平台，及时做好行业航班正常和投诉工作成果宣传，共建"放心商圈"，共同打造消费者满意机场。

温州机场始终倡导"要像抓安全一样抓服务"思想理念，以"服务对象满意"为导向，以"班组建设"为载体，以"服务质量提升"为抓手，围绕"真情服务"和"最多跑一次"改革，查漏补缺，推陈出新，克难攻坚，使整体服务水平得到了明显提升。下一步，温州机场将持续践行"真情服务"理念，围绕"平安、绿色、智慧、人文"四型机场建设，以正确的服务理念为指导，把旅客的不满意、抱怨、指责甚至投诉作为不断进步的原动力，使之成为温州机场快速提升服务质量水平的有效途径和切入点，不断提高旅客满意度，积极构筑品牌化机场服务质量体系。

资料来源：温州机场获 2019 年度千万级机场服务质量评价"投诉管理优秀奖". 中国民航网，2020 - 10 - 30.

■ 案例情景要点

1. 温州机场以航空消费者权益保护为宗旨，认真按照民航局对投诉管理工作的要求，高度重视并正视投诉处理工作，逐步构建完善的旅客诉求应对和投诉问责处置体系。

2. 通过多倾听、细诊断、建机制、推创新、严督查、重培训、强联动的机制，温州机场使整体服务水平得到了明显提升。

3. 温州机场始终倡导"要像抓安全一样抓服务"思想理念，以"服务对象满意"为导向，以"班组建设"为载体，以"服务质量提升"为抓手，持续践行"真情服务"理念，不断追求进步，提高旅客满意度。

■ 理论应用

1. 引起旅客投诉的原因包括客观原因和主观原因，旅客投诉时的心理包括求尊重、求发泄、求补偿和求保护。

2. 民航企业和民航服务人员应以正确的态度对待旅客投诉，理解和接纳旅客提出的问题，虚心接受，为企业获得改善和提高的机会，保持企业的形象和信誉。

3. 案例中的温州机场对于发生的投诉重视并正视，积极采取全方位的措施，行动迅速，多管齐下，既维护了旅客的权益，又从中不断总结经验，完善机制，推动投诉处置水平的提升，服务质量水平获得旅客的满意和肯定。

4. 旅客服务永远在路上。中国民航业的发展和壮大离不开软实力的提升，在党的二十大精神的指引下，民航服务人员应始终牢记"人民航空为人民"的宗旨，树立以旅客为中心的思维导向，把旅客的不满意、抱怨、指责甚至投诉作为不断进步的原动力，以让旅客满意为目标，努力提高服务品质，让旅客出行体验更美好。

■ 头脑风暴

消费者不投诉是不是就说明消费者对服务满意？

一、学习总结

1. 根据本项目所学，将关键词整理成至少 10 张学习卡片，同学之间或学习小组之间互相随机抽取关键词后，互向对方解释对关键词的理解。

2. 请绘制本项目学习内容的思维导图。

二、实训任务——餐饮服务投诉应对

最近，有旅客在社交媒体上发帖称，乘坐某航空公司飞机时，机上广播为一位旅客播放生日快乐歌，虽然服务很细致，但自己还是有些被打扰到，所以就把这件事情发到了社交媒体上，航空公司官方客服看到后，第一时间给出了回应。

实训任务：请分析这位旅客的投诉心理。根据投诉心理分析结果，写出应对该旅客投诉的处理步骤。假如你是该航班上的乘务员，你会怎样向这位旅客解释？完成后，请交流并分享各自的答案。

任务思考：为什么要了解旅客的投诉心理？这对于解决投诉问题有什么帮助？

三、思考实践

1. 思考题

（1）引起旅客投诉的原因有哪些？

（2）旅客投诉时有什么心理？

（3）处理旅客投诉应采取哪些措施？

2. 案例题

海南航空客户关系与质量团队落实民航局"坚持真情服务底线"总体要求获殊荣 （节选）

海南航空客户关系与质量中心承担着公司级旅客意见的处理工作，中心工作人员在工作中始终秉持中国民航"真情服务"理念，坚持以客为尊，获得了旅客的一致好评及赞扬。"'以客为尊''真情服务''心存敬畏'是海航'店小二'服务精神内涵的关键要义。"客户关系与质量中心王芳说道，"环境越是艰难，我们越应该不忘初心、牢记使命，牢牢把握服务的关键要义，做到想旅客之所想，急旅客之所急。"

"您好，这里是海南航空，请问您有什么问题需要帮助？"客户关系与质量中心莫艳丹在电话这头耐心询问旅客时说道。话音刚落，键盘敲击声逐渐增强，肩膀与耳朵夹着的电话里，流动的话语伴随着她一句句细节地追问与跟进，一字一句地落在她的电脑屏幕里。这是她一天工作的开始，也是她工作中十分重要的内容之一——处理公司级的旅客投诉。"虽然每一起投诉的处置都需要我们付出大量的时间、精力与耐心，但能得到旅客的肯定就是对我们工作最高的奖励。"莫艳丹回忆自己曾经收到旅客专程寄来的感谢信和锦旗，颇为感慨地说道。

"当时，这名旅客因原计划乘坐的航班被取消，导致他的爱人、弟弟以及1岁半的小孩被滞留，后续行程也因此受到影响，旅客拨打电话进行投诉。我当时做的，就是一方面与旅客进行耐心沟通和安抚，另一方面与现场保障单位进行紧急协调，最终让这个问题得到解决。"莫艳丹介绍说，这是她工作内容中比较容易解决的，但也往往是最常见的，反复处理同样的内容，或者遇到不同性格的旅客，耐心与细心不可或缺。旅客感谢信中写道："像这样和企业融为一体，与企业共荣辱的员工值得认可和肯定，尤其对待旅客像对待家人一般热情，海航五星服务名不虚传。"这也正是莫艳丹以及客户关系与质量中心所有工作人员一直以来的工作目标。

"多问一句、多做一点，让每一位旅客感到海航的温暖。"同为中心工作人员的张懿这么说也是这么做的。曾经有位身在国外的旅客，因客票改期的问题致电公司进行反馈。张懿在接到旅客意见后，及时、主动与旅客进行联系，安抚了旅客的焦虑心情，并妥善解决了旅客的问题。一次相遇，一生信赖。这名旅客此后便将海南航空作为自己出行的首选，无论是乘机过程中相关需求的咨询，还是发现了服务中的一些小问题，他都会第一时间联系张懿了解反馈。而张懿也会第一时间运用自己的专业知识，协助旅客解决乘机中遇到的困难，或将问题转发到相关单位，督促其进行改进或提升。通过张懿一次次耐心的帮助与沟通，让旅客认识海航、了解海航、认可海航，并主动发来表扬信："我曾几次麻烦她，可我连人家的全名都不知道，惭愧；对她在工作中展现出的全心全意为旅客服务的精神，我要再次表示深深的感谢！"

这些都只是中心真情服务工作中的部分片段，而类似的故事每天都在上演。有工作人员坚持与代码共享外航航司进行沟通，耗时三个月终于为旅客追回多收取的行李费用；有工作人员看到在境外丢失手机的旅客的留言，便主动联系为其提供帮助，让原本已不抱希望的旅客感动不已……然而，这样的付出对于客户关系与质量中心的每一位员工而言，仅是自己日常工作的一部分，他们用自己的实际行动诠释着民航人的责任与担当，彰显了五星航空的品牌形象。

抓痛点：深入改进服务问题

"除了处理公司级的旅客意见工作，我们还承担着服务质量体系管理工作。"作为中心为数不多的男性力量之一的业务主管陈猛介绍道。"在日常公司服务质量管理过程中，中心发现客户声音分散来自各个不同的渠道，缺乏统一化的集中管理，不利于发掘和识别共性问题，及时做出服务响应。为此，在公司领导亲自筹划指挥下，中心重塑了公司服务质量督察架构，以统一入口、整合数据为目标，高效完成了海南航空新服务质量督察平台搭建，汇集了来自线上线下多达16类渠道的客户声音。"陈猛补充说道。

2020年初，整个航空运输业受到了严重冲击，退票退款诉求大幅提升、服务项目也受疫情影响减少到最低，随之而来的投诉量瞬时倍增，在短时间内就超过了2019年全年的数量。海南航空客户关系与质量中心工作量也呈数十倍增长，最高日接单量达500余起。为确保旅客意见处理工作正常开展，履行海南航空对广大旅客的服务承诺，中心加班加点处理旅客意见。同时，面对复杂多变的疫情环境以及短缺的服务资源，中心协同其他业务部门紧急议定风险控制措施，并于每周监控工作进度，确保旅客退款问题顺利解决。

海南航空客户关系与质量中心通过全渠道客户声音以及服务信息汇总分析，每日分析各渠道数十起旅客意见，并进行典型服务问题通报、评估、改进；同时，每周通报各项服务改进工作进展、存在问题或风险，持续跟踪验证各项服务改进工作落地成效，确保服务质量保证体系得到良性循环，避免因疫情等客观条件限制而降低服务品质。截至2020年底，海南航空客户关系与质量中心累计下发涉及市场服务、地面服务、客舱服务的工作指令470余项，通过流程改进、人员提升、系统建设等方式有效推动服务质量提升。

抓效率：加速问题处置时效

在健全的服务质量体系作为保障的基础下，为更好地执行首问责任制，海南航空客户关系与质量中心还开展全面调研并整合公司现有服务资源，规范各岗位服务补偿费用的授权标准，明确旅客安抚费、不正常航班费等7个专项列支费用，增设升舱券、代金券等6种弥补方式，明确51个服务环节的服务弥补授权范围及补偿标准，同时大力缩短申报流程，由原3个审批环节简化至1个审批环节，提高处置时效性。此次授权，合理调配了公司服务弥补资源，使一线服务人员以及服务管理人员可以及时妥善处理旅客诉求。"自授权文件下发后，我们处理旅客诉求时心里有底了，解决问题的效率也更高了，看到旅客顺利出行，我们也十分高兴。"地面一线岗位服务人员说道。

授权工作开展后，仅在客舱服务环节已快速处理案件81起，旅客满意度值稳步上升。在一次西安出港航班飞行过程中，因气流引起机上颠簸，导致乘务员手中的果汁不慎洒出滴落在一名旅客的大衣上，乘务员立即致歉并拿出干净的毛巾为旅客擦拭。"当时看到旅客的情绪不是很好，我立即请示了乘务长给予旅客洗衣费的补偿，并向旅客进行了致歉和沟通。"当班乘务员回忆道。该航班到达后，旅客在下机前填写了意见卡，对当班乘务员的高效处置表示称赞。

随着各项提升工作的不断深化落地，谈及感受时，业务主管成佳玲表示："旅客满意的基础是员工满意，海南航空正是认识到一线服务员工的重要性，因此通过具体、细致的授权支持一线人员工作，从而能更快更好地响应旅客诉求，将问题解决在当下。"

抓责任：全面强化履职担当

服务问题的解决不仅需要民航服务人员坚定的信念及持续的努力去攻坚克难，而且需要创新的思维理念。随着公司发展壮大、组织机构与职能的调整，中心在实际工作中发现，之前的服务责任与激励制度急需修订，才能匹配当前的工作需要。但如何保证制度的前瞻性和科学性，避免朝令夕改，是问题的核心所在。

对此，海南航空客户关系与质量中心经理符传谦多次组织开展人员头脑风暴会，最终确定借鉴安全管理思路并紧密结合服务工作实际开展修订工作。"他山之石，可以攻玉。

我们应该对标公司成熟的安全管理思路和先进的管理做法，全面提升服务质量责任体系。"符传谦说道，"同时应该坚持严管和厚爱相结合，对优秀服务管理单位和服务人员进行奖励和宣传。"

于是，海南航空客户关系与质量中心一方面架构以"岗位责任、管理责任、监管责任、领导责任"四大责任为主体的服务责任体系，从严出发，确保全体服务人员的履责担当。另一方面，通过开展服务明星、品牌守护奖等奖项的评选工作，对工作突出个人及集体进行表彰及宣传，树立标杆，鼓励全员学习先进，不断提升服务工作品质。通过压实岗位责任，强化正面激励，公司各单位形成"比学赶超"的服务氛围，让服务文化渗透到每一个神经末梢，让每一名服务人员都发自内心地为旅客提供优质服务。

随着各项提升工作的不断深化落地，谈及感受时，中心经理符传谦表示："我们始终牢记人民航空为人民的根本特性，对每一位旅客都在积极践行中国民航的'真情服务'理念，将旅客视为一切服务工作的出发点及落脚点，这是我们的职责所在。"

资料来源：海南航空客户关系与质量团队落实民航局"坚持真情服务底线"总体要求获殊荣. 民航资源网，2021-01-29.

问题：

（1）请仔细阅读以上案例材料，总结概括海南航空有哪些应对及处理旅客投诉的举措。

（2）这些举措反映了海南航空对待旅客投诉的态度或指导思想是什么？

3. 问答题

为什么说"民航企业会更愿意那些不高兴的旅客前来投诉"？

4. 讨论题

回想一下你自己上一次不满意的服务经历，你投诉了吗？为什么？

5. 实践题

联系自己曾经实习过的服务企业，了解其服务投诉的处理程序；或通过互联网查阅相关资料，了解服务企业有哪些收集顾客反馈意见的方式。

四、拓展阅读

抱怨的结果

一般而言，抱怨行为有三种结果：提出抱怨、离开和报复。

提出抱怨是指顾客口头表达对服务或产品的不满意。高度不满的抱怨是向组织中层级较高的人如经理等提出；中等程度的抱怨是向提供服务或产品的人提出；轻度的抱怨是向提供服务或产品以外的其他人传达。

离开是指顾客不再光顾这个企业或不再使用该产品。高度离开是指顾客有意识地做出不再从该企业购买任何服务或产品的决策；中度离开是指顾客有意识地决定在可能情况下尽量不再选择该企业的服务或产品；轻度离开是指顾客不改变他们的购买行为，既不特意避免该企业也不特意选择该企业。

报复是指顾客会采取精心策划的行动来破坏企业的日常经营运作或损害企业将来的业务。高度报复是指顾客对企业的实际破坏，或故意向其他人传播企业的负面消息；中度报复是指顾客会给企业制造小小的不方便，或将所发生的事情告诉几个人；轻度报复是指顾客不主动采取针对企业的报复行动，或许仅仅是对企业的一些负面言辞而已。

这三种抱怨结果并不互相排斥，它们可以被认为是同时发生的一种行为的三个方面。如果同时经历三种结果的高度水平，个体可能会出现爆发性行为。通常而言，一个高度抱怨、轻度离开、轻度报复的抱怨者表面上看来难以处理，但仍有很大概率会像平常一样继续选择这家企业。

项目十

企业员工心理健康管理

【课前导读】

本项目主要介绍了心理健康及维护、挫折及心理防卫、情绪管理、工作压力管理的相关知识。通过学习这部分内容，学习者能认识并掌握相关的心理保健知识，为维护和提高心理健康水平提供一定的指导。

【学习目标】

1. 了解心理健康的定义、标准及其影响因素。
2. 了解挫折后的行为表现与心理防卫机制。
3. 掌握不良情绪的调控方法。
4. 理解民航服务人员的工作压力源。
5. 掌握缓解工作压力的方法。
6. 掌握提高心理健康水平的途径。

黑龙江机场集团：幸福像花儿一样绽放（节选）

中国在哪里？幸福在这里。走进龙江空港，这里有快乐，这里有分享，还有那无数温暖的鼓励。欢笑写在脸上，自信写在心里，幸福像花儿一样绽放。

"为企业谋发展，为职工谋幸福"。黑龙江省机场管理集团有限公司（以下简称黑龙江机场集团）党委书记、董事长颜寒表示，黑龙江机场集团坚持"以员工为中心"的发展思想，始终以"员工幸福"作为奋斗目标，聚焦"抓安全、谋发展、强治理、促幸福"主题，畅通员工发展通道，持续打造"凝心工程"，不断提升员工的幸福感和归属感，增强企业的凝聚力和向心力，筑牢高质量发展根基。

"每年公司都会拿出一批岗位，让大家公平竞争，凭本事上岗，考试、面试、民主测评等环节严谨缜密，来不得半点虚假。"34岁的陈君现担任哈尔滨机场安全检查站质量控制室副主管。半年前，他还是一名班组长。企业的"赛马"机制打通了基层员工的晋升渠道，让大批肯吃苦、求上进的一线员工努力有方向、奋斗有动力。岗位竞聘、技能比武……在黑龙江机场集团，一项项"赛马"机制激活了全体员工比学赶超、争先竞位的干事激情。"员工在企业工作除了简单获取报酬满足物质需要，还有快乐工作、受人尊重、成长空间、取得成就等需要。当企业不断满足员工的这些需要时，员工的幸福感就会油然而生。"黑龙江机场集团党群工作部负责人表示，2023年以来，黑龙江机场集团先后开展了运行指挥员职业技能竞赛、安全检查站2023年"安康杯"技能竞赛等竞比活动，鼓励职工参加职业技能等级提升、学历提升。

黑龙江机场集团工会举办的中医大讲堂带领大家一起行动起来，感受健康生活新方式，深受广大员工热捧。"此次活动不仅普及了健康知识，还增强了自身的健康管理能力，为养成良好生活方式、提高健康水平和生活质量提供了科学依据，同时也切实感受到了大家庭的温暖。"员工们纷纷表示。

中午12点多，哈尔滨机场消防护卫部王广通结束了上午的执勤任务，回到宿舍，洗过澡，换了身干净衣服，喝完提前准备好的酸梅汤后走进食堂。今天的菜品依然丰富且解暑：熘肉段、排骨炖豆角、鱼香肉丝、青菜、绿豆汤，还有冷面、凉粉……"看到这些菜，胃口也开了。"王广通说。

实行用餐补贴、提高食堂饭菜质量，让员工感受到舌尖上的幸福；改善工作休息环境、提升员工生活品质，让员工感受到生活上的幸福；优化通勤站点、合理调整通勤车班次，让员工感受到车轮上的幸福；举办健康讲座、开展心理咨询和全员体检，让员工感受到身心上的幸福……这里幸福满满、快乐满满。不仅如此，黑龙江机场集团进一步完善各单位职工宿舍、活动中心等设施设备配备力度，推动职工活动服务场所建设，加速提质"建家优境"，努力打造"幸福空港"。

为改善机坪作业人员工作条件，黑龙江机场集团工会不断完善共享休息室，努力打造集生活、休息、心灵于一体的爱心驿站，配备有饮水机、空调、冰箱、微波炉、急救药箱、休闲桌椅、报纸杂志等，为户外员工提供覆盖工作、生活、学习一站式服务，充分满足其饮水、就餐、休憩、用药、阅读、手机充电等需求，不仅是大家的"歇脚点"，还是精神文化的"加油站"，成为机场户外员工的"温馨港湾"。

乒乓球、羽毛球约起来，全员健身嗨起来。这段时间，改造后的哈尔滨机场体育馆耳目一新、热闹非凡，深受员工的好评。"黑龙江机场集团每年结合工作计划组织开展乒羽联赛、篮球赛、跳绳、拔河、体操表演、健步走等文体活动，极大丰富了员工的业余文化生活。"党群工作部负责人说。如今，黑龙江机场集团几乎每个机场都有职工活动室，羽毛球场、乒乓球场等健身运动设施也随处可见。尤其是隔年一次的乒羽联赛和篮球赛，很受大家欢迎，展现出黑龙江机场集团员工快乐工作、快乐生活的良好精神风貌。

"老师好，我是黑龙江机场集团安全检查站的员工，我可以咨询您一些关于人际相处方面的问题吗？""可以，黑龙江机场集团员工都可以前来咨询。"在黑龙江机场集团综合办公楼，黑龙江机场集团员工可以接受国家级心理咨询师提供的一对一咨询，得到专业、科学、系统的情感支撑和心灵抚慰，系统化提升员工心理健康水平。

针对航班量增长、旅客量增加，一线人员工作、生活的新变化、新特点、新态势，黑龙江机场集团持续以系统思维深入研究、科学谋划、主动应对、把握全局，牢牢把握安全工作主动权，把员工心理健康和职工关爱作为"凝心工程"的重点内容，力争用专业保障、用专心服务，让EAP职工关爱项目助力"两个绝对安全"。据统计，年初以来，黑龙江机场集团先后组织职工收听收看9期EAP职工心理关爱项目网络课程，举办EAP职工心理关爱项目专题培训，深受广大员工喜爱。

黑龙江机场集团在创造自身价值的同时，全力保障职工合法权益，建立健全企业工会组织、完善工会制度、规范职代会制度，坚持职工利益无小事的理念，认真开展职工代表提案征集和办理工作，推进公司民主管理规范化、系统化，切实维护职工合法权益、

黑龙江机场集团利用办公网、宣传板、微信公众号对荣获国家级、省部级、首都机场集团及省机场集团级先进典型进行了专题宣传，在全集团范围内营造了劳动光荣、技能宝贵、创造伟大的浓厚氛围。

黑龙江机场集团建立了关心关怀管理办法、帮扶慰问管理标准等，坚持做好职工节日、生病住院、过生日、家有红白喜事、困难职工的慰问工作和"夏送清凉""冬送温暖"等活动，开展有针对性、实效性的人文关怀活动，体现了爱心、温暖了人心、凝聚了信心。

"小孩刚满周岁不久，便严重烫伤，送进了哈尔滨市第五医院ICU，可面对高额手术费用，我瞬间便瘫坐在地。"哈尔滨机场安全检查站刘庚哽咽地说道，"好在有领导、同事的关心，给了我很多的帮助和温暖，让我有更大的动力面对困难、战胜困难，在这里我真真切切感受到了'家'的温暖。"

员工对幸福生活的向往，就是我们的奋斗目标。放眼龙江空港，处处是生机勃勃的喜人景象。迈步新的征程，黑龙江机场集团正聚焦高质量发展这个首要任务，踔厉奋发，勇毅前行，努力让员工过上更加幸福的生活。

资料来源：黑龙江机场集团：幸福像花儿一样绽放．中国民航网，2023－08－29．

健康是人类生存和发展的最基本条件，是人生第一财富，是每个人所渴望的。服务行业的从业人员保持健康良好的心态尤为重要，试想一个心理不健康的员工如何能为顾客提供优质、周到的服务？但在日常生活中，人们对于健康的理解常常局限于身体上没有缺陷和疾病，其实，健康的概念远非人们理解的那么简单。

理论探究

任务一　认识心理健康

一、心理健康的定义

健康不仅包括个体身体结构和生理功能的正常，还包括心理过程和个性心理特征等心理活动的正常、个性的正常与行为的正常。世界卫生组织指出，健康是心理、生理、社会适应和道德方面的良好状态，而不仅仅是没有疾病和痛苦。

心理学家所做的大量心理学研究也证明，人的健康状况是一个整体，身体状况与心理状况相互影响。身体的缺陷和长期疾病会影响心理的健康和个性的发展，心理的状况也会影响身体的健康。不适当的情绪反应会导致特定的身体症状，诱发疾病，某些特定的性格特点也常常与某些身体疾病有着不可分割的联系。

在以预防和控制慢性非传染性疾病为标志的第二次卫生革命中，人们越来越发现，在高血压、糖尿病等"文明病""富贵病"随着社会发展、人们生活改善与日俱增的背后，心态起着至关重要的作用。

就个体方面而言，心理健康是成功之本，是幸福之源。从根本意义上来说，心理健康就是个体在面临来自环境的挑战时，能充分利用其心理机制的调节潜能，做出适应性的行为抉择，从而享有成功人生。人生在世，面临境遇的挑战将是不断的，只有心理强大的人，才能战胜一切困难。

何谓心理健康？怎样才算是心理健康的人？关于"心理健康"的定义，不同时期、不同专家有不同的观点，2019 年发布的《中国国民心理健康发展报告》将心理健康定义为个体内部心理过程和谐一致、与外部环境适应良好的稳定的心理状态，包括五个测量维度：

（1）"情绪体验"：反映个体的情绪特点、情绪状态和处理情绪的能力。

（2）"自我认识"：反映个体对于自己的认识、评价和自我调节。

（3）"人际交往"：反映个体的交往能力、人际关系和社会支持状况。

（4）"认知效能"：反映个体的日常认知功能和问题解决的能力。

（5）"适应能力"：反映个体遇到生活事件时保持良好心态的能力和应对风格。

从 2008 年起，中国心理卫生协会组织业内专家反复调查与研究，历经 3 年制定了"中国人心理健康标准"。该标准条目和评价要素的主要内容如下：

（一）认识自我，接纳自我（自我意识）

评价要素：

（1）自我认知：了解自己，恰当地评价自己，有一定的自尊心和自信心。

（2）自我接纳：体验自我存在的价值，接受自己。

（二）自我学习，独立生活（生活和学习能力）

评价要素：

（1）学习能力：具有从经验中学习，获得知识与技能的能力。

（2）生活能力：能够独立处理日常生活中大部分的衣食住行活动。

（3）解决问题的能力：能够利用获得的知识、能力或技能解决常见的问题。

（三）情绪稳定，有安全感（情绪健康）

评价要素：

（1）情绪稳定：能够保持情绪基本稳定。

（2）情绪积极：情绪状态能够保持，以积极情绪为主导。

（3）情绪控制：能够调控自己情绪的变化。

（4）安全感：对人身安全、生活稳定等有基本的安全感。

（四）人际关系和谐良好（人际关系）

评价要素：

（1）人际交往能力：具有基本的社会交往能力，能够处理与保持基本的人际交往关系。

（2）人际满足：能在人际互动中体验到正常的情绪情感，获得满足感。

（3）接纳他人：能够接纳他人及交往中的问题。

（五） 角色功能协调统一（角色功能）

评价要素：

（1）角色功能：基本能够履行社会所要求的各种角色规定。

（2）心理与行为符合所处的环境。

（3）心理与行为符合年龄等特征。

（4）行为协调，在社会规范许可范围内实现个人需要的适当满足。

（六） 适应环境，应对挫折（环境适应）

评价要素：

（1）保持与现实环境接触。

（2）面对和接受现实，积极应对现实。

（3）正确面对与克服困难、挫折。

二、影响心理健康的因素

完全"健康"的人是不存在的。个体永远保持100％的心理健康，这既不现实也不可能，因为每个人都会在生活中遇到各种挫折，从而出现短期的反应性情绪波动，如果此时我们做心理测试自评量表，结果很可能显示我们有"严重的心理问题"，如极为严重的痛苦、忧伤、焦虑、愤怒甚至绝望等，但并不能证明我们患了严重的心理疾病，其实只是"非常时期"的正常表现。所以，在生命中约85％的时间内，我们若能具有一种基本良好的生活适应状态，那么我们的心理就是正常而且健康的。但是如果这些负性情绪在时间和强度上与一个人所受的挫折不匹配，如过强或过长，就有可能影响心理健康，甚至出现心理疾病。以下几个因素会影响个体的心理健康。

（一） 人际适应问题

人际适应问题包括工作关系、学习关系、家庭关系、友情关系及熟人关系的适应等。如果个体处理不好这些关系，生活质量就会受到严重影响，心理上自然也会受到负性情绪的影响，导致坏心情。

（二） 环境适应问题

环境适应问题是指个体对物理环境与人文环境的适应。工作环境、生活环境等变化都会向个体的环境适应能力提出挑战。善于适应的个体很快就能在新环境中获得新的发展；反之，不善于适应的个体则有可能在新环境中产生大量的负性情绪而无法自拔。很多人有一个误区，认为自己对职位升迁、受到嘉奖、搬进大房子、结婚生子等这样的好事不会存在适应问题。其实不然，所有环境变迁都可能引起适应问题。

（三） 学习与工作适应问题

学习与工作适应问题是指个体在学习与工作的环境和情境下，利用自身的能力和资源，适当地调整自己的行为和情绪。这包括能否很快了解和胜任工作与学习，能否在工作与学习中充分体现自己的能力并从中体验到乐趣等。如今高科技带来的日新月异的发展，更对每个人的学习能力和成长能力提出了较高的要求。如果我们自己不主动地学习与充电以适应环境，就难以胜任工作或感到愉快，产生心理问题的可能性便会增加。

（四） 自我适应问题

自我适应包括个体对身心发育的适应、对社会角色的适应、对不断地自我实现的适应等。一个未曾适应自己的人是很难适应环境的。每一个重大的人生发展阶段，都是自我适应的关键期。在这些关键的人生发展阶段，很多困扰都是由于个体的自我适应没有调节好而引发的，很多环境适应问题的根源都在于此。

心理健康水平是一个连续体，心理健康与心理病态、心理异常之间是没有明确界限的。如果个体不注意保护自己的心理健康，心理健康水平将会不断下降，甚至出现异常心理，变成心理障碍患者。同时个体也应意识到，虽然目前自身的心理健康水平是正常的，但并不一定是心理健康的最佳水平。我们可以通过自己的努力来不断提高自己的心理健康水平，使个性得到不断发展。

三、不良心理对员工工作和生活的影响

不良心理是相对于健康心理而言的，主要包括心理障碍和心理疾病。健康心理是指个体能以积极的、稳定的心理状态适应生活、学习、工作中各种内外部因素以及环境、政策的变化，从而保持应有的心理平衡。不良心理是指这种心理平衡被打破，出现了异常的心理倾向。员工的不良心理往往表现为心理障碍现象。

常见的员工不良心理表现比较集中的方面有：

（1）工作方面表现为业绩焦虑、不稳定、压力过大、负担过重、工作不理想、缺乏动力、厌倦情绪比较严重、没有挑战欲望。

（2）人际关系方面表现为沟通不良、交往恐惧、人际冲突、关系失调、孤独封闭、缺乏社交技能等，从而产生自卑、自负、嫉妒、冷漠等不健康心态。

（3）恋爱方面表现为与异性交往困难、因单相思而苦恋、失恋、陷入多角关系不能自拔、对性冲动的不良心理反应等。

（4）人生态度方面表现为对人生意义的理解、人生价值的取向、人的本质的认识等问题产生消极的评价倾向，经不起批评、打击和失败。

（5）其他如家庭关系、经济条件、职业选择、个人发展方面，也常出现困惑和苦恼以及情绪的不稳定等。

通常而言，企业中具有严重的心理疾病的员工并不多见。但很多时候，服务工作量大、接触性高、变化性强、客户至上等特点，导致员工容易产生情绪波动和心理问题。如果任由这些不良心理发展下去，后果比较严重。这些心理不健康的表现，有的已严重干扰了员工正常的学习和生活，严重阻碍了员工的身心健康发展。许多员工缺乏心理健康知识，并且对心理健康不够重视。有的员工由于羞于启齿或是说出来怕别人难以理解，得不到有效的调适，于是憋在心里，隐藏起来，这就更加剧了心理障碍的恶性循环，甚至造成不可逆转的严重后果。因此，每位员工都应重视自身的心理健康，预防和避免心理问题的发生。

任务二　认识挫折与心理防卫

个体一生难免会遇到这样或那样的困难和挫折。不同的个体对待挫折有不同的态度和方法，正确的态度和方法能使个体从挫折中总结经验、吸取教训，提升心理承受能力和解决问题能力。不当的态度和方法会给个体造成巨大的痛苦，导致失意、沮丧、悲观、消沉甚至疾病，从而影响员工的工作质量，给企业带来不良的影响。

一、挫折及其原因

挫折是指个体从事有目的的活动，在环境中遇到障碍或干扰，使其需要和动机不能获得满足时的情绪状态。它是一种社会心理现象。

引起挫折的因素很多，各种因素所引起的挫折强度也不尽相同。总括起来，这些因素可以分为两类。一是客观因素，包括环境、社会及个人诸方面的客观条件的限制。例如：地震等自然灾害会使人们日常生活中的许多动机无法实现，甚至生命安全也受到威胁等。二是个人的主观因素，包括各种形式的内在冲突。例如：宗教、政治、法律、道德、经济、习俗、人际关系等因素都可能使个体的动机遇到阻碍而无法实现，引起挫折。个人健康状况不佳或生理缺陷，致使其不能胜任某种工作，或者个体由于知识经验不足和能力较差，在工作中遭到失败等。

除了各种客观条件的限制外，挫折也可以由各种各样的内在冲突引起。我们在日常生活中所遇到的冲突，概括起来主要有以下四种类型。

（一）趋避冲突

当同一个目标既能够满足需要、对个体有吸引力，又会造成威胁、带来某种伤害时，个体趋近这一目标和逃避这一目标的动机同时存在，并相互冲突，这就是趋避冲突。它是日常生活中遭遇最多又难解决的一种冲突。

（二）双趋冲突

当个体在有目的的活动中同时存在两个目标，并且两个目标具有相近的吸引力，使个体有相近强度的趋近动机，但又由于各种原因的限制，必须放弃其中一个目标时，个体就会在心理上产生难以做出取舍的内在冲突，这就是双趋冲突，也就是"鱼与熊掌不可兼得"现象。

（三）双重趋避冲突

当同时有两个目标与个体发生联系，而两个目标都既有益又不利时，就出现了双重趋避冲突。例如：当个体面临两种工作选择，一种有利于事业不利于生活，另一种则有利于生活而不利于事业的时候，个体就面临双重趋避冲突。

（四）双避冲突

同时存在两个目标对个体都有害，而现实又迫使个体勉为其难二选一时，这会给个体心理带来很大压力，并由此产生强烈的心理冲突，导致挫折感产生。这种冲突叫作双避冲突。

二、挫折耐受力

挫折耐受力，又称挫折容忍力，是指一个人忍受挫折、保护自己心理健康、维持正常适应的能力。挫折在不同的人身上所产生的心理影响可能迥然不同。有些人可以忍受经常的、严重的挫折，对于引起挫折的客观条件限制表现出坚忍不拔、百折不挠的毅力；而有些人往往稍遇挫折就意志消沉，通常在别人看来是正常的困难也会使他颓废沮丧，甚至一蹶不振。这就是挫折耐受力不同造成的。

挫折耐受力的高低受多种因素的影响：

（一）个体的身体条件

大量的心理学研究证明，身体条件好的人要比身体条件差的人具有更好的挫折耐受力。身体健康、强壮，高级神经活动类型属于强而平衡型的人，挫折耐受力较高；相反，体弱多病、高级神经活动类型属于典型的弱型或强而不平衡型的人，挫折耐受力相对较低。

（二）成长过程中经受挫折的经验与价值观的稳定程度

如果一个人在成长过程中经历过逆境，人生中风风雨雨的冲击会提高其应对生活困难、摆脱心理冲突的能力。此外，在成长过程中受到良好教育、价值观稳定、持久的人也会表现出超人的挫折耐受力。

（三）对挫折情境的认识与判断

对于同样的挫折，有的人会认为是严重挫折，而有的人认为微不足道。由于认识的不同，个体所感受的威胁也不同，个人心理上所承受的压力也就不同。

（四） 是否能预见可能遭受的挫折

对于可预见的挫折，如果个体做好了精神准备，就比较容易应对；而对突如其来的挫折往往使人难以承受。

三、挫折后的行为表现与心理防卫机制

个体在工作和生活中遇到挫折后，会表现出各种各样的态度和情绪反应。研究这些反应不仅有助于个体理解周围发生的各种事件，而且能提高抗拒挫折的能力。

（一） 挫折后的行为表现

由于受挫折的个体各有特点，因此其受挫折后的行为表现也各有不同。有的人采取积极进取的态度，减轻挫折造成的负面影响；也有的人采取消极的态度，甚至是对抗的态度，如攻击、冷漠、幻想、退行、固着等。

1. 攻击

攻击是一种常见的对挫折所采取的公开对抗的行为。这种攻击行为可分为直接攻击和转向攻击两类。直接攻击是将攻击行为直接指向阻碍达到目标的人或物。转向攻击是指当不能直接攻击阻碍自己达到目标的人或物时，将攻击行为转向某种替代的人或物。在服务企业中，如果员工遭受挫折，很可能会向顾客发泄，引起冲突，这是服务工作的大忌。

2. 冷漠

个体受到挫折后压力过大，无法攻击或攻击无效，或因攻击而导致更大的痛苦，于是便压抑其愤怒的情绪，采取冷漠行为。从表面上来看，个体似乎对挫折漠不关心，表现出冷漠退让，但个体的内心痛苦可能更甚，严重的可能变为忧郁型精神病人。

3. 幻想

幻想是个体受到挫折后的另一种退缩式反应。幻想是指个体遭受挫折后退缩、脱离挫折的情况，将自己置于一种想象的境界，企图以非现实的虚构方式来应付挫折或解决问题。

4. 退行

退行是指个体遇到挫折时会表现出与自己年龄、身份不相符的行为，是一种反常的现象。一般而言，人们随着年龄与经历的增加和社会生活的影响，由儿童时代的任意发泄，逐步学会如何控制、如何在适当的时机做出适当的情绪反应。但是，有的人在遇到挫折时会失去控制力，而像小孩子一样哭闹、暴跳如雷，或蒙头大睡甚至装病不起，这种行为便属于退行。

5. 固着

个体在生活环境中遇到挫折时，只有具备随机应变的能力，才能顺利解决所遇到的问

题。但在某些情况下，如个体一再遇到同样的挫折，可能会采取一种一成不变的反应方式，即使以后情况已改变，而这种已有的刻板性反应仍会继续出现。在心理学上，固着是指一种对刺激的保持程度，或不断重复的一种心理模式和思维特征。

（二）心理防卫机制

当挫折或冲突导致焦虑情绪产生时，为了避免痛苦的焦虑体验，避免这种有害情绪对内心造成进一步的伤害，个体会自然地、无意识地运用歪曲、夸大、补偿、否认、升华等方法来平息内心焦虑，继续维持自我同外部世界的满意关系。心理活动的这种避免焦虑、恢复情绪平衡与稳定的自我保护倾向，就是精神分析学者所说的心理防卫机制。

无论是心理健康者还是心理障碍者，心理活动中都可以见到防卫机制的存在。具体来说，人们在日常生活中所运用的心理防卫机制主要有以下几种形式。

1. 压抑作用

每一个人在一生中都会碰到令人难堪或痛苦的经历，都可能体验过让自己无地自容的欲望和冲动。这时心理防卫机制就会发生作用，将这些不能忍受的经历、欲望或动机压抑到无意识中去，使个体的意识经验觉察不到，这种形式的心理防卫机制就是压抑作用，又称动机性遗忘。

2. 合理化作用

合理化作用，又称文饰作用，是个体日常生活中运用最多的心理防卫机制之一。当个体的行为或动机的结果不符合社会公认的价值标准，或是自己的意愿、目的不能实现时，为了减轻因价值得不到确立所带来的焦虑情绪，个体会为自己寻找一个"合理的"解释，以便使自己的所作所为看起来合乎逻辑或与社会要求不相违背，这就是合理化作用。例如：当考核成绩不理想时，服务人员会倾向寻找客观原因，抱怨公司要求太高，或者因工作太忙导致没时间准备，而不愿意承认是自己的能力问题。

3. 补偿作用

一个人如果在某些方面存在不足（如形象不佳或身体缺陷），为了弥补由于这些不足所带来的自我价值缺失，他会在其他方面加倍努力，力求出类拔萃，以求得心理平衡，保持自我价值感，这种心理的自我防卫机制就是补偿作用。例如：眼睛近视、体质弱而无法在运动场上驰骋的学生，常常会在学习上加倍努力，使成绩名列前茅。

4. 升华作用

对于许多社会所不允许的欲望或动机，个体若是直接表现出来，将会受到严厉的责罚和自我谴责，引起痛苦的情绪体验；但是，若以社会允许的方式表现出来，却可以受到社会的认可，个体的心理也可以得到慰藉。这种以社会允许的方式来表现社会所不接受的欲望或动机，既释放了心理能量又不用担心受到责罚的心理防卫机制，就是升华作用。有人认为，由压抑导致的升华，是许多伟大的文学艺术作品产生的直接原因。

5. 投射作用

投射也是个体经常运用的心理防卫机制之一。对于自己身上所具有的带有强烈的自我价值否定性的欲望、动机、态度和个性特点，个体的意识经验常常是不能接受的。个体不能忍受自我价值被严重否定时所引起的焦虑情绪折磨，因此，心理防卫机制会发生作用，使个体无意识地将那些自己所不期望的东西投射到他人身上，使自己觉得是他人具有这些欲望、动机、态度和个性特点，而不是自己具有，由此来消减自我价值被否定的恐惧，维持自己的心理平衡，这就是投射作用。日常生活中所说的"以小人之心，度君子之腹"，就是典型的投射作用。

6. 反向作用

在通常情况下，个体行为的方向与其动机的指向是一致的。行为会直接反映个体的需要和动机。但是，当个体具有了某种与社会期望不相符合的动机时，这种动机会引起强烈的受责罚的焦虑情绪。为了避免焦虑，个体不是直接做出与这种动机相对应的行为，而是做出与这种动机相反并与社会期望相符合的行为。这样一方面可以掩盖自己原有的动机，消减由此产生的焦虑；另一方面可以借此压抑原有动机。这种行为表现与社会期望保持一致，而与始发动机相反的心理防卫机制，就是反向作用。例如：在日常生活中，有些内心自卑感强的人反而会表现得很自大，这是因为他们不想被别人看出自己不如人，极力想在意识上克服弱点，从而走向另一个极端。

任务三　认识情绪管理

在服务过程中，旅客的情绪会影响民航服务人员的服务效果，而民航服务人员本身的情绪也会影响服务的质量。因此，民航服务人员的情绪管理就显得至关重要。

一、健康情绪的标准及对服务的积极作用

（一）健康情绪的标准

健康情绪的标准主要包括以下四个方面。

1. 情绪是由适当的原因引起的

欢乐的情绪是由可喜的事情引起的，悲哀的情绪是由不愉快的或不幸的事情引起的，愤怒是由于挫折所引起的。一定的事物引起相应的情绪是情绪健康的标志之一。如果一个人受到挫折反而高兴、受人尊敬反而愤怒，则是情绪不健康的表现。

2. 情绪的作用时间随客观情况变化而转移

在一般情况下，引起情绪的因素消失之后，个体的情绪反应也应逐渐消失。例如：民

航服务人员受到旅客的批评，当时可能很不高兴，但事情过后，也就不生气了。如果几天后还生气，甚至长期生气，这就是情绪不健康的表现。

3. 情绪稳定

情绪稳定表明个体的中枢神经系统活动处于相对平衡的状况，反映了中枢神经系统活动的协调。一个人情绪经常很不稳定、变化莫测，是情绪不健康的表现。

4. 心情愉快

心情愉快是情绪健康的另一个重要标志。愉快表示个体的身心活动和谐，表明其处于积极的健康状态。一个人经常情绪低落，总是愁眉苦脸、心情苦闷，可能是情绪不健康的表现。

（二）健康情绪对服务的积极作用

1. 保证民航服务人员的身体健康

消极情绪影响身体健康。我国自古就有怒伤肝、思伤脾、忧伤肺、恐伤肾之说。如果一个人处于过度的消极情绪，长期不愉快、恐惧、失望，就会抑制胃肠运动，从而影响消化机能。情绪常消极、低落或过于紧张的人，往往容易患各种疾病。因此，健康、乐观的情绪是保持心理平衡与身体健康的条件，它可以使人忘掉忧愁、战胜悲伤，甚至起到疗愈的作用。民航服务人员身心健康是保证服务质量的前提条件。

2. 促进民航服务人员的自身发展

健康情绪表现为精神愉快和情绪饱满。民航服务人员只有保持乐观的人生态度、开朗的性格，才会正确认识、对待各种现实问题，从容地面对和化解人际交往中的矛盾，更好地应对工作中的困难，提升自身技能。

3. 提升民航服务人员的服务质量

（1）拉近与旅客的心理距离。在将要开始旅程时，旅客可能有紧张不安的情绪，而民航服务人员的真诚微笑、轻松问候，不仅使自己处于良好的工作状态中，而且会感染旅客。民航服务人员因良好情绪所流露出来的笑容真实、诚挚，可以在不经意间缓解对方身心的紧张不安，使旅客感到信赖和安全，令彼此心理距离拉近，从而建立和谐的服务关系，为提高服务质量打好基础。

（2）化解旅客的不良情绪。真诚的微笑是一种特殊而积极的情绪语言，是服务工作的润滑剂，也是民航服务人员与旅客建立感情的基础。它可以代替语言上的"欢迎"和"关心"，安抚旅客的紧张或焦虑，化解旅客的不良情绪，使服务工作顺利进行。

二、不良情绪对服务的消极作用

在服务工作中，民航服务人员面对不理解自己的旅客、社会舆论的压力、上司的批评等，可能会产生不良情绪。不良情绪对服务的消极作用主要表现在以下三个方面。

（一）影响民航服务人员的工作效率

在不良情绪的阴影下，民航服务人员可能会处于一种伤心、愤怒或心不在焉的状态，这种状态会严重影响民航服务人员的工作积极性。如果民航服务人员工作态度马虎、表情冷漠、懒散敷衍，就会导致工作效率低下。

（二）影响民航服务人员的身心健康

凡是不能满足需要的事物，个体都可能引起否定的态度，并产生消极的、不愉快的情绪体验。愤怒、憎恨、悲愁、焦虑、恐惧、苦闷、不安、沮丧、忧伤、嫉妒、耻辱、痛苦、不满等都与消极情绪密切相关。从某种意义上说，消极情绪是一种不良的心理状态，往往会因过分刺激个体的器官、肌肉及内分泌腺而损害健康。消极情绪的产生一方面是机体为适应环境而做出的必要反应，它能调动机体的潜在能力，以促使个体适应变化的环境；另一方面，消极情绪会引起高级神经活动的机能失调，使人体失去身心平衡，从而对机体的健康产生十分不利的影响。

若个体经常、持久地出现消极情绪，会导致神经系统长期过度紧张，从而导致身心疾病，如神经系统功能紊乱、内分泌功能失调、免疫功能下降，甚至可能转变为精神障碍或其他器官的系统疾病。

（三）容易导致民航服务人员与旅客之间关系紧张

当民航服务人员带着不良情绪工作时，表情、态度都可能不佳，令旅客觉得自己不受欢迎、不被尊重，情绪自然也会不愉快，相互的不良情绪影响甚至形成恶性循环。不良情绪会破坏服务关系的和谐，导致不良服务氛围和关系紧张，不仅会影响民航服务人员和旅客的心情，甚至会激发矛盾的产生和加剧。因此，不良情绪如果得不到有效管理，将会直接影响服务质量。

三、如何提高情绪管理能力

情绪管理能力即心理学上所说的"情绪调节技能"，由 3 个基本技能组成，分别为情感觉察、情感接纳和运用多种情绪调节策略（如认知重评、表达抑制）。我们可以用 4 个与情绪相关的案例来解释。

案例一：情感觉察

A 先生是机场地勤人员，某日因为迟到挨了主管的批评，觉得自己受了委屈，内心愤懑。因此，他在当班时，对前来咨询的顾客态度冷淡，最后收到了顾客的投诉，受到了更为严厉的处分。

在此案例中，A 先生没能做好情感觉察，不能意识到自己长时间地处于愤怒、生气的情绪之中，在长达一天的时间中长久地沉浸在这种情绪之中，甚至有迁怒于他人的举动，以至于因此丢失了专业精神，耽误了自己的工作。由此可见，及时的情感觉察，能够使我们走出情绪的迷雾，为接纳和调节自己的情绪做好准备。情感觉察可以通过训练进一步强化，不妨采用以下的办法：

在每天的生活之中，随时随地问自己"现在是什么感受"并在手机或随身携带的记事本中写下自己所经历的事情，以及当下的心情，以当场记录为宜。当一天过去，你可以通过这些记录回顾自己的情绪变化，并对自己的情绪有更加深刻的理解。当训练次数增加时，你便可以摆脱记录的麻烦，在脑海中便可以完成情感觉察，冷静地认识到自己当前的情绪。

案例二：情感接纳

B 小姐是航空公司的乘务员，准备参加公司的英语等级考试，为职位提升做准备。B 小姐已经为这次考试准备了很长一段时间，但仍然对参加考试感到十分紧张。她不停地想："如果我这样紧张，一定会考试失败的。"如此反复思考，B 小姐想要压制紧张情绪，却仍然紧张得坐立不安。果不其然，在考试时，B 小姐因为过度紧张，总觉得自己没有做对，反复修改答案，听力部分感觉更是糟糕，最后考试成绩非常不理想。

在此案例中，B 小姐一直被紧张情绪所困扰，想要避免紧张、压制自己的情绪，到最后却因为紧张情绪的爆发而影响了考试的发挥。B 小姐无法理解和接纳自己消极的情绪体验，便是因为没有掌握情感接纳的调节办法。情感接纳，即允许负面情感、顺其自然发展，不刻意压抑自己的消极情感，而是接纳它，承认它其实是正常情感体验的一部分。在紧张时，我们可以利用紧张的情绪鞭策自己继续工作或学习；在悲伤时，我们也不用一味地压制自己的情绪体验，可以找一个地方痛快地大哭一场。情绪管理并不提倡压制情绪，而是需要收放自如，情感接纳便是"放"的那一面。

案例三：认知重评

C 女士在工作时，因为受到旅客的投诉而影响了工作绩效评价。在面对咄咄逼人的旅客和言辞激烈的上司时，C 女士并没有因此而觉得不满、委屈，而是不断地在心里提醒自己："这些事都是小事情，没有那么严重。"最后，她通过冷静的分析和有条理的言辞化解了旅客的误会，得到了旅客和上司的理解。

在此案例中，C 女士运用了认知重评的情绪调节策略，成功化解了危机。认知重评是最常用且最有效的调节策略，即个体通过改变对情绪事件的理解和对个体意识的认识来消解情绪。认知重评可以缓解我们对于事情可能结局的焦虑，从而达到压低情绪、隐藏情绪的目的，使我们可以更加从容地分析事态、处理事务。

以下是一些可以用于认知重评的语句：

　　　　这件事情没有那么严重，是我想太多了。

> 这些事都是小事情，我可以解决的。
>
> 5 年之后，我会把这些事情忘得一干二净。
>
> 这件事情发生的话也在情理之中。
>
> 我不用这么生气，都是小事，生气却是大事。

面对人际关系上的压力时，我们可以"以大化小"，不必过于在意旁人的一个眼神、一句闲话；面对一次考试的失利，我们大可不必感到挫败，一次考试并不能成为个人实力的证明；面对工作上的琐碎失误，我们大可以想："5 年之后，这些事情都不会影响我，那么我为什么要为之烦恼呢？"如此一来，不良的情绪便可以消解大半。

案例四：表达抑制

D 先生是一位乘务长。某日，在他当班时，有一位旅客因为等位过久而对他发怒。D 先生对这种行为感到厌恶，但却没有表现出来，而是耐心、专业地请旅客在休息区等待，并送上了茶水和小食。旅客受到了礼遇，也因为之前的无理而感觉不好意思。D 先生完美地完成了当晚的服务。

表达抑制是指一种表达形式上的反应修正，发生在情绪反应后，个体对即将发生的情绪表现行为进行抑制。D 先生有良好的情绪管理能力和个人修养，压制住了自己的情绪反应。若说情感接纳是情绪调节中"放"的那一面，那么表达抑制便是"收"的那一面。

以下是一些可以用于情绪表达抑制的语句：

> 我现在可以不生气，先想想办法再说。
>
> 现在发作出来，我可能会后悔。
>
> 逞一时之快总是不好的。
>
> 冲动是魔鬼，我有更好的解决办法。
>
> 忍一时，我们可以有更多的时间解决目前的问题。

在使用表达抑制策略时，我们也需要考虑到这种策略带来的情绪压抑和负面情绪累积的问题。负面情绪并不是一个无底的口袋，而是应该定期清理。如果条件允许，我们也要重启情感接纳的策略，让自己的情绪得到合理的宣泄。

四、服务人员不良情绪的调控

情绪无好坏之分，由情绪引发的行为则有好坏之分，行为的后果有好坏之分。所以，情绪管理并非消灭情绪，而是疏导情绪并使之后的信念与行为合理化。情绪的自我调节方法多种多样，但个体只要把握下列几个要点并掌握相关的方法，就可以克服不良情绪，使自己快乐起来。

（一）接纳不良情绪存在的事实

情绪是每个人正常的心理体验。个体遇到一定的情境刺激时，都会产生相应的情绪，如高兴、紧张、焦虑、生气、悲伤等。所以，个体应当接纳自己的情绪，不要排斥自己的情绪。当接纳自己的情绪时，就能够真诚地面对自己，自我就会和谐统一，心态就变得平和。因此，个体应承认不良情绪的存在，找出原因，然后调整、克服，才是应有的态度。

（二）认知调整转换

情绪ABC理论认为导致消极情绪的不是事实本身，而是对事实的看法，改变看法，就可以调整情绪。在服务过程中，不管遇到怎样的旅客、怎样的情况或者怎样的麻烦，抱怨都不是解决的办法，抱怨除了破坏心情，对事情的解决毫无作用。民航服务人员可以换个角度想想，有挫折是正常的，与其郁郁寡欢，不如思考这次经历会带给自己什么样的经验或教训、如何不重蹈覆辙，将"问题"转化为"机会"，就能抑制不良情绪的影响，甚至将它转化为积极情绪。

（三）增加社会支持和帮助

寻求亲人、朋友、同事或专业心理咨询工作者的帮助，既可缓解情绪，又可获得新的看待问题的视角和思路，个体应走出习惯的思维模式，走出困境，找到新的出路。

（四）养成乐观的思维方式

快乐一方面取决于客观实际，另一方面则取决于认知、思维方式。如果心态消极，就会感到不幸；相反，只要心里想着快乐，绝大部分人都能如愿以偿。很多时候，快乐并不取决于你是谁、你在哪里、你在干什么，而取决于你当时的想法。如果个体养成了乐观的思维方式，万事万物都能带来快乐。

案例 10-1

从心理学视角浅谈提高民航人心理能力的理论与实践（节选）

积极心理学带领民航人在逆境中前行

积极心理学是20世纪90年代在美国心理学领域新兴的一门学科。它指人在逆境中要不断发现内在优势并拥有良好情绪，通过内在驱动和外在影响使自我追求并获得智慧、勇气、感恩、宽容、和谐等诸多积极能量，对生活和工作迸发出激情和达观。积极心理学的ABC理论可以很好地解释内在驱动和外在影响之间的关系。A代表adversity，是逆境的意思。我们在生活中时时刻刻可能会遇到各种事故、意外和负面消息，从而陷入逆境中。但同样的逆境在不同的人身上会导致截然不同的结果。C代表consequence，就是结果。中间一个关键点是 B，代表 belief，即信念，它是对逆境的解读。ABC 理论告诉我们，B 是核心，比目标更重要的是面对目标进行怎样的解读，不同的解读方式会带来完全不同的结果。而且，结果还会加固你的解读。对民航人来说，一种重要的解读就是帮助大家提炼智慧、鼓起勇气。在人类历史的长河中，只有圣人才被视为兼具智慧和勇气的化身。但事实证明，普通人经过提升认知、锻炼判断力、坚定信念、敢于担当、承担责任和风险，也能拥有非凡的智慧和超凡的勇气。民航企业应努力开拓员工的思路和想法，为他们提供施展聪明才智和技能本领的机会与平台，锻炼深入思考能力，激发攻坚克难的决心和勇气。通过不断积累和历练，久而久之，民航人就能以更加智慧的方式来应对各类挑战，以充足的勇气来面对各种困难，使工作思路更加丰富、工作执行更加严谨。

还有一种有效的解读是助推民航人跨进利他、感恩、宽容之门。个体属于社会，并与他人形成关联。利他令他人和自己都会感到快乐，使联络效率更高、沟通成本更低、协同效应更强；心怀感恩，使互动更深入、关系更紧密、情谊更久远；宽容是一种能力，它常常会使局面转危为安，把危险扼杀在萌芽状态，减少冲突、促成合作。利人就是利己，为别人推开一扇门就是为自己打开一扇窗。懂得感恩的人始终置身于幸福之中，知道感恩的人持续收获慷慨与善意。民航人应时刻心怀利他和感恩之心，用宽容的态度去理解自己的不解，包容他人的鲁莽、失当和错误；用内心的升华促进人与人之间的和谐相处，使彼此充满互助、互敬和互爱。

弗洛伊德的人格"三分法"指导民航人化解负面情绪，促进行业心理建设发展

奥地利心理学家、精神分析学派创始人弗洛伊德将人格用"三分法"分成本我、自我和超我。本我就是天生的本能，是无意识的；自我是在本我与外在真实世界进行连接的媒介，是充满理智和合理性的部分；超我是完成自我控制的最终机构，由个体内部对于社会价值观念、道德行为、规则和责任感的认识形成。人在失意时自然会产生消极的负面情绪，如果不能得到有效疏导和化解，"本我"就会突破"自我"和"超我"的防线，进而做出过激行为甚至是灾难性的举动，引发不堪设想的后果。弗洛伊德认为，为了使"自我"和"超我"始终能驾驭"本我"，不管是自励还是他励，人都要从消极情绪中找寻积极的方面，采取物理方式和化学方式的变化尽可能使自己活得好一点、舒服一点、快乐一点，以此来克服负面情绪带来的创伤性压力和痛苦，尽早回归正常状态。所以，一个人要坚决把持住无意识的本能和冲动。

社会的进步和时代的发展不仅增进了人类福祉，而且增大了人们竞争资源的欲望和压力并衍生出各类心理问题。民航业作为高技术、高风险、战略性行业，有必要将从业人员的心理建设与道德品行、职业操守和技术能力视为同等重要的考核因素，并纳入重

点监控的范畴。一旦员工出现非正常的苗头或倾向就要立即采取措施加以控制，通过推广应用心理学的理论知识及时解决员工的心理问题，培养员工乐观向上的心态，激发员工投身事业的使命感，确保员工以健康的心理开展工作，有效消除隐性安全风险，不断夯实安全基础，筑牢安全防线。

资料来源：从心理学视角浅谈提高民航人心理能力的理论与实践．中国民航网，2021 - 10 - 28.

任务四　认识工作压力管理

一、压力概述

（一）压力的含义及表现

1. 压力的含义

关于压力的定义，主要分为两大类：一类着重于个体的适应力与其所承受的压力之间的联系；另一类则着重于压力刺激的反应或其本身的建立以及纾解。简而言之，压力是指个体在面临难以适应的外在环境要求或威胁时产生的心理体验，是个体的需求和满足需求的能力之间存在不平衡时所产生的一种生理和心理上的反应。

从心理学的角度可以这样解读压力：以 1 号线的高度代表我们自己的实际能力，2 号线和 3 号线的高度代表我们要应对的事情的难易程度，线条越高，代表难度越大。如果我们要面对的事情对我们来说难度是 3 号线，即远低于我们的能力，压力感就会小很多。如果我们要面对的事情对我们来说难度是 2 号线，即远高于我们的能力，压力感就会大很多。

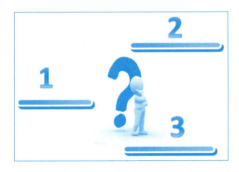

以考试为例，如果夸张地说，你要参加的考试只是在一张考卷上写完整自己的名字和联系方式，考试内容是 10 以内的加减法，那么这场考试对我们来说都不会有压力，因为难度远低于我们的能力。但是，如果这张考卷是一张综合试卷，自然、地理、历史等内容包罗万象，那么对任何人来说都是有压力的，因为很难做得好。

由此可见，个体若要改善压力应对能力，有两个努力的方向：

（1）将1号线提高，提升自己的能力。有两种方式：一是依靠自己，二是借助外力。遇到困难时，个体应首先明确自己有没有尽最大的努力，若尽了全力仍然做不到，可以想想其他办法，借助外力的帮助提高自己的应对能力。例如：一个人要参加一场重要的考试，一种方式是激发潜能，努力复习，另一种方式是向已通过同类考试的人咨询，从而有侧重地做好准备，最终提高自己应对考试的能力，让自己面对考试时更有信心。

（2）降低2号线的高度，降低预期效果值。以考试为例，如果你的定位是要考第一名，那么无形中给自己增加了很多压力。通过对自己的能力评估，你发现考到前10名是可以做到的。如果定位为考前10名，那么压力就会小很多。谈到这里，大家可能会误解，认为这样的做法是不求上进。其实，我们并不是无限地降低目标，只是通过这样的调整，缓解压力过大所带来的焦虑感。从心理学的角度解读，压力会让人的内心失去平衡，处于焦虑状态。焦虑状态下人的注意力很难集中，工作效率会下降，从而使自我效能下降，如此反复，形成恶性循环。适当降低目标的高度，是为了调整到平衡的心态。

那么高度调整到什么状态是适当的呢？先想象一下，如果一个水平不错的围棋爱好者一直和初学者或者高段位的专业围棋选手下围棋，他都体验不到下棋的乐趣；但如果对手换成是比他自己水平稍高一点的棋手，双方下棋过程中，该棋手的技术会有进步，偶尔也能体会到战胜对方带给自己的喜悦感。这个状态即个体所需要的适宜的压力状态。这一状态既可以督促我们前进，又不至于让我们被压力击垮。

2.压力的表现

压力的表现主要有以下三个方面：

（1）环境对个体的要求超过其能应对的能力。（能力特点）

（2）个体被迫以某种不喜欢的工作方式在不适应的环境里工作。（兴趣特点）

（3）个体在环境中失去对工作或人际关系的把握感、控制感时所产生的一种生理和心理状态。（感受特点）

这种由环境中产生影响，引起个体心理和生理的反应称为压力反应。如果一个人只能挑100千克的重量，他经常要挑120千克的担子，那么他就会承受较大的压力。如果他刻苦锻炼，把自己的负荷能力提高到 150 千克，那么他在负荷方面就不会感到压力。所以，减少压力的根本方法是不断提升核心竞争力。

如果一个人不喜欢自己的工作，又不得不每天面对，就会产生不适的职业感觉。此外，如果个体不清楚自己在做什么，不知道评价自己表现的标准，感觉陷在某种情形里没有出路，在执行某项任务时有许多妨碍，这些也是压力产生的重要原因。

如果个体在工作和生活中没有任何压力，也是一种压力，这样相当于把一个人闲置起来，人的免疫系统功能就会降低。在日常生活中，有些人从工作岗位上退下来后压力变小，导致其对工作和生活方式改变的不适应，免疫系统功能降低。

所以，一个人处于合理的压力水平状态下，对于调整好生活和工作，处理好个人和组织、现实和理想的关系是大有益处的。

（二）压力的症状

1. 生理方面

在生理方面，个体遭受压力后，表现出的常见症状或信号有心悸和胸痛、头痛、掌心冰冷或出汗、胃部不适、腹泻、恶心或呕吐、免疫力降低等。

2. 情绪方面

在情绪方面，个体遭受压力后，表现出的常见症状或信号有易怒、急躁、忧虑、紧张、冷漠、焦虑不安、崩溃等。

3. 行为方面

在行为方面，个体遭受压力后，表现出的常见症状或信号有失眠、过度吸烟喝酒、拖延事情、迟到缺勤、停止娱乐、嗜吃或厌食等。

4. 精神方面

在精神方面，个体遭受压力后，表现出的常见症状或信号有注意力难集中，表达能力、记忆力、判断力下降，持续性地对自己及周围环境持消极态度、优柔寡断等。

（三）压力的根源

研究人员认为压力源于以下四方面的因素：

1. 社会压力

社会压力包括社会和科技的快速发展、家庭成员间缺乏沟通、职业发展中的挑战等。

2. 心理压力

心理压力包括恐惧、焦虑、悲伤、愤怒和厌倦等情绪，以及目标模糊、时间紧迫、缺乏选择等。

3. 环境压力

环境压力包括个人空间被侵占、嘈杂吵闹的噪声、空气污染等。

4. 生理压力

长期存在的一些琐碎的烦心事会导致个体身心疲惫。生理压力包括睡眠不足、疲劳等。前面三种压力源的任何一种通常都会触发生理压力的出现。

（四）压力的积极影响

我们不要一提到"压力"，就想到它只有负面作用。其实，事物都是有两重性的，压力对个体也有积极的影响。压力能够刺激个体的身体和头脑，产生一系列影响。了解压力，有助于提高创造力，增强自信心，促进健康。

一定的压力会使个体感到精力充沛，并能保持较长一段时间。如果个体能将压力保持在适当的可控制水平，它将激励个体在较长的时间里高质量地完成工作。经历压力并很好地驾驭压力，能促使个体发现自己的潜力，从而提高自我肯定的程度。对压力有良好反应能力的个体往往饮食良好，经常锻炼身体，有多种爱好和兴趣，能得到家庭强有力的支持并拥有良好的人际关系。

个体经常保持适度紧张生活和工作，不仅可以促使体内分泌更多有益的激素，增强免疫力，还有利于潜能的超常发挥和工作效率的提高。但是，须注意切勿让压力过度。每个人都需要在抵抗压力之后得到休息，因此，个体需要经常让自己放松。

📖 **案例 10 - 2**

心理压力测试

1. 应付日常的一些工作或学习时，你会很容易感到疲劳吗？	A 是	B 否
2. 你能合理安排你的学习和娱乐时间吗？	A 是	B 否
3. 你经常会躺在床上睡不着吗？	A 是	B 否
4. 你容易为小事动怒吗？	A 是	B 否
5. 你认为你的家人对你够友善吗？	A 否	B 是
6. 早上起床，你会感到很疲倦，不想起床吗？	A 是	B 否
7. 面对自己一直喜欢吃的食物，你有提不起食欲的感觉吗？	A 是	B 否
8. 你有广泛的兴趣爱好吗？	A 否	B 是
9. 你有使用药物或酒精等帮助你睡眠的习惯吗？	A 是	B 否
10. 最近几天有让你高兴的事情发生吗？	A 否	B 是
11. 如果今天的工作没有做完，你会把工作带回去继续做完吗？	A 是	B 否

12. 你会经常感冒或者头痛、发烧吗？　　　　　　　　　　A 是　　　B 否
13. 你很难集中精力完成一件事吗？　　　　　　　　　　　A 是　　　B 否
14. 当提前说好的事遇到变故，你会容易感到沮丧吗？　　　A 是　　　B 否
15. 你常有消化不良或便秘的情况吗？　　　　　　　　　　A 是　　　B 否
16. 你有在深夜突然醒来，再也无法入睡的经历吗？　　　　A 是　　　B 否
17. 最好的放松地点对你来说是自己的家吗？　　　　　　　A 否　　　B 是
18. 你是否喜欢埋头工作而躲避处理复杂的人际关系？　　　A 否　　　B 是
19. 情绪不好的时候，你会向家人以外的朋友倾诉吗？　　　A 是　　　B 否
20. 从事一项运动或游戏的时候，你会想办法取得胜利吗？　A 否　　　B 是
21. 你是否比同事或同学花更多的时间在同一工作上？　　　A 是　　　B 否
22. 你在休息日里会因为无所事事而感到懊恼吗？　　　　　A 是　　　B 否
23. 长时间的等待会让你容易生气吗？　　　　　　　　　　A 是　　　B 否
24. 你认为你的体重正常吗？　　　　　　　　　　　　　　A 否　　　B 是
25. 紧张的时候，你会浑身冒冷汗吗？　　　　　　　　　　A 是　　　B 否
26. 工作日程过满的时候，你会有身体不适的反应吗？　　　A 是　　　B 否
27. 你会觉得很多事情不是你能把握的，为此而感到懊恼吗？　A 是　　　B 否
28. 你觉得自己积累的问题太多，把自己压得喘不过气来吗？　A 是　　　B 否
29. 你害怕遇到争吵，并且在争吵中总处于弱势吗？　　　　A 是　　　B 否
30. 你觉得自己能控制生活中的烦恼吗？　　　　　　　　　A 是　　　B 否

以上 30 题中选择 A 得 1 分，选择 B 不得分。

结果分析：

0～10 分

你对压力有着非常良好的调节能力，你会选择理智的方式面对不同的压力，适当地转变压力为动力。你的抗压能力很强，归功于你较强的心理调节能力。更多时候，你在生活和工作中愿意接受压力的挑战。

11～20 分

你的生活中虽然有一些让你感到压力的事情，但是你能调整心态应对压力，有时候你会觉得压力可激发你的动力。但是你绝对不会主动选择巨大的压力，因为你的调节能力和适应能力有限。

21～30 分

你对生活中的压力非常敏感，你不喜欢生活在巨大的压力下，一旦压力超过你的承受范围，你会迅速逃避，或者在压力下表现出失常的精神状态。

二、民航服务人员的工作压力源及缓解压力的方法

（一）工作压力的含义

工作压力是指在工作环境中，使个人目标受到威胁的压力源长期地、持续地作用于个体，个体在个性及应对行为的影响下，形成一系列生理、心理和行为反应。

过度的压力最典型的特点是时间紧、任务急、要求高、难度大、没有兴趣、失去控制。工作压力达到临界程度的状态就是职业倦怠。职业倦怠是普遍存在的现象。有研究表明，有 2/3 的疾病和绩效降低与不能有效适应压力有关。只要与人打交道多的群体，都存在职业倦怠高发的问题。当人们对自己不再充满信心，对工作不再兴致勃勃时，就会产生职业倦怠。职业倦怠不是突然出现的，而是由日常工作中的挫折、焦虑、沮丧日积月累而形成的。

（二）民航服务人员的工作压力源

压力源有多种，有些压力源是经常性的，有些是偶然性的。经常性压力源可能对员工产生的压力较大，而偶然性压力源则影响较小。

在民航工作中，民航服务人员的工作压力源可以归纳为以下几个方面：

1. 工作环境

飞机的机舱虽然经过了精心设计，但仍然避免不了空气混浊、噪声明显、颠簸强烈。在这样一个特殊的环境中工作，机组人员所受到的压力要比其他场合大得多。此外，地面服务人员须经常面对多种特殊情形和应对各种心理状态的旅客，工作过程中常常可能遭受委屈。

2. 工作时间较长

虽然民航的不少规章制度对工作时间有明确规定，但在竞争日益激烈的环境中，不少岗位的工作时间还是比较长的，如值机、机务维修等。有时是因为工作人员少，有时是因为岗位工作量大，有时是因为各种突发情况等。超时工作会给民航服务人员带来较多的工作和较大的精神压力。

3. 夜班时间较长

民航服务工作的行业特点决定了夜班时间较长。这直接导致很多民航服务人员的睡眠时间较少且不规律，甚至有的岗位还需要实行 24 小时连续值班制。夜班长令民航服务人员大多只能在白天补觉，这就使得睡眠质量大打折扣。长此以往，生活起居都不规律，个别民航服务人员甚至出现了生物钟紊乱现象。

4. 工作评价考核

服务质量一直是衡量民航服务人员职业技能的标准。虽然影响变量是多方面的，但社

会评价总是首先将责任归于民航服务人员身上，这令他们倍感压力。民航服务工作岗位工作责任大、工作纪律要求严格，为保证服务质量，各类考核较多，一旦出现差错，民航服务人员就会被处罚。

5. 工作中的突发事件

虽然任何工作都可能会发生突发事件，但相对而言，民航服务人员需要应对的突发事件往往影响大、牵涉面广，一旦处理不好就可能导致生命或财产的损失，造成严重后果。民航服务人员要时刻保持警惕，这也是民航服务人员压力的潜在来源。

6. 民航企业和社会

目前，民航业的竞争越来越激烈，民航服务人员能通过各种途径感受到企业面临的压力。同时，企业内同事之间的人际关系、与上级领导的关系、薪酬待遇的水平和公平性、个人的职业晋升机会等，都会给民航服务人员带来持续的压力。

压力是逐步积累和加强的，具有叠加性。每一个新的持续性的压力因素都会增强个体的压力水平。单个压力因素本身可能无足轻重，但如果加在已很高的压力水平上，它就可能成为"压倒骆驼的最后一根稻草"。

（三）缓解工作压力的方法

1. 学会向家人或朋友倾诉

个性在工作中承受了压力，如果憋在心里，只会越来越糟，不利于身心的健康，不妨把心里的不快倾诉给家人或朋友，这样不仅能帮助自己，还会成为联系彼此感情的纽带。从心理学的角度讲，倾诉可以在一定程度上缓解自己的压力，是一种保健手段和方法，对个体身心健康来说是十分必要的。个体应选择合适的倾诉对象和方法。如果倾诉对象能真正理解你，能站在你的角度给予建议，在一定程度上可以减缓你的压力。

2. 了解造成压力的根源

静下心来想想到底是什么压垮了自己，是工作、家庭生活还是人际关系？个体只有认识到问题的根源所在，才可能解决问题。如果个体在确定问题的根源方面有困难，那么就应该求助于专业人士或者机构，如心理医生或一些协会。

3. 给压力一个出口，转移并释放压力

没有人可以避免压力的存在。压力既有积极的一面，也有消极的一面。现代医学证明，心理压力会削弱人体免疫系统，易使外界致病因素侵入人体，从而引起机体患病。因此，我们需要给压力一个出口，转移、释放它，减轻心理重负，避免它的消极影响。例如：我们可以尝试将纷繁复杂的问题造成的压力逐一罗列出来，或许会发现这些所谓的压力是可以逐个击破、逐渐化解的；我们可以通过阅读、想象放空自己来放松情绪等；我们

还可以进行体育锻炼，运动完后我们会感到轻松，有助于调节紧张情绪，释放压力。

4. 顺其自然

我们应首先判断自己能控制和无法掌控的事情，然后将事情分成两类并列出清单。当开始一天的工作时，我们要做心理建设，不管是工作任务还是生活的琐事，只要是自己不能控制的就随它去，不要过多地考虑，以免给自己增添无谓的压力。当受到批评时，我们要其当作能够改进工作的建设性批评，不要将公司大会上领导提出的普遍性问题硬往自己头上安。

5. 自我鼓励

我们要对所有的出色工作都记录在案，并定时查阅。这样做的目的，一是总结经验，二是寻找自信。我们可以制订短期计划，使自己能得心应手地完成。

6. 分散压力

条件允许的话，我们应将工作进行分摊或是委派，以降低工作强度。千万不要认为自己是唯一能够做好这项工作的人，否则就可能将所有工作都加到自己身上，工作强度就会增加。

7. 静下心来，放慢工作和生活的节奏，不要将工作当成一切

很多人遇到事情时，会激动不安，容易发怒。急躁既会降低工作效率，也会影响生活质量，所以我们必须静下心来，克服急躁。当面对沉重的工作任务，感到特别压抑时，尝试静下心来，放慢工作和生活的节奏。当我们心情烦躁、不安或沮丧时，是工作出错率最高的时候，这时脑力使用已经到了极限，易形成恶性循环，越急越错。欲速则不达，这个时候我们应该放下手头的工作，做一些能放松身心的、与工作无关的事情，当感到疲惫感已经逐渐消失、心情比较轻松时，再回到工作中去。这时，你会觉得处理起手头的事务比之前得心应手，效率会明显地提高。另外，当我们的大脑一天到晚都在想工作的时候，工作压力就形成了。这时我们要分出一些时间给家庭、朋友以及兴趣和爱好等，适当的娱乐是缓解压力的绝佳办法。

任务五　员工心理健康维护

如前所述，由于各种主客观因素的影响，人们有时可能处于心理健康的较低水平，甚至出现心理疾病。那么如何维护员工的心理健康、提高心理健康水平呢？

一、对心理疾病应有的认识

很多人对心理障碍或心理疾病认识不够，因而不是对之过分恐慌，就是对之讳莫如深。从心理健康的观点看，我们要建立以下的正确认识。

（一）　心理疾病是可以治疗的

虽然心理疾病的起因不易确定，治疗时效果缓慢，但心理具有很大的"不医而愈"的可能性。生理疾病需要依靠医疗技术与药物才能治愈，心理疾病则多依靠患者自己的信心与毅力。只要遵从心理治疗者的指导，进行有效的心理疏导，心理疾病是可以治愈的。

（二）　心理疾病是可以预防的

虽然精神及心理疾病的产生有遗传因素，但主要是由后天生活中的不良适应所引起的。长期焦虑是形成心理异常的主要原因，焦虑又是由挫折、冲突和压力引起的。因此，民航企业应减少员工挫折与冲突的机会，缓解员工的压力，提升员工适应环境的能力，培养员工多方面的兴趣，促使其建立正确的人生观和世界观。个体处在竞争激烈、生活紧张的社会里，固然不能遇事退却，但也不能过分强求自己做力所不及的事。对人对事要拿得起、放得下，才不至于患得患失，整天处于紧张、防卫、焦虑的情绪状态中。

（三）　每个人都有可能患心理疾病

个体在一定的时间和地点等条件下，可能会有某种程度失常的表现，表现为不同程度的行为偏差或异常心理。因此，任何人都不必为自己"幸免"心理疾病而庆幸。患有心理疾病并不可耻，我们更不能歧视或鄙视心理疾病患者，不应对其讥笑、讽刺、厌恶、疏远；否则，心理失常的人就会自卑，产生怕人家说他有病的心态，不愿向别人倾诉心中的积郁、烦恼、苦闷，而且对别人戒备、怀疑、恐惧。每个心理健康的人除要防止发生心理疾病以外，还应友善对待心理失常者，助其早日恢复健康。

二、如何提高心理健康水平

心理学家强调，没有心理障碍只是达到真正的心理健康的第一步，真正健康的、理想的个性所达到的发展水平要远远高于一般水平。

心理学家发现，心理健康的人几乎没有任何心理障碍，能够适应日常工作或学习的各种要求，并满足自己的各种需要，甚至对平时生活的各个方面也会感到满足。虽然许多人生活舒适、工作稳定、家庭温暖，生活中似乎也没有碰到什么大的问题和困扰，但他们也从来没有过高度振奋的体验或压倒一切的生活热情，也没有明确执着的追求和强烈的奋斗与献身精神。事实上，很多人的潜能没有得到发挥，他们还没有达到自己期望达到的发展水平和生活状况。因此，心理学家指出，心理健康水平直接影响一个人心理能量发挥的程度，影响他的身体状况、生活状况与成功与否，更影响他个性所达到的发展水平。

提高心理健康水平对每个人来说都是非常重要的。提高心理健康水平的途径主要有以下几个。

（一）　了解并接纳自己

俗话说"知人容易知己难"，这是个体形成心理失常的主要原因之一。所谓"知己"，就是了解自己的优点、缺点、能力、兴趣等。不切实际的自我认知会直接导致很多负面影响。如过高或过低估计自己都会使个体丧失适合自己的发展机会。高估自己，会使个体选择那些自己实际上达不到的目标，经受不必要的挫折；低估自己，则会使个体丧失进取的热情，不再努力，结果导致自身发展受限。

个体不仅要充分了解自己，而且要坦然地承认缺点并欣然地接受不足，不要欺骗自己，更不要拒绝或憎恨自己。有些人觉得怀才不遇，因而愤世嫉俗，甚至狂妄自大；有些人过分自卑，觉得自己在团体中毫无价值，不能正视自己的优缺点。这些都是由于不能充分地了解自己而产生的认知偏差。

那么，一个人怎样才能客观地认识自己并欣然地接受自己呢？

1. 学会多方面、多途径地了解自己

在日常生活中，个体对于自己的判断和理解，往往高度依赖于小范围内的社会比较和别人对于自己的评价。而实际上这样形成的自我概念有很大的局限性，它不利于个体适应更大的生活范围。

个体要从多方面、多途径了解自己，不仅从稳定的周围世界，而且要从生活经验出发来全方位认识自我。个体应努力做到既了解别人对自己的评价、自己与别人的差别，也了解自己操纵周围事物、把握周围世界的状况；既了解自己的能力、身体特征，也了解自己的性格、品德等。这样，个体才能适应不同的环境，拥有不断发展的机会。

2. 消除误解

每个人都是一个活生生的有机体，因而会有冲动、有攻击性、有本能的欲望。个体有时会产生与社会宣扬的理想人格不相符的念头，有时会有与社会期望不相符合（但未必是犯罪或不道德）的行为。这些念头和行为就成了不能自我接纳的根源。实际上，这种念头和行为我们每一个人都曾经历过。它们的存在并没有使我们比别人更丑恶、更低级，我们应当正视它们，它们无损于价值和尊严。

3. 避免以唯一的标准进行社会比较

人们的自卑情绪源于使用唯一的标准来衡量自己。个体在一定的范围内以唯一的标准来对自己与他人进行比较，势必会出现优劣、高低之分。当个体处于不利地位时，就容易引起自卑和自我拒绝情绪。实际上，世界是复杂的，人性都具有两面性。我们在某一方面的落后（有时是暂时的、偶然的）并不能成为自卑的理由，其实我们可能在更多的方面超越了别人。退一步说，即便以单一标准来衡量自己，对于在某一范围内优秀的人，在更大范围内来看未必还优秀；而在某一范围内落后的人，在更大范围内也未必还是落后。所以，个体要运用多元标准评价自己，多与过去的自己相比较。

4. 保持适当的抱负水平

挫折常常会诱发自我拒绝情绪。在日常生活和学习中，有些挫折是无法避免的，而另一些挫折则常常是由于我们不切实际的欲望而导致的。心理学家建议，个体应当选择既有适度的把握，又有适度的冒险的目标，类似"跳一跳，够得着"。如果个体不考虑把握，一味冒险，就会经常遇到挫折，既白白浪费精力，又给心理上带来消极影响。如果个体一味求稳，而不愿意承担一点风险，就会错过许多发展的机会，使自己总在原有水平徘徊。

📰 案例 10-3

东航乘务员刘仕英：热忱有光，明亮带暖

刘仕英，党的二十大代表。她是东航空中乘务员、客舱经理、高级空中服务专家、劳模导师，她还是基层党支部书记、上海市优秀志愿者、上海市劳动模范。

2007年从华东政法大学民商法专业毕业的刘仕英没有像她的大多数同学那样选择去公检法任职，而是通过社会招聘来到东航。被问及为何会做此选择，她笑着说："就是一个蓝天梦、一颗少女心啊，觉得身穿漂亮的制服，在全世界各地飞来飞去是件特别美好的事情。"

然而现实和想象还是有差异的。透过表面的光鲜亮丽，刘仕英体会到了空乘工作背后的艰辛。她很快调整好心态，更用心地投入工作中。

从一名普通乘务员到客舱经理，刘仕英摸索出了一套职业"宝典"——真诚，也练就了一个"绝活"——在旅客提出需求前就能主动提供服务。当看见旅客自带食物上机，她会及时送上纸巾；当旅客满头大汗时，她会递上毛巾；当发现旅客东张西望时，她会主动上前去问："您有什么需要吗？"

作为一线乘务员，刘仕英没有轰轰烈烈的事迹，也没有惊天动地的贡献，有的是全身心地服务好旅客、精心照料无陪儿童旅客、温馨保障残障旅客、空中急救身体不适旅客等，做好微小烦琐却贯穿于空中乘务员整个职业生涯的"零活"。15年来，她把"零活"做到了极致。点点滴滴润物细无声的服务，收获了众多旅客的感谢，传递着无尽的感动，"旅客一个惊喜和肯定的眼神，就会让我燃起无限的干劲"。

刘仕英凭借优秀的业绩，通过严格考核，成为东航客舱部9名"高级空中服务专家"之一，这是最优秀的空中乘务员才能获得的称号。在努力不断自我充电蓄能的同时，她经常思考如何把琐碎的服务做到极致。作为东航劳模导师，她注重身体力行、言传身教，帮助更多的乘务员快速成长。

刘仕英内心有一团火，温暖自己也温暖别人，照亮自己也照亮别人。那团火源自内

心的热爱——对中国共产党的爱、对祖国的爱、对同胞的爱、对蓝天的爱、对事业的爱。刘仕英才有无限的动力，把满腔的热情投注在每一天的工作中。

盛世迎盛会，共赴新征程。作为党的二十大代表，刘仕英代表民航基层一线，也代表着央企东航近 2.8 万名党员，此次赴京参会，她表示会关注交通强国、社会责任、为民服务、工匠精神等方面的内容。赴北京前，她表示会将这份光荣化为动力，会以最高标准、最强组织、最实举措、最佳状态，敢于担当，主动作为，以强烈的政治责任感和历史使命感，认真参加各项议程，认真学习宣传贯彻党的二十大精神，履行代表职责，展示好党员形象、东航形象和上海形象。

资料来源：东航乘务员刘仕英．民航资源网，2022-10-17.

（二）建立良好的人际关系

心理学家马斯洛的需要层次理论认为人有归属与爱的需要。人际交往可以缓解心理压力，提高认识能力，促进自我完善。如果个体的人际关系不顺利，就意味着心理需要被剥夺，或满足需要的愿望受挫折，因而会产生孤立无援或被社会抛弃的感觉；反之，则会因有良好的人际关系而得到心理满足。

个体与他人交往时，要热情友好，以诚相待，不卑不亢；要心胸开阔，宽以待人；要体谅他人，遇事多换位思考，即使别人犯了错误，或冒犯了自己，也不要斤斤计较。否则，容易产生嫉妒、不满或沮丧、失落等不良情绪，久而久之甚至发展为心理不健康。其实，人际交往中，个体应体会自己在与他人交往的过程中所获得的快乐与满足，这种快乐与满足又会感染别人乐于与你交往，从而形成良性循环，保持良好的情绪状态，促进身心健康。

（三）面对现实、适应环境

能否面对现实是个体心理正常与否的一个客观标准。心理健康者总是能与现实保持良好接触。心理异常者最大的特点就是脱离现实或逃避现实。理想与现实总有差距，人不可能事事如愿，一旦遇到不符合自己需要的人和事就采取逃避的态度，或悲叹自己命不好、运气不好、处境不佳，长此以往，个体就会精神不振、意志消沉。个体要发挥自己的能力努力创造改变的环境，使外界现实符合自己的愿望；如果没有能力改变环境的话，就要设法调整自己来适应现实，而不是怨天尤人或自怨自艾。

（四）积极参加劳动实践

个体参加劳动实践，无论是体力劳动还是脑力劳动，都能促进自身的发展，使自身保持与现实的联系，认识自己存在的价值。工作的最大意义不只是获得物质报酬，从心理角度看，还包括展现个人价值、获得满足。对民航服务人员而言，在为旅客提供服务的过程中，旅客对他们的微笑、称赞、感谢都是他们存在的价值体现，也令他们获得快乐和满足。

（五）树立积极的生活态度

每个人都不可能一帆风顺，总会遇到挫折和磨难，会有心灰意冷、悲观失望、心情不好的时候。心理健康者在大多数时候都会保持积极乐观的态度。人一生要经历很多事情，不可能事事顺心，换个角度想，正是挫折和磨难才让人一步一步走向成熟。只要始终坚持自己的信念，追求自己的目标，积极地奋斗和拼搏，就会发现人生的天空如此广阔。

以上介绍了一些提高心理健康水平的途径，但心理健康的维护主要还是靠自身。心理疾病的治疗除心理医生的指导外，也要依靠自身的恒心和毅力。在生活和工作中，认识到心理健康的重要性和掌握心理保健的方法，不仅有利于维护心理健康，而且能促使个体修正行为，激发个人潜能，达到身心健康的状态。

案例 10 - 4

民航人如何做好心理防护？（节选）

Q：还有哪些可以提升身心免疫力的方法？

A：提升身心免疫，坚持开展"五个一"。

"行动一开始，焦虑就消失"，专注应做的、对自己有益的事情，能增强个体对环境的控制感。

第一，制订一个合理的计划。员工应制订一个合理的计划，有规律地安排工作和生活。民航业中的很多岗位实行倒班制，作息不规律，员工应该根据工作时间制订计划，在工作之余将生活安排得尽量充实、规律，保证合理的饮食和睡眠。

第二，专注做好一件事情。建议员工在工作之余投入让自己开心、愉悦、有收益的事情，如看书、听音乐、看电影、绘画，或学习一项之前想学却一直没开始学的技能等，保持积极情绪。

第三，合理进行一些运动。研究表明，运动能够缓解压力，培养积极情绪，增强免疫力。员工可以使用手机上的健身 App，进行减脂、塑型、有氧操、瑜伽等运动。同时，建议可以在线和朋友一起加入网络运动社，增加团体互动，在强化运动的同时也能避免孤独感，从而促进心理健康。

第四，学习一些心理技术。员工在高压力状态下情绪和身体都很疲惫，推荐学习和练习正念、冥想、呼吸放松等，能够安定情绪、消除疲劳、帮助睡眠，提升"心理免疫力"。

第五，合理宣泄一下情绪。压抑情绪的产生并非偶然。此时不能一味地默默承受，而是要找合理的途径宣泄，如找同事、家人、朋友倾诉释放，或者痛哭一场，大声唱歌、打沙袋等，更可以通过各种渠道找专业人士支持。

第六，转移注意力，小步提升能量。

例如，把"我不想要与旅客争执"变成"我应该注意什么，以增进旅客对我的理解"；把"我不想要家人担心我"变成"我能够做些什么，以减少家人对我的担忧"等。

"一小步"的方法我们本身就拥有，在想到和做到的同时更能看到自己的能力、资源和智慧，能有效提升我们的能量感，增强我们做有用的事情的行动力，从而增强情绪的稳定感。

资料来源：战"疫"不易 民航人如何做好心理防护. 民航资源网，2020 - 03 - 14.

东航云南春运小故事：真情服务 温暖春运回家路

春节，是中国人最隆重的节日。一年劳作的辛苦，独在他乡为异客的落寞，对家人的思念之苦，都可以在回家后一扫而光。而回家的路上一直有这样一群人来为这条路"保驾护航"。他们应对并顺利完成了一次又一次恶劣天气的考验，以专业的服务和诚挚的微笑服务着成千上万的旅客，让旅客感觉到东航的真情服务，温暖着旅客回家的路。

执着坚守的"最美母亲"

严艳是东航云南公司地服部票务班组的一位"老"员工了，86年出生的她现在也是一位4岁孩子的妈妈。自2004年8月加入东航云南公司地服部以来，这是她奋战在民航岗位的第15个年头了，也是她在岗位上坚守的第14个春节。这几天孩子舞蹈学校有一个汇报演出，在女儿的再三恳求下，她答应了女儿去观看演出。演出当天原本上午下班，下午可以去看女儿演出的严艳突然收到通知，由于旅客量太大，需要留下一部分同事加班。突然的通知打乱了她的安排，答应孩子的事情可能做不到了，春运的保障工作很重要，考虑到许多同事都是通宵保障航班，自己怎么能走，她主动要求自己留下。打电话给女儿的时候，她的眼睛都湿润了。只见她打完电话，擦了擦眼泪，涂上口红，整理好着装，又开始了工作。作为一名东航的"老"员工，遇到恶劣天气滞留旅客、航班延误等特殊事件时，严艳总是冲在最前头。严艳说："作为票务班组的'老'员工，我更应该多照顾一点新人，更应该把团聚的机会留给他们。"15年的始终坚守和默默奉献，严艳感染了身边的同事，也感动了无数旅客。

恪尽职守的新爸妈

钱兴是东航云南公司地服部旅客三分部臻心班组主任柜台的骨干力量，2014年进入东航的他，在16年收获了爱情，今年是他和妻子在机场度过的第5个春节了。在平时工作中，两人一直勤勤恳恳，以严标准、高要求相互提醒，相互帮扶，共同进步。今年对于这对小夫妻却变得与众不同了，因为今年是可爱的小女儿来到他们身边的第一个年头。为了顺利保障春运这对小夫妻即使有万般不舍，但都坚守在自己的岗位上，春运期间也帮助了不少带孩子乘机的旅客，得到不少旅客的感谢与表扬。小夫妻说："虽然每个春节都没办法在家过完一个完整的年，但是正因为我们的付出，才能保障旅客有一个完整的春节。"

履职敬责的优秀"三长"

东航云南公司国际值机的"妈妈值机员"钱萍，在产假结束的第一时间就回到工作岗位。因为春运的到来，昆明出发的国际航班激增，值机员工作量也随之剧增，但"妈妈值机员"钱萍并没有向领导提出申请哺乳假，因为她知道春节之际，同事们的工作量增大，正是需要人手的时候，她需要和她亲爱的伙伴们并肩作战。因为孩子还在哺乳期，家里的老人只能带着孩子来到工作现场找妈妈吃奶。钱萍也只能利用休息的空档让孩子吃完奶，马上又投身工作现场。这位参加工作7年的"妈妈值机员"是国际值机新进班组长，已亲历了7年的春运。她说："小伙伴们需要我的时候，我一定要和大家在一起。"

默默奉献的"服务标兵"

春运的到来，东航云南公司地服部的胡向云比平时起得都早。一大早，她马不停蹄地保障了一个又一个的航班，眼看快到吃饭时间了，在路过73号登记口时，她发现一位旅客在与登机口工作人员争执，便急忙赶过去帮同事处理。在她的调节下，旅客终于满意地登机了。就在她以为可以去吃饭的时候，细致的她又发现机上还差两个旅客，刚放单不久的小同事着急得不行。看着小同事着急的神情，以自己多年经验，她安慰着小同事不要着急，自己却飞速地往免税店跑，终于找到了旅客，急忙将旅客带回了登机口，帮助小同事顺利完成了航班的保障任务。这时已经又到她的航班时间了，胡向云转身回到了自己的岗位上。身为民航人的一员，她已在工作岗位上度过了6个除夕，但为了保障成千上万的旅客回家过年，胡向云也有自己的幸福满足。

搭建家路的"传帮带"

苏慧和邓云凡是东航云南公司地服部2018年末组成的最后一对师徒档。春运前，师父苏慧提前传授了地面保障经验给徒弟邓云凡，希望他在今年的春运工作中能将理论经验和实际工作相结合，共同搭建旅客回家的桥梁。

苏慧今年是第五年参加春运。作为一个大理人，她已经5年没有回家跟家人一起过年。记得刚参加工作时，苏慧心里总免不了有些失落，想到这些，她就更加对这个刚毕业参加工作的小徒弟多一份关爱，带着小徒弟在春运保障的路上边学边练，为了师徒一起的第一个春运而努力。这个特殊的日子里，这对地服师徒档分别带着各自的愿景，行走在服务旅客的路上，为万千旅客搭建空中回家路。

坚守幕后的"调度员"

旅服调度员是一份特殊的工作，除了日常排班之外，面对各种突发情况，也要加班加点甚至通宵达旦地做出特情处置。

MU5959 由昆明飞往临沧，原计划 09:35 分从昆明起飞，在飞行途中得到通知，因天气原因无法降落，故返航昆明，调度员需要将旅客带下飞机至候机厅休息等待。后天气好转，旅客第二次登机，登机途中天气变化，调度员再次带旅客下飞机。此时航班已经延误了 3 个多小时……

面对这个情况，调度员李超早已加班加点地保障航班，调整后续人员航班保障计划，积极联系旅客餐食，协调票台旅客改签事宜……看到他工作中的积极与严谨，很难想象他已经工作了一个通宵。虽然他看起来略显疲惫，但为了保障春运，他毅然坚守在自己的工作岗位上，合理调配人员，及时处置特情，协调内外部门，与春运的每个航班相依相伴。

他们与坚守在工作岗位上默默奉献的一线员工一样，将团圆送给旅客，把月缺留给自己，他们的故事并不惊人，却温情备至，用责任和坚守续写了一幕幕团圆画卷和感动瞬间……他们坚守岗位默默奉献，保障着一架架飞机的安全起降，他们倾心的服务为南来北往的旅客送上最真挚的祝福，他们用自己的真情服务为旅客温暖春运回家路。

资料来源：东航云南春运小故事. 中国民航网，2019-01-31.

■ **案例情景要点**

1. 回家的路上一直有这样一群人来为这条路"保驾护航"。他们应对并顺利完成了一次又一次恶劣天气的考验，以专业的服务和诚挚的微笑服务着成千上万的旅客，让旅客感觉到真情服务，温暖着旅客回家的路。

2. 春运的保障工作很重要，考虑到许多同事都是通宵保障航班，自己怎么能走，严艳主动要求自己要留下。"虽然每个春节都没办法在家过完一个完整的年，但是正因为我们的付出，才能保障旅客有一个完整的春节。"她说："小伙伴们需要我的时候，我一定要和大家在一起。"

3. 身为民航人的一员，胡向云已在工作岗位上度过了 6 个除夕，但为了保障成千上万的旅客回家过年，她也有自己的幸福满足。

4. 春运前，师父苏慧提前传授了地面保障经验给徒弟邓云凡，希望他在今年的春运工作中能将理论经验和实际工作相结合，共同搭建旅客回家的桥梁。

5. 看到李超工作中的积极与严谨，很难想象他已经工作了一个通宵。虽然他看起来略显疲惫，但为了保障春运，他毅然坚守在自己的工作岗位上，合理调配人员，及时处置特情，协调内外部门，与春运的每个航班相依相伴。

6. 他们与坚守在工作岗位上默默奉献的一线员工一样，将团圆送给旅客，把月缺留给自己，他们的故事并不惊人，却温情备至，用责任和坚守续写了一幕幕团圆画卷和感动瞬间……他们坚守岗位默默奉献，保障着一架架飞机的安全起降，他们倾心的服务为南来北往的旅客送上最真挚的祝福，他们用自己的真情服务为旅客温暖春运回家路。

■ 理论应用

1. 影响一个人心理健康的适应问题包括人际适应、环境适应、学习与工作适应、自我适应，这些问题没有调节处理好都可能影响心理健康，甚至带来心理疾病。民航服务人员在服务工作中，也面临这些适应问题。

2. 在民航工作中，民航服务人员的工作压力源包括工作环境、工作时间较长、夜班时间较长、工作评价考核、工作中的突发事件、民航企业和社会等，可能会持续性地给个体带来影响。

3. 案例中可见，民航服务人员如果想要处理好与旅客的人际关系，不仅要不断应对节奏紧张的工作安排，而且要照顾家人等，各方面的因素综合起来对民航服务人员而言都是挑战，需要科学应对，积极缓解压力，提高自身身体、心理双重健康保障，时刻以最佳的身心状态完成本职工作。

4. 作为民航文化的核心价值，当代民航精神应是民航人的重要精神追求和精神动力，民航服务人员应以积极的态度面对工作、面对压力、关爱家人，不断完善自我，实现人生价值。

■ 头脑风暴

当面临压力时，你通常会有什么表现？

一、学习总结

1. 根据本项目所学，将关键词整理成至少 10 张学习卡片，同学之间或学习小组之间互相随机抽取关键词后，互向对方解释对关键词的理解。

2. 请绘制本项目学习内容的思维导图。

二、实训任务——情绪调节、压力应对方法分享

每个人都有自己的情绪调节和压力应对方法，当面临面试、考试、挫折、难过等情景时，你通常有什么应对调节方式？

实训任务：各人互相分享自己常用的情绪调节和压力应对方法，并设想如果在服务工作中感到委屈或者焦虑时应该怎样应对。

任务思考：对于民航服务人员而言，一直任由负面情绪存在会不会影响与旅客的服务交往？

三、思考实践

1. 思考题

（1）心理健康有哪些测量维度？

（2）影响心理健康的因素有哪些？

（3）挫折后的行为表现有哪些？心理防卫机制有哪些？

（4）民航服务人员的工作压力源有哪几方面？

（5）民航服务人员如何缓解工作压力？

（6）民航服务人员如何提高自身心理健康水平？

2. 案例题

有一种力量，叫作花木兰代父参军，英勇出征，卫国戍边；有一种力量，叫作屠呦呦苦心专研，攻坚克难，研发出青蒿素，问鼎诺贝尔；还有一种力量，叫作张桂梅数十年如一日，教书育人、孜孜不倦。这些来自"她力量"的鼓励，指引我们前进的方向。作为民

航女飞行员，我们也想要创造一种力量，一种甘于平凡奋斗在本职岗位上、不忘初心守卫祖国蓝天上，用每一份专注保障旅客平安出行的"她力量"。

在东航云南公司有这样一群孩子，工作中，她们是英姿飒爽的女飞行员，固定滚轮、旋梯、飞模拟机，她们样样都不比男性差；生活里，她们有的爱健身，有的爱做菜，有的爱旅行，丰富多彩的生活，让她们各自身上闪现出五彩的光芒。她们就是东航云南"燕锦"女子飞行示范组（以下简称"燕锦"组）。这个"三八"节，她们用自己的方式，眺望东方的国度，守护幸福。

清晨7时，"燕锦"组长李鑫在闹钟的滴答声中醒来，今天是她的休息日，她要为家人准备一顿美味的午餐。"工作中我会专注做好每一个飞行细节的工作，而休息时我则会把自己这份专注用在生活中对家人们的爱。"对李鑫来说，生活与工作同样重要，工作中自己会履行好肩上四道杠的职责，尽心尽力地把每一位旅客安全送到目的地，而生活中，自己会扮演好妻子和母亲的角色，把家庭照顾好。

上午10时，"燕锦"组员刘赵安几来到了健身房，和几个健身好友打过招呼后，她便投入自己的健身计划中去。"不在飞行的路上，就在去运动的路上"，这是对刘赵安几生活日常的描写。"我喜欢运动，不仅仅因为运动可以强身健体，更重要的原因是运动能够让我时刻保持身体的清醒，它有助于我的身体及时跟上我大脑的指令，这对于一名飞行员来说非常的重要。"

下午2时，组员王怀晴将共享单车停在了省图书馆的门口，然后背上自己粉红色的小书包，沿着台阶向图书馆的大门走去。"我喜欢看书，从武侠小说到社会知识，从心理读本到太空探索都是我最爱读的内容。在书本中，我可以看到另一个世界，而这些知识的积累，也让我在飞行中能够更加冷静、清晰地去看待每次航行。"

下午4时，"燕锦"组员赵婧羽开车来到了一家猫咪馆，在这里，她要来看望她的猫咪宝贝们。"和它们在一起，我能迅速找到快乐的源泉，而保持良好的心态是我去执行飞行任务的前提。"

晚上6时，位于昆明国际会展中心三楼的排球馆灯光刚刚亮起，在这里，"燕锦"组员赵洋和她的小伙伴们即将进行一场排球比赛。"我喜欢打排球，因为排球这项运动对我来说意味着一种精神，一种团结奋进、共同协作的精神。这就像我们在执行航班的过程中，我和我们的乘务组就是一个团队，关键时刻彼此信赖，相互帮助，才能共同应对突发情况。"

在工作日里，五个女生分别要执行不同的航班。对于她们来说，生活时，她们用热爱拥抱幸福的时刻；工作中，她们用专注眺望东方的国度。她们真的创造了一种力量，一种把初心写在蓝天上、把奉献铭刻在民航里的巾帼"她力量"。

问题：案例反映了哪些提高心理健康水平的途径？

3. 问答题
民航服务人员的心理健康可能会受到哪些方面的影响？

4. 讨论题

民航服务人员可能产生哪些负面情绪或者工作压力？

5. 游戏题

愉快地走开

材料：小卡片。

场地：教室。

游戏规则和步骤：

（1）请每位学生（学员）为其他每位学生（学员）填写一张卡片（人数较多的情况下可以分组完成），完成句子"我最喜欢（人名）的一点是……"或者"我在（人名）身上看到的最显著的优点是……"

（2）每位学生（学员）写好之后，把收上来的卡片发给对应的每位学生（学员），这样，每个人都能带着对自己的正面评价愉快地离开。在连续几天的课程里可以把这一活动多做几次。

相关讨论：这个游戏给我们带来什么启示？

四、拓展阅读

痛苦的功能

痛苦是一种可以忍受的情绪，痛苦的表情会引起他人的同情和帮助。与痛苦情绪相比，恐惧情绪会引起个体产生躲避恐惧源的强烈动机。痛苦是一种能使个体采取补救办法以消除痛苦来源的情绪。

痛苦有利于群体的联结。个体从人群的联结中分离是个体痛苦的来源。为避免痛苦和对痛苦的预料，使人们保持相互之间的接近，人类社会提供了多种多样的交往形式，这不但使人们的生活丰富多彩，而且为人们提供了相互理解的机会。

当感到痛苦、失望或失去信心的时候，人们从群体中会得到鼓励和同情。人群的结合不仅发挥了维持生存的作用，在当代社会，对提高人们心理、社会生活质量也有重要意义。

人们无法避免痛苦的发生，如果这个世界上没有痛苦，那么我们的世界将是一个没有快乐、没有爱、没有家庭、没有朋友的世界。

资料来源：刘桦，魏全斌，刘忠. 航空服务心理与实务 [M]. 成都：四川教育出版社，2008.

参考文献

[1] 曾祥耿. 当代民航精神的培育与践行 [M]. 北京：中国民航出版社，2018.

[2] 多俊岗. 基础心理学 [M]. 2版. 北京：化学工业出版社，2012.

[3] 顾胜勤. 民航旅客服务心理学 [M]. 2版. 北京：北京理工大学出版社，2005.

[4] 向莉，周科慧. 民航服务心理学 [M]. 北京：国防工业出版社，2010.

[5] 薛群慧. 旅游心理学：理论·案例 [M]. 天津：南开大学出版社，2008.

[6] 孙海芳. 社交礼仪中的心理学 [M]. 北京：机械工业出版社，2010.

[7] 颜世富. 心理管理 [M]. 北京：机械工业出版社，2008.

[8] 克里斯托弗·洛夫洛克，约亨·沃茨. 服务营销：第6版 [M]. 谢晓燕，赵伟韬译. 北京：中国人民大学出版社，2010.

[9] 金才兵，杨亭. 服务人员的5项修炼 [M]. 北京：机械工业出版社，2008.

[10] 凯文·霍根，詹姆斯·斯皮克曼. 说服你其实很简单 [M]. 成静，译. 广州：广东经济出版社，2009.

[11] 赵冰梅. 民航空乘服务技巧与案例分析 [M]. 北京：中国广播电视出版社，2005.

[12] 刘晖. 空乘服务沟通与播音技巧 [M]. 北京：旅游教育出版社，2007.

[13] 华红琴. 社会心理学原理和应用 [M]. 2版. 上海：上海大学出版社，2012.

[14] 理查德·格里格，菲利普·津巴多. 心理学与生活：第19版 [M]. 王垒，等译. 北京：人民邮电出版社，2016.

[15] 魏乃昌，魏虹. 服务心理学 [M]. 北京：中国物资出版社，2006.

[16] 颜进. 服务赢在细节和方法 [M]. 北京：中国纺织出版社，2007.

[17] 肖建中. 服务人员十项全能训练 [M]. 北京：北京大学出版社，2005.

[18] 伊夫·阿达姆松. 压力管理 [M]. 方蕾，译. 哈尔滨：黑龙江科学

技术出版社，2008.

[19] 王晖，于岩平. 旅游企业客户关系管理 [M]. 北京：旅游教育出版社，2005.

[20] 王路. 肢体语言展现个人魅力 [M]. 北京：海潮出版社，2005.

[21] 罗石. 社会心理学 [M]. 北京：北京大学出版社，2008.

[22] K. 道格拉斯·霍夫曼，约翰·E.G. 彼得森. 服务营销精要：概念、策略和案例 [M]. 胡介埙，译. 3版. 大连：东北财经大学出版社，2009.

[23] 王波，全琳琛. 员工能力培训游戏经典 [M]. 北京：人民邮电出版社，2009.

[24] 吴清津. 旅游消费者行为学 [M]. 北京：旅游教育出版社，2006.